브리꼴레르

브리꼴레르
세상을 지배할 '지식인'의 새 이름

2013년 5월 15일 초판 1쇄 | 2021년 1월 29일 10쇄 발행

지은이 유영민
펴낸이 김상현, 최세현 **경영고문** 박시형

마케팅 양근모, 권금숙, 양봉호, 임지윤, 이주형, 조히라, 유미정, 전성택
디지털콘텐츠 김명래 **경영지원** 김현우, 문경국
해외기획 우정민, 배혜림 **국내기획** 박현조
펴낸곳 (주)쌤앤파커스 **출판신고** 2006년 9월 25일 제406-2006-000210호
주소 서울시 마포구 월드컵북로 396 누리꿈스퀘어 비즈니스타워 18층
전화 02-6712-9800 **팩스** 02-6712-9810 **이메일** info@smpk.kr

ⓒ 유영민 (저작권자와 맺은 특약에 따라 검인을 생략합니다)
ISBN 978-89-6570-148-4 (03320)

- 이 책은 저작권법에 따라 보호받는 저작물이므로 무단전재와 무단복제를 금지하며, 이 책 내용의 전부 또는 일부를 이용하려면 반드시 저작권자와 (주)쌤앤파커스의 서면동의를 받아야 합니다.
- 이 책의 국립중앙도서관 출판시도서목록은 서지정보유통지원시스템 홈페이지(http://seoji.nl.go.kr)와 국가자료공동목록시스템(http://www.nl.go.kr/kolisnet)에서 이용하실 수 있습니다.

- 잘못된 책은 구입하신 서점에서 바꿔드립니다.
- 책값은 뒤표지에 있습니다.

쌤앤파커스(Sam&Parkers)는 독자 여러분의 책에 관한 아이디어와 원고 투고를 설레는 마음으로 기다리고 있습니다. 책으로 엮기를 원하는 아이디어가 있으신 분은 이메일 book@smpk.kr로 간단한 개요와 취지, 연락처 등을 보내주세요. 머뭇거리지 말고 문을 두드리세요. 길이 열립니다.

브리꼴레르

Bricoleur

유영만 지음

쌤앤파커스

Bricoleur

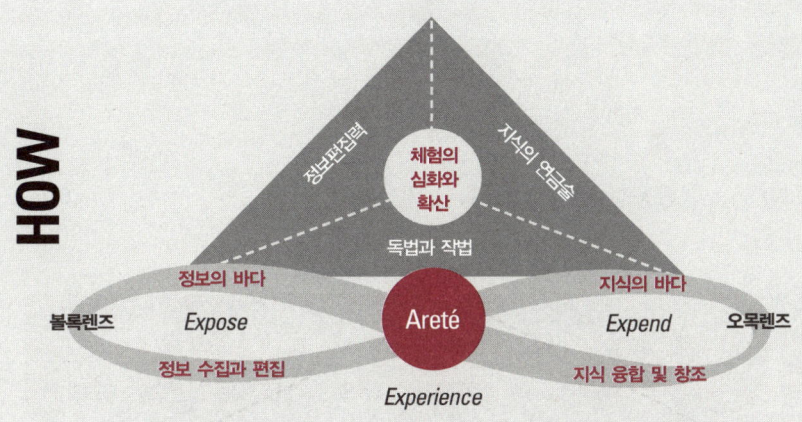

차례

프롤로그   철판용접에서 지식융합을 배우다   010

1 왜 지금 브리꼴레르가 필요한가?
: 우리가 아는 모든 전문가는 전문가가 아니다!

멍 때리는 전문가, 답답한 전문가, 골 때리는 전문가, 재수 없는 전문가   031
전문성은 '덕택'에 길러진 것

흉부외과 의사는 부러진 팔에는 관심이 없다?   038
공감도 못하고, 판단도 못하고

파리 뒷다리만 연구하는 전문가?   046
알면 알수록 별 볼 일 없는 전문가의 세계
세계는 곧 관계다

전문가는 우리에게 진실을 전해줄 수 있을까?   058
전문적 문외한이 판치는 세상

지식산부인과 의사는 사기꾼?   068
자신의 지식으로 소통할 줄 아는 사람

통섭이 아니라 융합이다   075
무늬뿐인 통섭이 아니라 실제적인 융합을 추구하자
융합은 공감에서 나온다

이제는 융합형 인재, 브리꼴레르가 필요하다   091
미래의 인재상, 야생에서 야망을 꿈꾸는 브리꼴레르
전문성에 미덕을 더해야 전문가다

2 누가 브리꼴레르인가?
: 빠른 상황판단력과 과감한 추진력을 겸비한 융합형 인재

역발상으로 불가능에 도전하는 문제해결의 고수   111
하늘이 무너져도 빠져나갈 구멍은 있다
다빈치와 맥가이버, 그리고 정약용과 고 정주영 회장, 이들의 공통점은?

역경을 경력으로 만드는 야생적 사고의 소유자   125
틀렸다고 하지 말고, 안 된다고 하지 말고

하나의 '정답'이 아니라 다양한 '현답'을 찾는 실천적 지식인   131
현장에서 깨닫는 실천적 삼단논법
몸을 움직이는 자가 실천적 지혜를 얻는다

경계를 넘나들며 지식을 창조하는 사이 전문가   142
낯선 세계와의 끝없는 접속을 추구하라
호모 디페랑스, 차이와 재창조의 끝없는 변주

3 어떻게 브리꼴레르가 될 수 있는가?
: 세상의 모든 지식은 체험과 편집의 합작품이다!

브리꼴레르가 되는 비밀, 뫼비우스의 띠 속에 있다!   153

당신만의 필살기를 가져라   159
깊이가 높이를 결정한다
방황을 해봐야 방향을 잡을 수 있다

편집하지 않으면 편집당한다!   167
매시업 : 정보를 편집해서 새로운 지식을 창조하라!
놀고 장난치며 질문을 던져라
사전편찬자가 아니라 정보편집자가 되어라
세상의 모든 것은 편집할 수 있다
모순을 편집해 조화의 묘미를 드러내라

우물에서 벗어나 바다로 흘러들어라   196
1+1=3 : 운명을 바꾸는 개념 출산
다르게 살고 싶은가? 색다른 개념을 창조하라!
브리꼴레르, 'END'에서 'AND'를 만드는 사람

남다르게 읽고 색다르게 써라   211
읽지 않으면 읽힌다
자신과 책, 자신과 저자 사이를 읽어라
색다른 개념이 없으면 남다른 글을 쓸 수 없다

일상에서 비상할 수 있는 기적을 찾아라 228
일상에서 경이를 만나는 10가지 습관
일상은 비상함의 보고이자 비상할 수 있는 상상력의 텃밭이다

천의 얼굴을 하고 천 개의 길을 가라 239
변방에서, 바닥에서부터 변화를 다져나가라

브리꼴레르가 도달하고 싶은 꿈의 경지, 아레테 257
절차탁마 : 저절로 될 때까지 제대로 갈고닦아라
이심전심 : 소통해야 능통한다
백절불굴 : '견딤'의 시간이 '쓰임'의 범위를 결정한다
화이부동 : 가방이 아니라 보자기가 되어라
살신성인 : 희생정신 없는 인재人才는 인재人災다
아레테 : 탁월함에 덕을 더하라
아레테에 이르는 과정은 영원한 미완성이다

에필로그 미완성美完成 교향곡의 주인공은 바로 당신 285

참고문헌 298

프롤로그

철판용접에서
지식융합을 배우다

"19세기가 '이것이냐 저것이냐or'의 세기였다면,
20세기는 '와and'의 시대가 될 것이다."
— 바실리 칸딘스키, 러시아 화가

미래학자 앨빈 토플러, 자기계발 전문가 브라이언 트레이시, 그리고 한국의 유영만 교수. 이 세 사람에게는 공통점이 있다. 책을 쓰는 작가? 남자? 모두 맞는 말이지만 여기서 정답은 유명한(?) 3대 '용접공' 출신이라는 것. 토플러는 미래학자로 알려지기 전 1950년대에 미국 중서부의 공업지대에서 5년 동안 조립공, 용접공, 프레스공 등으로 일했다. 브라이언 트레이시 역시 불우한 어린 시절을 보내고 세차, 설거지, 공사장 막노동, 용접 등을 한 끝에 오늘날 세계적으로 유명한 자기계발 전문가로 발돋움했다. 나 역시 어린 시절 극심한 가난 때문에 학비부담이 없는 공업계 고등학교로 진학해 용접을 배우고 생활전선에 뛰어들었다가 뒤늦게 대학에 들어와 이판사판으로 공부해서 오늘에 이르렀다. 모두 녹록지 않은 시간을 보내며 얻은 남다른 깨달음을 글로 녹여낸 작가들이다. 작가로서 내게 과거의 용접 체험으로 깨달은 삶의 지혜를 다양한 방식으로 융합해 또 다른 안목으로 세상을 바라보도록 하는 소중한 기억이자 메타포다.

용접을 배울 때는 하루하루가 고역이었다. 어쨌든 참고 견디는 수밖에 없다고 생각하며 우여곡절 끝에 전기용접기능사 2급 자격증을 땄고, '용접공'으로서 사회에 진출했다.

지금 생각해보면 용접 경험이 오늘날 색다른 생각을 하는 원동력이 된 듯하다. 용접은 두 개의 철판을 하나로 접합하는 작업이다. 마찬가지로 지식융합도 서로 다른 정보나 지식을 융합해 새로운 지식으로 창조하는 작업이다. 서로 다른 두 가지 이상의 전공이 융합해 색다른 전공이 탄생하고, 전혀 다른 기술이 융합돼 새로운 기술이 탄생한다. 지식도 마찬가지다. 새로운 지식은 이전 지식과 다른 방식으로 융합됨으로써 나타난다.

용접에는 크게 세 가지가 있다. 첫째, 동일한 재료와 재료를 용접하는 동종용접이다. 둘째, 비슷한 재료끼리 용접하는 유사용접이다. 셋째, 전혀 다른 이질적 재료끼리 용접하는 이종용접이다. 짐작하겠지만 동종용접보다 이종용접이 훨씬 까다롭다. 상극을 상생으로 전환시키는 고난도 작업이기 때문이다.

세상 그 어떤 것도 처음부터 갑자기 하나가 될 수는 없다. 하나가 되려면 서로가 서로를 알아야 한다. 안다는 것은 상대의 아픔을 가슴으로 이해하는 것이다. 내가 너를 가슴으로 이해하고 네가 나를 온몸으로 이해할 때 '우리'라는 공감대가 형성된다. 공감의 영역에서 서로가 서로를 뜨겁게 만들고 하나가 된다. 〈용접〉이라는 시를 쓴 이석현 시인은 "서로 녹아 넘치도록 혼절해야만 / 한 몸 되는 힘겨운 접목 / 뼈와 살을 녹여내는 아픔을 / 나눈 후 태어난 신생"이라고 표현했다. 두 개의 철판이 용접으로 접합되려면 우선 뜨겁게 달아올라야 한다. 달아오른 철판과 철판 사이에 쇳물이 흐르면서 이종결합이 이루어진다.

마찬가지로 분야가 다른 전문지식이나 전공이 융합을 통해 제3의 분야나 지식으로 재탄생하려면 뜨거워지고 달아올라야 한다. 다른 분야와 뒤섞이려면 우선 나부터 뜨거워져야 한다. 그리고 상대가 뜨거워지도록 도와주어야 한다. 서로 다른 무언가를 하나로 잇기 위해서는 뜨거움과 차가움 그리고 밝음과 어둠 사이를 넘나들어야 하고, 양극단의 경계가 만드는 극심한 기복을 온몸으로 겪어야 한다. 그러니까 융합이란, 열정과 냉정 사이 그리고 희망과 절망 사이를 오가는 치열함 속에서 완성되는 용기의 결과물이다. 맞붙이는 용접과 융합되는 지식, 말은 다르지만 원리는 다르지 않다.

지금 우리는 왜 용접과 융합에 대해 말하고 있는가? 오늘날 세상이 요구하는 인재상의 핵심 자질이 바로 '융합'이기 때문이다. '단군 이래 최고 스펙'이라는 말이 무색하지 않게, 요즘 젊은이들은 온갖 스펙과 지식으로 무장해 있다. 하지만 정작 사회에서는 인재가 부족하다고 아우성이다. 왜 그럴까? 지식만 가득 찬 사람이 아닌 '진짜' 인재, 실제 현장에서 문제를 해결하고 나아갈 길을 보여주는 인재가 드물기 때문이다. 이런 능력은 자기 분야에 대한 지식만으로는 만들어지기 어렵다. 낯선 분야와의 접목과 소통, 융합을 통해 인식의 지평을 넓혀야 가능한데, 이 노력을 소홀히 하기 때문이다. 생각해보라. 우리가 직면해 있는 문제는 대부분 어느 한 분야의 노력만으로는 해결되지 않는 복잡한 것들이다. 이런 문제를 해결하려면 다양한 분야의 전문가들이 모여서 대안을 모색해야 한다. 용접공이 서로 다른 두 철판을 붙이듯이, 서로 다른 전문지식들이 만나 새로운 지식을 만들어야 한다. 그런데 교수든 경영자든 일선 직원이든, 서로 자기가 아는 손바닥만 한 지식의 영역 안에서만 왕이 되려 한다. 이래서는 사고가 확장될 수 없고, 어떤 문제도 해결될 수 없다.

 융합과 관련해 최근 가장 중요하게 떠오르고 있는 주제는 바로 '통섭'이다. '지식의 대통합'을 기치로 내세운 통섭이 우리 사회의 거대한 화두가 된 지는 이미 오래다. 그러나 어찌된 일인지 실제로 통섭을 이룬 사례는 많이 보이지 않는다. 생물학 중심으로 다양한 학문을 하나로 통합하려는 통섭은 애초에 불가능한 꿈이었을까? 아니면 너무 어려워서 소수의 천재들만 이룰 수 있는 것일까? 여전히 학계와 기업현장에서는 통섭형 인재를 키우겠다는 의지가 드높지만, 구체적인 실천법을 따져보면 기존의 '융합' 개념과 별반 달라 보이지 않는다. 어쩌면

우리가 받아들이는 통섭이란 융합적 인재를 새롭게 지칭하는 수사修辭
는 아닌지 하는 의구심이 들기도 한다. 그래서 이 책에서는 통섭이라
는 거대한 담론이 주는 언어적 거품을 걷어내고, 다양한 분야를 넘나
들며 새로운 지식을 창조하는 융합에 대해 다양한 생각과 방법을 제시
하려고 한다.

지식융합을 위한
책읽기와 글쓰기

나는 지금까지 60여 권의 저역서를 출간하면서
다양한 지식융합을 시도해왔다. 이질적인 철판을 용접해 커다란 배를
만들듯이, 책을 쓰는 과정도 다양한 정보와 지식을 융합해 새로운 지
식으로 재탄생시키는 작업이다.

내가 쏟아내는 글과 책을 보면서 내 일상을 궁금해하는 사람들이 많
다. 그렇게 많은 일을 하는데 잠은 언제 자냐? 블로그와 페이스북, 트
위터 그리고 카카오스토리는 대신 관리해주는 사람이 있느냐? 책을
다 읽기도 전에 신간이 또 나오는데 누가 대신 써주는 것 아니냐? 주
로 언제 글을 쓰느냐? 매일매일 칼럼도 쓰면서 어떻게 그렇게 많은 글
을 쏟아내느냐? 책은 1주일에 몇 권이나 읽느냐? 시간관리를 어떻게
하느냐? 저녁마다 사람들을 만나면서 도대체 언제 책을 읽고 쓰는지
불가사의하다는 것이다.

내가 많은 책을 쓸 수 있었던 원동력은 다름 아닌 '융합'이다. 책의 문제의식과 목적의식을 세운 다음, 경계를 넘나들면서 다양한 분야의 지식을 융합해온 덕분이다. 심심풀이 삼아 한번 짚어보자. 심리학적 학습이론과 경영학의 조직학습이론, 조직문화와 변화관리, 다양한 학습조직의 이론을 융합해 1990년대 초반 한국 최초로 낸 책이 《지식경제시대의 학습조직》이다. 그 후 학습조직에 관한 몇 권의 번역서를 출간한 노하우를 기반으로 후배와 공저해 《지식경영과 지식관리시스템》을 내면서 학습과 지식에 대한 경영학적 안목과 식견을 쌓았다. 이때부터 일상적 삶과 함께 일어나는 비공식적 학습, 공동체의 주변인이 어떻게 핵심 구성원으로 변화돼 가는지에 대한 인류학적 학습에 관심을 갖게 되었다. 이런 문제의식으로 쓴 책이 《길거리 학습특강》과 《학습파워: 학습하는 당신이 미래의 리더다》다. 그 후 미국 중심의 지식경영보다 일본의 노나카 이쿠지로 교수가 주장하는 인간중심적 지식창조경영과 미국의 존 브라운John Seely Brown이 주장하는 문화인류학적 학습이론에 근거한 지식경영에 관심 갖게 되면서 학습과 지식에 대한 인식지평을 넓힐 수 있었다.

서구적 지식경영의 한계를 극복하기 위해 대안을 모색하다 생태학 책을 보기 시작하면서 지식경영학과 생태학을 융합하는 계기를 마련했다. 그래서 쓴 책이 《지식생태학: 지식기반사회를 위한 포스트 지식경영》이다. 생태학의 유지, 발전원리를 도출해 지식이 창조되고 공유되는 순환과정에 접목시켜 지식생태학이라는 분야를 탄생시킨 것이다. 그 후로도 동식물이 등장하는 다양한 번역서를 출간하면서 생태학적 융합을 시도했다. 《기린과 코끼리에게 배우는 공생의 기술》 등이 그 결과물이다.

한편 교육과 디자인을 융합해 《수업체제설계 ISD : 탐구논리와 실천논리》라는 책을 쓴 다음 디자인과 디자이너에 관심을 갖게 되었으며, 인재육성이나 기업교육의 일상성을 파고들면서 일상성의 사회학에 눈뜨게 되었다. '기업교육학'과 현장에서 일어나는 '기업교육' 사이에 엄청난 간극이 있다는 것을 깨닫게 되면서 쓴 책들이 바로 《기로에 선 한국 기업교육》, 《한국 기업교육의 경쟁력 강화 방안》, 《죽은 기업교육, 살아 있는 디지털 학습》, 《4세대 HRD》다. 《4세대 HRD》는 그동안의 기업교육 현장에서 쌓은 경험과 인재육성에 대한 생태학적 대안을 집대성한 책으로, 기존의 HRD Human Resources Development 개념을 인간을 행복하게 만드는 비타민 개발업 Happiness Revitalization Development 으로 재정의함으로써 인재육성에 대한 새로운 패러다임을 제시할 수 있었다. 이처럼 지식융합은 새로운 개념 창조, 기존 개념의 재개념화 과정에서 이루어진다. 내가 창작할 수 있는 한계는 내가 보유한 개념의 폭과 깊이에 좌우된다.

전공에 대한 지식융합의 결정체는 학문적 경계 넘나들기의 여정에서 쓴 《교육공학의 학문적 지평 확대와 깊이의 심화 1·2·3》 연작이다. 이 3권의 책은 교육공학의 학문적 발전에 직간접적으로 영향을 미친다고 생각되는 철학, 문학, 역사학, 사회학, 인류학, 경영학, 디자인, 커뮤니케이션, 생태학을 교육공학과 접목시켜 다양한 지식융합을 시도한 결과물들이다. 긍정 에너지와 리더십을 융합해 《다르게 생각하면 답이 보인다》를 출간하기도 했다.

그 이후로 전공서적보다는 대중을 상대로 자기계발서를 쓰는 데 많은 시간과 노력을 투자해왔다. 처음으로 쓴 자기계발서는 《용기 : Do-it-Now 프로젝트》다. 아울러 창조경영 열풍이 거센 시점에서 상상력, 특히 창의성에 관한 책을 숙독하기 시작했다. 그 결과물을 《상상하여? 창조하라!》에 담았다. 상상력과 창의력을 길러주는 10대 원리를 정리한 책이다. 《내려가는 연습》은 올라가려고 혈안이 된 현대인들에게 성공의 진정한 의미를 심어주려 했던 책이다. 참다운 행복은 직선보다 곡선에 있음을 알려주기 위해 쓴 《곡선이 이긴다》는 시와 에세이를 융합해 고두현 시인과 공저했다. 진정한 생각은 머리로 하는 것이 아니라 가슴으로 하는 것임을 강조한 《생각지도 못한 생각지도》를 비롯해, 이 책들은 모두 다양한 생각의 임신을 통해 새로운 지식을 융합한 결과물이다.

처음부터 기획해서 책을 쓰기도 하지만, 평소 관심 있는 주제를 정해 꾸준히 칼럼도 쓰고 잡글도 써두었다가 기회가 되면 책으로 편집해서 출간하는 경우도 많다. 《청춘경영》이 이런 과정을 통해 탄생한 대표적인 책이다. 이 외에도 일상에서 깨달은 사소한 지혜를 묶은 《천천히 생각하는 여유와 느리게 배우는 지혜》, 아날로그의 소중함을 설파한 《Being Ana+Digi : 아나디지다》, 일상적 삶에서 배우고 익히는

《길거리 학습특강》,《체인지體仁知》 등이 모두 평소에 쓴 글을 일정한 문제의식 하에 구조화하여 출간한 책이다.

　책을 쓰는 과정은 다양한 정보를 편집하는 과정이자, 다른 분야의 지식과 다각적인 접목을 시도하면서 지식을 융합하는 과정이다. 책은 결국 지식의 연금술사가 되어 다양한 지식을 나의 문제의식과 목적의식에 맞게 뒤섞고 버무리고 용해시켜 색다른 지식으로 재창조하는 과정이다. 주변에 산재한 다양한 개념과 문장을 엮어서 거기에 의미를 부여하면, 그전까진 관계없다고 생각되었던 개별적 개념이나 문장도 새로운 관계로 다시 부각된다. 이것이 곧 지식융합이다. 새로운 책은 기존의 책 사이에서 탄생된다. 책을 읽고 다른 책을 또 읽으면서 읽은 책과 책 사이에 나의 생각이 흐를 때, 또 다른 책을 구상할 수 있다. 모든 책의 내용은 저자의 문제의식과 논리적 흐름에 따라 이전 책의 내용을 편집하면서 탄생된 메시지다. 완전히 새로운 책은 세상에 없다. 모든 책은 기존 책의 한계와 문제점을 극복하기 위해 저자가 다른 시각으로 세상을 보면서 고민한 내용이 용해돼 탄생된다.

　또한 책을 쓰는 과정은 그 자체가 엄청난 시간과 노력이 투입되는 학습여정이다. 한 권의 책을 쓰기 위해 관련 분야 책을 족히 20~30권은 통독하고 기존 책들이 공통으로 주장하는 메시지가 무엇인지, 어떤 내용을 부각시키고 있는지, 그리고 무엇보다도 이 책을 쓰게 된 저자의 문제의식과 사연은 무엇인지 알려고 노력한다. 그러면서 기존 책들이 놓치고 있는 부분이나 간과하고 있는 한계나 문제점을 포착해, 내가 책을 쓸 때는 이런 점을 염두에 둬야겠다는 생각을 한다.

지식융합 전문가의 일상,
그것이 궁금하다!

이렇게 하려면 부단히 읽고, 정보를 수집하고, 생각을 멈추지 않아야 한다. 남들과 똑같은 24시간 동안 이 모든 일이 어떻게 이루어지는지 궁금해하는 분들이 많기에, 나의 일상을 잠깐 소개하고자 한다.

그다음 날 오전에 특별한 일정이 없고 저녁에 늦게까지 글을 쓰면 보통 새벽 2~3시에 취침해 6~8시 사이에 일어나 운동을 하러 간다. 술을 많이 마시지 않고 정신이 말짱하면 집에 가서도 졸음이 오기 전까지는 반드시 글을 쓴다. 약속이 없는 날은 밤늦게까지 연구실에서 책 읽고 글을 쓰곤 한다.

출근해서 연구실에 들어오면 에스프레소 커피 한잔을 진하게 뽑아 마시며 하루 일과를 구상한다. 메일을 열어보고 급한 용건에만 우선 답장을 한다. 밤사이 나에 관한 글이나 기사가 있는지 잠깐 검색을 하고, 블로그와 페이스북에 들어가 내 글에 대한 독자들의 반응을 본다. 트위터에 리트윗된 글과 트친들의 글과 그림을 보면서 영감을 주는 부분은 바로 저장해놓거나 파워포인트로 정리해 저술자료나 강연자료로 활용한다. 오전은 신문, 잡지, 책, 인터넷 자료 등을 종횡무진 읽으면서 글감을 찾는 시간으로 활용한다. 워낙 써야 하는 글이 많아서 세상을 언제나 글 쓰는 데 필요한 자원으로 활용하려고 노력한다. 점심은 대개 약속이 있어서 이런저런 이야기를 나누면서 식사를 함께한다.

　점심을 먹고 나서는 다시 책을 읽으면서 글을 쓴다. 책읽기는 중요한 아이디어의 원천이다. 나는 주로 내 책의 아이디어를 얻거나 새로운 어휘를 수집하기 위해 읽는다. 사방 천지에 쌓아놓은 책 중에서 가까이 있거나 지금 쓰고 있는 글에 아이디어를 줄 만한 책부터 읽기 시작한다. 때에 따라 동시에 몇 권을 펼쳐놓고 읽기도 하고, 한 권을 집중적으로 읽기도 한다. 읽다가 인용할 만한 문장이나 개념은 바로 컴퓨터에 입력해놓는다. 컴퓨터 폴더는 여러 개로 분류되어 있는데 그중 대표적인 폴더가 저서 및 논문 폴더와 잡글 기고문 폴더. 책을 읽다가 특정 부분이 마음에 들면 무조건 해당 논문이나 저서 파일을 열어 중간에 입력해놓는다. 그 생각이 계속 발전하면 그 자리에서 칼럼 하나를 완성하기도 한다. 완성된 칼럼을 블로그에 올려놓으면 자동으로 트위터와 페이스북으로 연동돼 올라간다. 또는 페이스북이나 트위터에 글을 짧게 잘라서 올려놓고 사람들이 어떤 반응을 보이는지 관찰하면서 후속 아이디어를 얻는다. 댓글을 읽다 보면 미처 생각하지 못했던 아이디어를 얻을 때가 많다.

　이처럼 나는 완벽한 준비를 해서 글을 쓰는 편은 아니다. 일단 생각나는 대로 쏟아놓고 연결되는 아이디어의 원천을 찾아 다시 완성하기도 한다. 글 쓰는 중간 중간에 관심 갖고 있는 화두나 문제, 그리고 주제에 대해 인터넷 검색을 하다 뜻밖의 광맥을 발견하는 경우도 많다. 언젠가 글을 쓰거나 강연할 때 도움이 될 만한 자료는 블로그에 포스팅해놓거나 별도로 복사해서 파일로 보관해놓는다. 블로그는 이런 점에서 나의 지식창고이자 글의 영감을 주는 통찰력이 잉태되는 공간이다.

다양한 사람들과 대화를 하다 보면 생각지도 못한 아이디어를 얻을 때가 많다. 고민했던 문제를 해결해줄 단서를 잡거나 아이디어를 더 발전시킬 수 있는 소재를 얻을 때도 있다. 나에게는 세상 만물이 다 배움의 원천이며 글감이다. 사람을 만날 때도 자유롭게 대화하다가 쓰고 있는 책이나 칼럼에 아이디어를 줄 수 있는 화두가 나오면 바로 메모를 한다. 주로 키워드 중심으로 메모했다가 저녁에 들어가 해당 저서나 논문, 또는 칼럼집에 입력해놓는다. 그 순간 아이디어가 막히지 않고 뻗어나가면 한두 시간 집중적으로 글을 쓴다. 쓰다가 예전에 읽었던 책의 내용이 관련된다고 생각되거나 새로운 방향을 줄 수 있다고 판단되면 책꽂이에서 책을 찾아보면서 그 길로 계속 글을 쓴다. 이처럼 강의와 강연, 그리고 미팅이나 인터뷰 시간을 빼고는 하루 일과의 대부분이 책 읽고 글 쓰는 시간이다.

1주일에 한 번 정도는 서점에 가서 분야별 신간을 점검한다. 적어도 책 제목과 목차라도 보면서 어떤 트렌드가 나오고 있는지, 어떤 작가가 어떤 문제의식으로 책을 썼는지 훑어보는 편이다. 왠지 구미가 당기거나 호기심을 자극하는 책, 저자의 문제의식이나 내공이 남달라 보이는 책, 그리고 색다른 분야를 재미나게 접근했다고 판단되는 책은 분야를 가리지 않고 바로 구입한다. 시집도 주기적으로 산다. 시는 시인의 감수성과 언어를 압축시켜 절제하는 방법을 배우기 위해 읽어본다. 머리가 아프고 쉬고 싶을 때 시집을 꺼내 한두 편 음미하고, 감동적인 시는 폴더에 저장해놨다가 글이나 책을 쓸 때 적재적소에 인용하면서 나의 논리를 풀어가는 데 활용한다.

특히 세 글자로 된 단어를 만나면 바로 메모해두었다가 삼행시를 쓴다. 삼행시를 쓰려면 삼행시의 대상인 사물이나 현상의 본질을 알아야 한다. 그 대상이 사람이라면 그가 추구하는 철학이나 비전, 가치관이나 스타일을 알아야 한다. 삼행시 짓기는 어휘력 싸움이자, 촌철살인의 메시지를 담는 수련이다. 삼행시를 짓노라면 짧은 시간에도 다양한 상상을 하게 되는데, 창의적으로 글 쓰는 방법을 배우는 좋은 시도라 생각한다.

주말에는 느지막이 일어나 브런치를 먹거나 조조 영화를 본다. 가급적 1주일에 한 번은 아내와 영화를 보려고 노력한다. 영화를 보면서도 명대사나 명장면이 나오면 기억해뒀다가 교육과정을 개발하거나 강연이나 글에 영감을 주는 재료로 활용한다. 영화는 삶의 축소판이다. 영화에는 저마다 삶의 희로애락이 담겨 있어서 심금을 울리는 책을 쓰는 데 많은 도움이 된다. 이 밖에도 주말에는 심리적으로 여유가 있어서 일상에서 인사이트를 주는 사물이나 현상을 촬영하고 그 사진에 걸맞은 글을 쓰기도 한다.

토요일은 별다른 약속을 잡지 않고 집중적으로 책을 읽고 글을 쓰는 시간으로 활용한다. 연구실에 들어오면 주요 일간지 신문을 보면서 스크랩한다. 신간 서평기사를 읽으며 책을 주문하는 것도 빠뜨리지 않는다. 그리고 다음주에 있을 수업 준비를 하거나 외부 강연 자료를 만드는 시간으로 할애한다. 보통 3시간 수업을 위해 6~9시간을 준비하는데, 그 외에도 강연에 도움이 되겠다고 생각되는 이미지나 음악, 영화, 글들이 보이면 수시로 해당 파워포인트에 무작위로 작성해 놓는다. 그런 다음 강연 전날 모아둔 자료를 일정한 논리체계로 정리한 다음 핵심 메시지를 보충하며 완성해간다.

글 쓰는 일은 생각을 집요하게 물고 늘어지면서 아이디어의 샘물을 길어올리는 과정이다. 창작은 다양한 체험, 방대한 독서, 색다른 일상이 융합되어 한 편의 글로 완성되는 과정이고 한 권의 책으로 편집되는 과정이다. 색다른 글은 색다른 직간접 체험이 집대성돼 드러나는 것이고, 놀라운 글은 체험의 데이터베이스에 들어 있는 다양한 재료들을 남다른 방식으로 요리해낸 결과물이다. 결국 지식융합은 융합할 재료가 얼마나 풍부한가의 문제이자, 이것을 남다른 방식으로 엮어낼 수 있는가의 문제다.

지식을 융합해서 새로운 지식을 창조하는 길에는 집념과 집중이 필요하다. 집중하고 집념을 갖고 덤벼들어야 뭔가 이루어져도 이루어진다. 끝까지 가보지 않으면 끝에 이를 수 없다. 하나에 깊이 빠지지 않고 여기저기 집적거리면 아무것도 이루어지지 않는다. 파고들지 않으면 내 손에는 지혜나 지식이 아닌 정보의 파편만 남게 된다. 내가 파고들어간 깊이만큼 내가 성장할 수 있는 높이가 결정되는 법. 그러므로 우리는 우선 한 곳을 집중적으로 파고들면서 거기에 미쳐야 한다. 정상에 오른 사람은 모두 한동안 한 곳에 빠져서 미치도록 몰입한 이들이다. 그들은 어제와 다른 물음을 제기하고 색다른 답을 찾아 끊임없는 도전을 감행한다. 몰상식한 역발상으로 고정관념의 감옥에서 살아가는 사람들에게 통렬한 시비를 건다. 역발상은 뒤집어 생각하는 것이다. 정상에 오른 사람, 위대한 작품을 남긴 사람은 모두 뒤집기의 달인들이다.

'그래도' 한계에 도전하는 브리꼴레르

김승희 시인은 〈그래도라는 섬이 있다〉는 시에서 이렇게 노래한다.

가장 낮은 곳에
젖은 낙엽보다 더 낮은 곳에

그래도라는 섬이 있다

그래도 살아가는 사람들

그래도 사랑의 불을 꺼뜨리지 않는 사람들

세상에서 가장 아름다운 섬, 그래도

(…)

그래도 부둥켜안고

그래도 손만 놓지 않는다면

언젠가 강을 다 건너 빛의 뗏목에 올라서리라

어디엔가 걱정 근심 다 내려놓은 평화로운

그래도, 거기에서 만날 수 있으리라

세상이 원하는 인재도 이와 같지 않겠는가? 브리꼴레르_{bricoleur}는 세상의 가장 낮은 곳, '그래도'라는 섬에서 절치부심하면서 미덕을 갖춘 최고 경지의 전문성인 아레테에 이르기 위해 부단한 노력을 경주하는 사람이다. 지식이든 작품이든 물건이든, 새로운 것을 창조하는 사람은 한계나 경계의 끝에서 아무리 어려워도 또 다른 융합의 가능성을 찾아 무한탐구를 계속한다. 지식융합의 길은 멀고도 험하다. 철판을 녹여 쇳물이 좌우로 넘나들면서 비로소 하나의 견고한 철판이 탄생하듯이, 지식융합도 이질적 분야가 만나 서로를 부둥켜안고 고뇌하는 가운데 비로소 새롭게 완성된다. 그러나 힘든 만큼 보람도 있고 가치도 있다. 이제까지 존재하지 않았던 새로운 지식들은 기존 지식의 끝과 끝, 그 사이에 있다. 그 사이에 존재하는 무수한 차이를 활용하여 생각의 꽃을 피우는 사람이 바로 이 책에서 말하는 미래의 인재상, 브리꼴레르다.

본래 브리꼴레르는 현재 활용 가능한 도구를 자유자재로 변용해 위기상황을 탈출하거나 기존 지식을 자유롭게 융합해서 주어진 문제상황을 벗어나는 해결사다. 브리꼴레르는 정답이 없는 상황에서도 다양한 시도 끝에 묘안을 찾아내는 맥가이버처럼, 몸으로 부딪치면서 딜레마 상황을 탈출하는 불굴의 의지와 도전정신의 화신이다. 브리꼴레르는 이질적 정보를 융합하여 새로운 지식을 창조하는 '지식의 연금술사'이자 색다른 도전을 즐기면서 자신의 한계가 어디까지인지 스스로 알아보는 노력을 게을리하지 않는 실천적 지식인이다. 브리꼴레르는 정해진 길, 이미 결정된 길 위에서 시키는 일을 잘 따라 하는 모범생이라기보다 자신의 가능성을 발굴하기 위해 이제까지 누구도 시도하지 않은 도전과제나 가보지 않은 길을 가면서 색다른 깨달음을 몸소 체험하는 모험가에 가깝다. 앞으로 우리가 살아가면서 직면하게 될 문제나 위기는 한두 가지 분야의 지식만으로는 해결하기 어려울 뿐 아니라, 한두 번의 시도로 극복하기 어려울 만큼 복잡할 것이다. 과감한 추진력과 역발상으로 불가능에 도전하고 역경을 뒤집어 남다른 경력으로 만들어가는 브리꼴레르야말로 우리 사회가 요구하는 미래의 바람직한 인재상이 아닐 수 없다.

답이 보이지 않아 지치더라도 '그래도'라고 되뇌며 계속 앞으로 나아갈 준비가 되었는가? 그렇다면 인재가 되기 위한 절반의 준비는 마친 셈이다. 자기 밥그릇에만 연연하는 어설픈 전문가가 아니라, 세상의 이치를 종횡으로 가로지르며 남다른 가치를 창조하는 사람이 되는 길로, 이제 한걸음 내디뎌보자.

봄이 오는 행당동산에서
지식생태학자 **유영만**

왜 지금 브리꼴레르가 필요한가?

: 우리가 아는 모든 전문가는 전문가가 아니다!

멍 때리는 전문가, 답답한 전문가,
골 때리는 전문가, 재수 없는 전문가
흉부외과 의사는 부러진 팔에는 관심이 없다?
파리 뒷다리만 연구하는 전문가?
전문가는 우리에게 진실을 전해줄 수 있을까?
지식산부인과 의사는 사기꾼?
통섭이 아니라 융합이다
이제는 융합형 인재, 브리꼴레르가 필요하다

멍 때리는 전문가, 답답한 전문가, 골 때리는 전문가, 재수 없는 전문가

> 전문가란 무언가에 대해 모든 것을 알지만,
> 그 밖의 다른 것에 대해서는 아무것도 모르는 사람이다.
> —앰브로즈 비어스 *Ambrose Bierce*, 미국 작가

오늘의 전문가는 흔히 네 가지 문제를 안고 있다. 어느 작가는 개념, 교양, 양심, 예의를 고품격 인간의 필수지참 4종 세트라 했다. 이것이 없으면 어떻게 되는가? 말 그대로 '네 가지 없는 인간', 거칠게 표현하면 '싸가지 없는' 인간이 된다.

개념이 없으면 상식 이하의 발언을 하면서 남의 기분을 상하게 만든다. 교양이 없으면 저속한 행동을 하기 십상이다. 양심이 없으면 거짓말을 밥 먹듯 하다가 신뢰를 잃는다. 예의가 없으면 인간으로서 근본을 잊고 막무가내로 행동하게 된다. 싸가지는 인성이고 자세이자 태도다. 지식과 기술은 쉽게 가르칠 수 있지만 싸가지는 쉽게 가르칠 수 없다. 그래서 싸가지 없는 사람이 실력을 쌓고 전문가가 될수록 사회

는 참으로 암울한 지경으로 전락할 수 있다.

 싸가지 없는 인간론(?)에 추가해서 '지식인의 싸가지'를 생각해본다. 수많은 지식인과 전문가가 있는 오늘날, 사람들의 지탄을 받는 문제적 전문가들도 많아지고 있다. 그들은 어떤 '네 가지'를 갖추지 못해서 물의를 일으키는 것일까?

 첫째, 멍 때리는 전문가다. 한마디로 멍청한 전문가다. 멍청한 전문가는 정해진 규율, 기존의 제도와 관행과 절차만 따를 뿐 상황에 따라 다르게 판단해야 하는 도덕적 판단력이 없다. 큰 탈 없이 편안하고 한가롭게 지내면서 적당히 현실에 안주하려는 무사안일주의 전문가다. 자기 일은 열심히 하지만 머리로 생각하지 않으니 결과적으로 엉뚱한 결과를 산출해 많은 사람들에게 피해를 입힌다. 배리 슈워츠Barry Schwartz와 케니스 샤프Kenneth Sharpe는 《어떻게 일에서 만족을 얻는가》[•]에서 멍청한 전문가의 전형적인 사례로 레모네이드 사건을 소개한다. 레모네이드를 사달라고 조르는 아들에게 아버지는 가게에 하나밖에 없는 레모네이드를 아무 생각 없이 사주었다. 하지만 이 레모네이드는 알코올 도수 5도인 제품. 때마침 경비원이 레모네이드를 홀짝이던 아들을 발견하고 곧바로 경찰에 신고했다. 경찰은 구급차를 불러 급히 병원으로 이송했지만, 아들에게 알코올 흔적을 발견하지 못했다. 하지만

● 배리 슈워츠 · 케니스 샤프(지은이), 김선영(옮긴이)(2012), 《어떻게 일에서 만족을 얻는가 : 영혼 있는 직장인의 일 철학 연습》, 서울: 웅진지식하우스.

경찰은 아들을 집에 보내는 대신 아동보호소의 위탁 가정에 맡겼다. 경찰도 내키지 않았지만 절차가 그러하니 어쩔 수 없는 노릇이었다. 3일 동안 보호소에 머문 아들에게 판사는 집에 가도 좋다는 판결을 내렸지만, 아버지는 3주 동안 집을 떠나 있어야 한다는 조건이 붙었다. 판사도 이러고 싶지 않았지만 주정부의 법률적 절차에 따라야 했다.

알코올이 든 음료수인 줄 모르고 아들에게 건넨 아버지는 졸지에 평소에도 자녀에게 술을 먹이는 자격미달 부모 취급을 받았다. 상황에 따라 판단하지 않고 그냥 규율과 절차에 따라 법집행을 감행한 경찰과 판사의 고지식함이 불러온 결과다. 이들에게는 대상과 장소, 시간에 따라 달라지는 딜레마 상황에서 올바른 방법으로 올바른 의사결정을 내릴 도덕적 판단능력이 없었던 것이다.

둘째, 자기 분야 외에는 무지한 전문적 문외한, 즉 답답한 전문가다. 전문가도 사람인 이상 모든 분야에 통달할 수는 없다. 그러나 앞만 보며 달리는 경주마처럼 좁은 시야에 갇히면 곤란하다. 더욱이 시야가 좁아질수록 나와 다른 의견이나 주장을 열린 마음으로 받아들이지 못하게 되니 문제가 심각하다. 이런 사람들이 많아질수록 다른 분야와의 소통이 단절되고, 자기 분야가 최고라는 자만이 싹트며, 분야와 분야를 통합하는 융합형 인재는 사라지고 만다. 우리는 흔히 전문가가 되려면 '한 우물을 파라'고 한다. 일정한 깊이를 추구해야 우물을 만날 수 있다는 것은 여전히 진리다. 그러나 한 우물을 파다가 자기가 판 우물에 매몰될 수 있다는 사실을 몸으로 이해하는 것이 더 중요하다. 내가 판 우물에서만 물이 나오는 게 아니라 다른 사람이 판 우물에서도 물이 나온다는 사실, 그리고 다른 사람의 우물에서는 내 것과는 맛이 다른 물이 나온다는 사실도 함께 깨달아야 한다. 그래야 내 우물이 최고라는 환상에서 벗어나 몸을 낮추고 다른 우물을 받아들이고 이해하려는 겸손함이 싹튼다. 한 사람이 모든 분야에 능통하기는 어려운 세상이다. 따라서 내가 모르는 분야에 대해서는 마음을 열고 그 분야의 전문가와 자주 만나 대화를 나눠야 한다. 그렇지 않으면 평생 우물만 한 세상에서 벗어나지 못하게 된다.

셋째, 골 때리는 무늬만 전문가, 즉 사이비 전문가다. '전문가에 따르면'이라는 말을 따라가 보면 사실은 전문가가 아닌 무늬만 전문가인 경우가 비일비재하다. 뭔가 궁금하거나 딜레마 상황에서 의사결정을 할 때 우리는 흔히 전문가의 '고견'에 기대곤 한다. 그런데 이때 전문가도 아닌 사람이 전문가 행세를 한다면? 진짜 전문가들이 하는 얘기는 일반인이 이해하기 어려운 경우가 많기 때문에, 자칫하면 진짜를 가장한 사이비 전문가의 감언이설에 넘어가기 쉽다. 이런 사이비 전문가들은 이름을 드러내기 위해 자신이 갖고 있는 전문성을 훨씬 과장해서 대중의 이목을 끈다.

대중으로부터 주목받기 시작하면 그 상태를 유지하기 위해 부족한 실력을 쌓을까? 천만의 말씀. 거짓말은 거짓말을 낳는 법이어서, 또 다른 고도의 거짓말로 자신의 능력을 부풀린다. 나오지도 않은 학교를 나왔다고 하고, 다닌 적도 없는 회사를 다녔다고 하면서 스포트라

이트를 받다가 하루아침에 패가망신하는 사람들이 있지 않은가. '어떻게 저런 거짓말로 저 위치까지 올라갔지?' 싶은 사람들도 한둘이 아니다. 모두 전문성은커녕 인격이 의심스러운 골 때리는 전문가들이다.

넷째, 능력은 있으나 이유 없이 밥맛없는 안하무인형 재수 없는 전문가다. 이들은 자기 전문분야가 최고이며, 자기가 알고 있는 게 최고의 지식이라고 생각한다. 나아가 나와 '다름'을 '틀림'으로 착각해 상대를 무시하거나 비난의 화살을 날리면서도 자신이 무례한 행동을 하고 있다는 사실을 모른다. 답답한 전문가가 다른 분야에 대한 이해가 부족하다면, 안하무인형 전문가는 다른 분야를 얕잡아보는 비뚤어진 자세와 태도가 문제다. 그러나 그들이 가진 지식이라는 것도 손바닥만 하기 때문에 오히려 다른 전문가들보다 깊이가 떨어질 수 있다. 게다가 이런 전문가일수록 전문적인 용어를 써서 전문적으로 설명하기 때문에 비전문가가 이해하기 어렵다. 안하무인형 전문가가 많아질수록 타인에 대한 관심과 배려가 없어지고, 소통의 가능성이 사라져 지식의 융합이나 새로운 인재의 탄생은 기대하기 어려워진다.

전문성은 '덕택'에
길러진 것

사람들은 흔히 전문성이라 하면 한 분야만 깊이 파고들어 체득한 지식이나 기술로 이해하곤 한다. 그러나 이렇게 한 우물만 파다가는 다른 분야와의 무한한 관계성과 접목 가능성이 사라질 수 있다. 물론 그렇다고 전문성에서 깊이를 생각할 필요가 없다는 뜻은 결코 아니다. 자기 분야에 대한 깊이 있는 통찰력과 더불어 내가 관여하는 일 전체의 그림과 각 영역의 관계를 그릴 수 있도록 부단히 접목 가능성을 탐구하는 노력이 따라야 한다. 한 분야의 전문가가 된다는 말은 전문성을 부단히 축적하고 연마하는 과정에 최선의 노력을 경주하라는 말이다. 이는 무엇인가를 달성하려는 목표지향적 심리라기보다는 이전보다 나아지려고 부단히 애쓰는 마음이다. 전문가는 무엇인가를 기대하고 더 잘하려고 노력하는 사람이라기보다 그저 이전보다 조금이라도 나아지려고 혼신의 힘을 다해 노력하는 과정 그 자체를 즐기는 사람이다.

그래서 전문가에게는 목적과 수단이 쉽게 구분되지 않는다. 무엇을 달성하기 위한 수단으로서 전문성을 쌓는 게 아니라 과정 자체가 목적인 경우가 많기 때문이다. 전문가에게 연습은 곧 실전이며, 삶은 전문가의 전문성을 어제와 다르게 갱신하고 발전시키는 무대다. 취업을 위해 스펙을 쌓아놓고는 그걸 갖고 '미래의 인재'라 자처하는 이들과 확연히 구별되는 대목이다.

전문가는 전문성을 축적한 사람이기 이전에 인간으로서 지녀야 할 기본적인 덕목과 자질을 갖춘 인격적 존재라는 점을 잊어서는 안 되겠다. 전문가는 전문적 지식과 기술, 다양한 경험을 축적한 사람일 뿐 아니라 자신의 전문성을 활용해 개인 또는 조직의 문제를 해결하는 데 앞장서는 사람이다. 전문성이란 다른 사람과의 다양한 관계 속에 자란 사회적 산물이자 특정 맥락에서 발아된 문화적 산물이다. 자신의 탁월한 능력과 노력으로 홀로 성취한 것이라는 착각에서 벗어나야 한다. 오히려 다양한 화두나 문제를 해결하기 위해 당대에 활용 가능한 모든 지식과 기술을 총동원해 내 것으로 체화하는 가운데 전문성이 만들어진다.

이렇게 생각하면 나의 전문성이 온전히 내 것이라고만 말할 수 있겠는가? 전문성은 덕택德澤에 생긴 것이다. '누군가의 덕德이 연못澤처럼 가득 찼다'는 의미가 바로 '덕택'이라면, 전문성은 내가 몸담은 현실에서 다른 사람들과 맺은 인간관계 덕택에 탄생한 사회적 합작품이다. 덕택에 생긴 전문성을 다른 사람을 위해 사용해 덕이 넘치는 전문성의 연못을 만들어갈 때, 공감을 불러일으키는 제3의 전문성이 다시 태어난다.

그렇다면 이들 '네 가지'를 갖추지 못한 전문가들은 우리에게 어떤 해악을 끼치는가? 대표적인 사례를 통해 그 면면을 살펴보자.

흉부외과 의사는
부러진 팔에는 관심이 없다?

"전문가는 새로운 것을 배우길 두려워한다.
 새로운 것을 배우면 더는 전문가일 수 없기 때문이다."
— 해리 트루먼, 미국의 33대 대통령

2007년 4월 11일, 이날은 내가 다시 태어난 제2의 생일이다. 과로 때문에 운전 중에 깜빡 졸았는지, 분당-수서 고속도로에서 중앙분리대를 들이받는 대형사고를 냈다. 차는 전복되고 차 앞은 중앙분리대와 부딪히면서 거의 파괴됐고, 나는 좌우 갈비뼈 상당 부분과 왼팔이 부러졌다. 게다가 충격으로 목이 돌아가지 않는 등, 죽음 일보 직전까지 갔던 치명적인 교통사고였다. 다행히 사고 직후 누군가가 119에 연락해 인근 대형병원으로 급송돼 응급처치를 받은 덕분에 목숨을 부지했다.

그러나 살아났다는 기쁨도 잠시, 점차 의식이 회복되면서 온몸 구석구석에서 통증이 엄습하기 시작했다. 특히 좌우 갈비뼈가 부러져서 숨 한번 크게 쉬지 못했던 고통은 떠올리기도 싫다. 그 상태로 딱딱한

침대 위에 똑바로 드러누운 채 한동안 지냈다.

가장 심각하게 다친 부분이 갈비뼈라서 흉부외과 의사가 주치의로 정해졌다. 그는 갈비뼈를 중심으로 내 몸의 전반적인 상태를 살펴보고 부러진 갈비뼈에 혹시 장기가 손상됐는지 확인했다. 다행히 장기는 온전했지만, 이상하게 왼쪽 팔이 떨어져 나갈 것처럼 아팠다. 그래서 주치의에게 말했더니, 팔은 정형외과 의사가 봐야 하므로 협진을 요청하겠다고 했다. 하지만 아무리 기다려도 정형외과 의사는 오지 않고, 다른 환자들이 밀려서 그러니 기다리라는 대답만 돌아올 뿐이었다.

왼팔에 가해지는 고통도 고통이지만, 병원에 있으면서 더욱 참을 수 없었던 것은 몸무게 재기였다. 매일 아침 몸무게를 재러 오는 사람은 무슨 사명의식이 있었는지, 움직이지 못하는 나를 막무가내로 일으켜 세워 기어코 저울 위에 올려놓았다. 하루 사이에 체중이 급변하는 것도 아닌데, 왜 매일 재는지 알 수 없는 노릇이었다. 한번은 꼭 매일 해야 하냐고 물었더니 그게 자기 일이기 때문에 재야 한다는 말만 반복했다. 상대의 불편에는 아랑곳없이 자신의 분야에서 최선의 노력을 경주하는 사람이 생각보다 많다는 새로운 깨달음을 얻었다.

멍 때리는 전문가는 전문성이 부족하다기보다는 전문성을 올바르게 활용하지 못하는 사람이다. 같은 능력이라도 상황에 따라 다르게 사용해야 하는 것은 상식이다. 그런데 상황은 안중에 없이 오로지 정해진 규칙과 관행대로 생각하고 행동하는 전문가들이 생각보다 많다. 억장이 무너지는 아픔을 겪고 있는 환자에게 자기 일이라는 이유로 무조건 몸무게를 재야 한다고 우기는 몸무게 점검자야말로 멍청한 전문가의 전형이 아닐까.

정형외과 의사는 끝내 오지 않았다. 결국 내가 몸담고 있는 한양대학교 병원으로 옮기고 나서야 정형외과 의사를 만났는데, X레이 촬영 결과 왼팔이 부러졌다고 했다. 사고 난 지 2주 만에 골절 사실을 안 셈이다. 순전히 내 주치의가 흉부외과 전문의라는 이유 때문에 벌어진 일이었다.

내 몸은 구석구석 아프지만, 의사들은 각자의 전공에 해당하는 몸 부위만 진단하고 처방을 내린다. 이것이 오늘날 서양의학이 직면한 최대 위기가 아닐까. 아픈 부위에 대해 부분적 처방을 하면 일시적으로 통증은 가시지만, 우리 몸 어느 부위든 다른 신체기관과 연결돼 있기 때문에 언제든 다시 통증이 시작될 수 있다. 통증痛症은 통通하지 않기 때문에 발생한다. 우리 몸을 하나로 보고 몸 전체의 흐름이 막힌 부분을 진단하고 처방하는 한의학과, 몸의 각 부위를 독립적 기관으로 보고 진단하고 처방하는 서양의학의 차이를 병원에 있으면서 뼈저리게 느꼈다.

의과대학은 다른 분과학문에 비해 전공영역이 세분화돼 있고, 각각의 영역은 사람의 몸과 직결돼 있다. 따라서 '전체 몸'이라는 관점에서 각 세부전공의 관계를 깊이 고민하지 않으면 자칫 생명을 위협할 수도 있다. 예를 들어 이비인후과는 다시 이耳, 비鼻, 인후咽喉로 세분화된 전공자가 있어서, 귀 담당 전문의와 코 담당 전문의가 따로 부위별 수술을 하는 경우가 생긴다. 성공적으로 수술하려면 당연히 환자의 몸 전체 상태를 점검해보고 수술할 부위와 직간접적으로 연결돼 있는 다른 전문의와 긴밀히 소통해야 한다. 전공의사 간 불통은 환자의 고통을 초래한다. 인간이 겪는 아픔은 관계의 아픔에서 온다. 마찬가지로 우리 몸도 각각의 기능적 역할을 하는 기관들이 서로 통하지 않을 때 고통을 느낀다. 따라서 아픔의 치유는 기관 간 관계가 회복되어야 가능하다. 그런데 의사들이 과연 환자 한 명을 놓고 긴밀한 대화를 주고받으며 아픔을 치유하고 있는지 의문이 들 때가 있다.

의술은 인간의 생명과 건강을 대상으로 펼치는 종합과학이자 인술仁術이다. 따라서 전공영역별 전문지식과 노하우를 지속적으로 개발하는 것도 중요하지만, 사람의 몸을 다루는 것이기에 자신이 전공하지 않은 다른 부위와의 연관성에 그 어떤 학문보다도 깊은 관심을 가져야 한다. 내 전공영역이 아니라고 해서 고통을 호소하는 사람을 그대로 방치할 수는 없지 않은가? 그러나 멍 때리는 전문가는 자기 전문성 발휘만 잘하면 되는 것으로 착각한다. 이들은 한마디로 타인의 아픔을 나의 아픔으로 느끼지 못한 채 오로지 정해진 규칙, 이제까지 답습해온 규율과 절차적 지식에 근거해서 판단한다. 그렇기 때문에 이들은 멍청하다. 멍청한 전문가는 딜레마 상황에서 자신의 판단과 행동이 어떤 파장을 일으킬지 도덕적 판단을 내리지 않고 정해진 법과 규율대로만 움직인다.

한 분야에 대한 깊은 지식과 노하우를 습득하는 것은 인재가 갖춰야 할 기본일 뿐이다. 자신만의 독창적인 전문지식을 습득하기 위해서는 기본을 넘어 전체를 조망하는 통합적 안목과 식견, 그리고 분야별 연관성을 이해하는 관계론적 통찰력이 있어야 한다. 나아가 정해진 규칙과 절차에 따라 판단을 내리기 이전에 지금은 과거의 상황과 어떤 점이 다른지, 나의 전문성으로 판단할 때 상대가 겪는 아픔이 무엇인지를 올바르게 파악하고 행동할 줄 아는 윤리적 판단력과 도덕적 실천력이 요구된다.

상황에 따라 현명하게 판단하기 위해서는 역설적으로 확고한 원칙이 있어야 한다. 원칙이 없으면 상황에 이리저리 휩쓸리며 올바른 의사결정을 할 수 없다. 그 원칙을 기반으로 상황에 따른 판단을 내리지 못한다면 전문가의 판단은 무뎌지고 때로는 독이 될 수 있다. 판단 없이 원칙에만 따르면 상황적 맥락의 미세한 차이에 둔감해지고 규율과 틀에 박힌 매뉴얼에 의존하려고 한다. 맥락을 해석하지 못하는 멍청한 전문가가 되는 것이다.

현명한 사람은 기존의 원칙과 규칙, 규율과 절차를 무조건 따르지 않고 자기 일의 목적을 주어진 상황에서 올바른 방법으로 올바르게 생각하고 판단하며 행동할 줄 안다. 이들은 기존의 음표와 멜로디를 활용하되 주어진 상황에 어울리는 곡을 즉흥적으로 작곡해서 연주하는 재즈 연주자를 닮았다. 현명한 판단력을 보유한 전문가일수록 흑백논리로 판단하지 않고 이러지도 저러지도 않은 회색지대가 요구하는 맥락의존적 판단을 한다.

공감도 못하고, 판단도 못하고

이런 이들의 또 다른 약점은 공감과 동시에 적절한 거리를 유지하는 능력이 없다는 것이다. 흉부외과 의사든 정형외과 의사든, 아픔을 호소하는 환자를 대할 때는 그의 아픔에 공감하면서도 거리를 두고 객관적으로 상태를 파악하는 능력이 있어야 한다. 그런데 각자의 분야에 갇혀서 자신의 전공분야만 진단하고 다른 고통에는 눈 감는다면 진정한 의사라 할 수 있을까? 환자의 얼굴을 보면서 그 아픔을 온몸으로 읽어내지 않고, 알아보기도 힘든 수치와 검사 결과에만 의존해 진단하고 처방하는 의사는 효율적이고 유능할지 모르지만 미덕을 갖춘 의사라고 볼 수는 없다.

자신의 전문성을 일방적으로 적용하기 이전에 우선 주어진 상황과 상대방이 무엇을 원하는지 경청하면서 대화를 나누는 훌륭한 상담사가 되어야 한다. 전문가는 가슴으로 공감하고 머리로 이해하면서도 한편으로는 냉정함과 객관성, 그리고 공정성을 유지하려고 끊임없이 고뇌하는 실천적 지혜practical wisdom를 습득하고 있는 사람이다.●

냉정함이 세상을 대하는 전문가의 따뜻함을 눌러버리거나 객관성이라는 미명 하에 사람에 대한 공감능력을 무시한다면 가슴 없이 머리만 있는 절름발이 전문가로 전락할 것이다. 오랫동안 지켜온 규율

● 배리 슈워츠·케니스 샤프(지은이), 김선영(옮긴이)(2012), 《어떻게 일에서 만족을 얻는가: 영혼 있는 직장인의 일 철학 연습》, 서울: 웅진지식하우스.

이나 매뉴얼에만 의존하면 전문가의 눈은 멍청해진다. 다양한 상황에서 몸으로 체득한 실천적 지혜로 규율과 매뉴얼을 보완해야 한다.•

우리 시대가 요구하는 진정한 전문가는 논리적 분석력과 이성적 판단력을 갖춤과 동시에 타인의 아픔에 공감하고 함께 아파할 줄 아는 사람이다. 전자는 일정한 거리를 유지한 상태에서 자신의 전문성 위에 부단한 체험을 쌓음으로써 축적되지만, 후자는 상대의 심장 속으로 들어가 그 사람의 입장에서 행동해보고 생각하며 느끼는 연습을 해야 생긴다. 전문가일수록 이래라저래라 일방적으로 지시하거나 처방하지 않고 상대의 입장에서 지금 어떤 문제상황에 놓여 있으며, 어떤 어려움을 겪고 있는지 스스로 깨닫도록 해줄 수 있어야 한다. 동시에 당사자로 하여금 간과하고 있거나 무시하고 있는 부분을 깨닫도록 돕고, 지금 상황에서 최선의 의사결정이 무엇인지 스스로 판단하도록 이끌어주는 상담사 역할을 해야 한다. 의사가 환자의 얼굴을 보고 대화하지 않고 모니터에 뜨는 각종 데이터에만 주목한다면, 의사의 전문지식으로 환자의 병을 고칠 수 있을지는 몰라도 환자의 말 못할 아픈 마음은 쉽게 치유되지 않는다. 특히 자신의 전문분야 안에서만 통용되는 매뉴얼과 절차만 고수한다면 시시각각 변화되는 상황에서 올바른 의사결정을 하기가 점점 어려워질 것이다.

• 배리 슈워츠·케니스 샤프(지은이), 김선영(옮긴이)(2012). 같은 책.

미덕을 갖춘 전문가일수록 원칙과 규칙, 규율과 관례를 무조건 따르지 않고 지금의 문제상황에 기존의 논리를 적용해도 되는지 진지하게 고뇌한다. 하나의 정답이 만병통치약이 되는 시대는 지났다. 매뉴얼을 금과옥조처럼 떠받드는 고지식한 전문가가 되어서는 안 된다. 전문가라면 상황 판단도 전문가답게 해야 하지 않겠는가?

파리 뒷다리만
연구하는 전문가?

"지식의 계속적인 파편화와 그에 따른 철학의 혼란은
 실제 세계의 반영이라기보다는 학자들이 만든 인공물일 뿐이다."
―에드워드 윌슨

알면 알수록 별 볼 일 없는
전문가의 세계

　　　　　　　　　　일이 제대로 되려면 자기 분야에 최선을 다하면서도 내가 하는 일이 조직 전체가 추구하는 방향과 어떤 관계가 있는지 알아야 한다. 그리고 내 일이 나와 직간접적으로 어떻게 연관되는지 꿰뚫어 통찰해야 한다. 전문성의 깊이도 필요하지만, 내 일과 직간접적으로 연관되는 다른 분야가 어떤 구조적 관계가 있는지 아는 전체적인 조망력이 더 긴요하다.
　　하다못해 파리 한 마리를 이해하려 해도 파리의 특정 부위를 분석하거나 분해해서 아는 것 못지않게 그 결과를 종합해서 파악하려는 노력이 중요하다. 더욱이 생명체의 특정 부위는 기계의 특정 부품과 달라서, 부위별로 이해한 것이 반드시 전체의 이해를 끌어낸다고 할 수 없다. 부분을 모아도 전체가 되지 않는다는 뜻. 파리를 제대로 알려면 파리의 특정 부위에 대해 세부적으로 이해하기 전에 파리 전체에 대한 통찰을 해야 한다.

그런데 우리의 학문체계는 어떤가. 파리대학 파리학과에서는 1학년 때 먼저 '파리학 개론'을 공부한 후 '파리 앞다리론', '파리 뒷다리론', '파리 몸통론' 등 각론을 배우고 졸업한다. 파리학과를 졸업하면 "이제 파리에 대해 알 것 같다"고 말하지만, 실상은 잡다하게 들은 것만 많을 뿐 설명할 수는 없는 상태다. 부분이 전체로 통합되지 않는 부분 분석과 분해 중심의 교육과정은, 파리에 대해 배웠으나 전체로서의 파리를 알지 못하는 학생들을 양산하는 주범이다.

석사과정에서는 한술 더 뜬다. 파리석사는 파리 전체를 연구하면 결코 졸업할 수 없기 때문에 파리의 특정 부위, 예컨대 '파리 뒷다리'를 전공한다. 2년간 연구한 결과물은 〈파리 뒷다리 관절상태가 파리 움직임에 미치는 영향에 관한 연구〉나 〈파리 뒷다리 움직임이 파리 몸통에 미치는 영향에 관한 연구〉라는 석사논문으로 정리된다.

이윽고 석사는 박사과정에 입학한다. 파리학과 박사과정생은 파리 뒷다리를 통째로 전공해서는 결코 학위를 취득할 수 없다. 이제 박사과정생은 석사학위보다 더 세부적인 전공을 택해야 한다. 예를 들면 '파리 뒷다리 발톱'이 될 수 있다. 학위논문을 쓰기 전에 그는 '전국

추계 파리발톱 학술대회'에서 그동안 연구한 〈파리 뒷다리 발톱 성분이 파리 발톱 성장에 미치는 영향에 관한 연구〉라는 부논문을 발표한다. 그런 후 부논문을 더욱 발전시켜 〈1년생 파리 뒷다리 발톱의 성장 패턴이 파리 먹이 취득 방식에 미치는 영향에 관한 연구〉로 박사학위를 받는다. 그가 파리학과 교수가 되면 더욱 세분화된 전공, 예컨대 '파리 뒷다리 발톱에 낀 때'를 연구한다. 까만 때, 누런 때, 누르스름한 때 등, 학파마다 다종다양한 파리 발톱의 때 관련 논문이 양산된다. 예를 들면 〈누런 파리 발톱 때의 화학성분이 파리 발톱 성장과정에 미치는 부정적인 영향에 관한 연구〉라는 논문이 탄생되기도 한다.

괜한 말꼬리 잡기라고 생각되는가? 다소 과장이 있을지 모르겠지만, 지금도 지식을 창조하는 이들 사이에 수없이 일어나고 있는 일이다. 파리의 특정 부위가 파리 몸통 전체와 어떤 구조적 연관성을 맺고 있는지에 대한 지식 없이 파리를 이해할 수 있을까? 파리 뒷다리, 파리 뒷다리 발톱, 파리 뒷다리 발톱에 낀 때 등의 영역은 모두 '파리'라는 생물의 일부분이다. 파리와 일부분 간의 구조적 관계성과 상호의존성에 대한 이해가 전제되지 않는다면, 각 부위에 대한 분석이 아무리 치밀하다 해도 오히려 파리 전체에 대한 이해를 왜곡할 수 있다. 그런데도 자기 분야에만 빠져서 헤어나지 못하는 전문가들이 있다. 답답한 전문가다.

분업의 효율성과 전공의 세분화가 미덕으로 통하던 시대에는 전문성의 깊이가 전문가의 필수불가결한 조건이었다. 그러나 세분화가 극한에 치달은 오늘날, 급기야 분야들은 더 이상 종합할 수 없는 상태로 분해돼버렸고 같은 전공 내에서도 커뮤니케이션이 단절되고 세부영역의 벽은 점점 높아지고 있다.

파리에 대한 총체적 이해는 파리 몸통 전체를 이해하려는 노력임과 동시에, 파리의 특정 부위 '사이'에 대한 이해이기도 하다. 몸통과 머리 사이, 몸통과 다리 사이, 다리와 발톱 사이, 발톱과 발톱에 낀 때 사이에 존재하는 관계성에 대한 이해 없이는 파리의 특정 부위는 물론 파리 전체와의 구조적 연관성과 파리 전체에 대한 이해가 불가능하다.

문제는 파리의 특정 부위만 아는 전문가가 파리 전체에 대해 잘 알지도 못하면서 아는 것처럼 행세한다는 점, 그리고 부위별 전문가 간의 소통이 단절돼 파리 전체를 이해하기가 점차 어려워지고 있다는 점이다. 우리가 몸담고 있는 조직은 어떤가. 조직 전체의 목표를 달성하기 위해 각자 맡은 분야에서 최선을 다해 모종의 성취를 이루지만, 조직 전체로 보면 여전히 문제점이 남아 있고 목표달성 과정에 시너지 효과가 일어나지 않는 경우가 많지는 않은가?

한 사람이 인류의 방대한 지식체계를 섭렵하는 것은 이제 불가능에 가까워졌다. 오히려 전공이 심화될수록 방대한 지식체계의 극히 일부분에 빠져 전체를 내다보는 조망력을 잃어버리기 십상이다. 박사의 '박'자는 한자로 '넓을 박博' 자다. 그런데 현실은 다양한 분야를 두루 안다는 '해박한 박사博士'가 아니라 특정 분야 이외에는 아는 바가 없는 '경박한 박사薄士'가 되어가고 있다.

박사학위를 받기까지 특정 분야를 파고들면 들수록 전체에 대한 통찰력을 상실할 수 있다는 사실에 경각심을 갖고, 이전과는 다른 접근 방법으로 단편적인 지식보다 전체를 아우르는 지혜를 쌓아야 한다. 이런 점에서 박사학위는 공부하는 과정의 목적지가 아니라 출발점이다. 부분에 대한 구체적이고 정확한 설명과 이해도 필요하지만 부분과 부분, 부분과 전체가 맺는 구조적 관계에 대한 이해와 통찰력이 더 중요하다. 나무의 종류와 성격에 대한 구체적인 정보를 정확하게 아는 것도 중요하지만 나무와 나무, 나무와 다른 생명체가 만들어가는 숲 전체에 대한 통찰력은 숲 속의 나무를 이해하는 더 중요한 단서를 제공해준다.

세계는
곧 관계다•

사람과 사람 사이, 개별학문과 개별학문 사이에 소통이 되지 않고 관계장애가 발생하면 무엇을 위한 삶이며 무엇을 위

• 이 부분은 유영만(2009). "미래 대학의 교수방법 : Teaching 2.0 시대, '가르침'의 본질에 대한 성찰". 김광웅(엮은이)(2009). 《우리는 미래에 무엇을 공부할 것인가》(pp.320-325). 서울 : 생각의나무의 내용을 부분적으로 편집, 재구성한 것임을 밝혀둔다.

한 탐구인지를 망각하게 된다. 또한 사람이 제구실을 못할 뿐 아니라 그 사람의 인성도 가꾸어지기 어렵다. 왜냐하면 인성이란 한 인간이 일생을 통해 맺어온 관계성의 역사적 투영물이기 때문이다. 즉 인성이란 여러 개인이 더불어 만들어내는 장場의 개념이다. 인성에는 타고난 선천적 기질이나 성격도 어느 정도 반영되지만, 그 사람이 어떤 환경에서 어떤 사람과 어떤 관계를 맺어왔는지에 따라 판이하게 다르게 나타난다. 마찬가지로 한 인간의 능력은 외부와의 관계가 끊어진 상태에서 자신의 독자적인 노력으로 습득된 독립적 역량이 아니라, 그 사람이 발 딛고 서 있는 처지와의 관계 속에서 생성된다.•

"우리가 깨닫는 것, 즉 각覺의 최고 형태는 바로 '세계는 관계'라는 사실입니다. 세계의 구조에 대한 깨달음이 가장 중요한 깨달음입니다"라는 신영복 교수의 말을 곱씹어볼 필요가 있다.

'세계는 곧 관계'라는 사실을 이해하려면 관계를 맺고 있는 사람과 사람 사이, 이질적인 학문적 경계에 존재하는 사이를 이해할 필요가 있다. 분과학문의 발전이 거듭될수록 분과학문 간 경계는 점차 견고해지고 있다. 그만큼 학문 간 소통 가능성은 줄어든다. 자기가 전공하는 분야가 최고라는 인식은 우물 안 개구리 같은 전문가만 양산했다.

오늘날은 전문가 specialist보다 전인 whole Man을 요구하는 시대다. 전문가의 전문성이 깊어질수록 타 분야에 대해서는 문외한이 되어가면서

• 신영복(2004). 《강의 : 나의 동양 고전 독법》. 서울 : 돌베개.

각종 병폐와 역기능을 양산하는 장본인이 되는 경우가 많아지고 있다. 자기 분야에 대한 인식이 깊어질수록 인접 유관 분야에 대한 몰이해도 함께 깊어지고 있다. 심지어 같은 분야 내에서도 사용하는 용어가 다르다고 사이가 멀어지는 일이 일어난다.

지식은 '아는 사이'다. 사이에 지식이 존재하고 사이에 지식이 흐른다. 지식은 움직이지 않는 명사라기보다는 끊임없는 변신을 거듭하는 동사다. 전문분야와 분야 사이, 전문분야를 연구하는 사람과 사람 사이, 그 사람의 생각과 생각 사이에 지식은 끊임없이 흐른다.

김광규 시인의 〈생각의 사이〉는 사람들의 생각 '사이'를 고민하는 사람이 없으면 생각은 죽은 생각, 즉 사각死角으로 전락할 수 있다는 의미심장한 메시지를 던져준다.

시인은 오로지 시만을 생각하고
정치가는 오로지 정치만을 생각하고
경제인은 오로지 경제만을 생각하고
근로자는 오로지 노동만을 생각하고
법관은 오로지 법만을 생각하고
군인은 오로지 전쟁만을 생각하고
기사는 오로지 공장만을 생각하고
농민은 오로지 농사만을 생각하고
관리는 오로지 관청만을 생각하고

학자는 오로지 학문만을 생각한다면

이 세상이 낙원이 될 것 같지만 사실은

시와 정치의 사이
정치와 경제의 사이
경제와 노동의 사이
노동과 법의 사이
법과 전쟁의 사이
전쟁과 공장의 사이
공장과 농사의 사이
농사와 관청의 사이
관청과 학문의 사이를

생각하는 사람이 없으면 다만

휴지와
권력과
돈과
착취와
형무소와

폐허와

공해와

농약과

억압과

통계가

남을 뿐이다

　사이는 '틈바구니'다. 그리고 틈바구니는 경계다. 경계에 꽃이 필 수 있도록 경계와 경계 사이를 고민하는 사람이 많아져야 한다. 경계와 경계 사이를 고민하는 사람이 많아질수록 경계는 인위적으로 그어놓은 구획에 지나지 않게 된다. 하지만 경계와 경계 사이를 고민하는 사람이 없어지면 경계는 넘을 수 없는 한계로 다가온다. 세상은 수많은 사이가 만들어가는 세상이다. 혼자 독립적으로 존재하는 것 같지만 실은 다른 존재와의 '사이'라는 관계로 존재하는 것이다.

　사이가 나빠지면 벽은 높아지고 건널 수 없는 경계가 생긴다. 경계는 한계로 바뀐다. 친구사이가 적대적 관계로 바뀌고, 애인 사이가 애증의 관계로 바뀌는 것도 모두 너와 나, 나와 너 사이를 고민하지 않고 나는 나, 너는 너라는 극단적 자기중심적 사고방식에 매몰됐기 때문이다.

　진리는 어느 한 곳에 머물지 않는다. 진리는 언제나 '사이'에 흐르고 있다. 진리가 경계를 넘지 못하고 한계에 부딪히는 순간, 진리는 편협한 생각에 물들어 자기 분야, 자기가 그어놓은 경계 안에서만 통용되고 만다. 자기 편한 대로 이해하고 해석하는 진리는 전문분야 사이와 사이를 흐르지 못하고 한곳에 정체돼 편안함과 편리함을 추구하는 편파적 의견으로 전락한다.

'한 우물을 파라'는 말은 이제 '한 우물 파다가 매몰될 수 있다'는 말로 바뀌어야 한다. 이 점에서 김광규 시인의 〈생각의 사이〉는 사이 전문가가 지향해야 하는 포인트를 제시한다. 자기 분야에 대한 생각만 하면 '생각의 감옥'에 갇힐 수 있다. 생각은 다른 생각과의 교류를 통해 성장하고 발전하는데, 감옥에 갇힌 생각은 그럴 기회를 얻지 못한다.

생각은 사람과 사람 사이에 끊임없이 흘러야 한다. 사람과 사람 사이, 전공과 전공 사이에 지식과 지식에 대한 생각이 흐르지 않으면 생각의 감옥에 갇힌 생각은 더욱 위험해질 수 있다. 한 우물 파다가 매몰되기 전에 자신이 도대체 무엇을 위해 우물을 파고 있는지 근본적으로 되돌아봐야 한다.

그러기 위해서는 '잡사'가 돼야 한다. 아, 섣부른 오해는 마시라. 여기서 말하는 잡사는 이것저것 대강대충 건드릴 뿐 정작 제대로 아는 건 없는 절름발이 지식인이 아니다. 오히려 잡사는 한 분야를 깊이 파고들어 남다른 전문성이 있으면서 동시에 자신의 분야와 직간접적으로 관련되는 분야에도 관심과 애정을 갖고 자기 일과의 구조적 관계성을 깨닫는 사람이다. 진정한 의미의 전문가는 자신의 전문성을 비

전문가에게도 쉽게 이해될 수 있도록 설명하고 설득할 수 있어야 한다. '잡사'의 경쟁력은 잡학 지식의 풍부함이 아니라 다양한 분야에 대한 설득력에 의해 결정된다. 깊이 파되 넓이를 잊지 않고, 넓이를 확장시키되 깊이를 추구해야 한다. 깊이 없는 넓이는 참을 수 없는 가벼움이며, 넓이 없는 깊이는 대화하기 어려운 무거움이다. 아래로 내리뻗은 뿌리의 깊이와 옆으로 뻗은 줄기의 넓이가 풍성한 나무의 결실을 보장한다.

잡사에도 등급과 수준이 있다. 가장 초보적인 잡사는 이것저것 닥치는 대로 일을 처리할 수 있는 잡사雜事다. 잡사에 대한 인식이 부정적으로 각인된 이유는 이들 때문이다. 두 번째 등급은 잡학대학을 졸업하고 학사학위를 받은 잡사雜士다. 다양한 잡종지식을 폭넓게 갖고 있지만 이를 활용해 새로운 가치를 창조할 수 있는 이종결합 능력이 아직은 부족한 사람이다. 많은 것을 알지만 결정적인 하나를 모르기 때문. 세 번째는 잡학대학원을 졸업하고 자신의 지식을 활용해 남을 가르칠 수 있는 잡사雜師다. 이 경지에 오르려면 남의 지식을 이종결합해 자신의 지식으로 창조하는 능력뿐 아니라 실제 체험을 통해 깨달은 노하우의 논리적 정당성을 확보하는 다양한 방법을 알고 있어야 한다. 무엇보다도 잡사雜師는 문제상황의 본질을 정확히 꿰뚫고 탈출할 수 있는 다양한 지식을 자유자재로 활용한다.

진정한 의미의 잡사가 되는 데는 두 가지 방법이 있다. 하나는 전문가가 되는 길을 선택해 어느 정도 깊이 있는 전문성을 확보한 다음 인접 분야를 섭렵하는 길이다. 이런 사람을 '전문적 잡사 special generalist'라 할 수 있다. 주로 전문성의 한계와 문제점을 뼈저리게 깨달은 사람이 우물 안 개구리가 되지 않기 위해 이 방식을 택한다. 즉 전문가는 '전문적으로 문외한인 사람' 또는 '그것밖에 모르는 사람'이라는 사실을 스스로 깨달은 사람이 걸어가는 길이다. 이들은 세로지르기를 중심으로 가로지르기를 동시에 추진한다.

잡사가 되는 두 번째 길은 다양한 분야를 왔다 갔다 하다가 적성에 맞는 분야를 뒤늦게 발견해서 깊이 파고드는 '제너럴 스페셜리스트 general specialist'가 되는 것이다. 가로지르기를 중심으로 하면서 뒤늦게 발견한 자신의 적성을 세로지르기로 파고드는 사람이다. 이들은 워낙 다양한 분야에 대한 폭넓은 식견과 안목이 있기에, 같은 분야에 종사하는 사람들은 미처 갖지 못한 문제의식과 해법을 내놓는 경우가 많다.

진정한 잡사는 가로지르기와 세로지르기를 융복합하는 십자지르기의 명수다. 잡사의 경쟁력은 머리로만 알고 있는 지식수준과 양에 있지 않고, 지식과 스킬을 실제로 적용해서 모종의 변화를 일으킬 수 있는 임상지 field knowledge의 양과 수준에 있다. 임상지는 현장지식이다. 육화肉化된 지식의 깊이와 넓이, 체험을 통해 깨달은 노하우의 설득력이 곧 그들의 경쟁력이다.

전문가는 우리에게
진실을 전해줄 수 있을까?

"가방끈의 길이는 할 수 없는 이유를 아는 것과 비례한다.
교육받은 사람들의 시각으로 보는 세상은 이 일이 이래서 안 되고
저 일이 저래서 안 되는 할 수 없는 일들로 가득 찬 곳이다."
—정해윤, 자기계발 컨설턴트

경영학자와 경영자는 삶의 목적과 추구하는 방향이 다르다. 경영학자는 학문적 탐구를 통한 진리의 발견과 해당 분야의 학문적 성숙, 그리고 지적 정교화 작업에 매진한다. 반면 경영자에게 경영은 총체적 현상이다. 경영학은 경영이라는 현상의 총체성과 복잡성 그리고 역동성을 인접분야의 이론적 관점과 탐구방법론을 통해 구축해나가는 일종의 응용학문이자 실천지향적 학문이다. 경영학의 최종 고객이 경영현장에서 실제로 활동하는 사람들이라는 점에 비추어볼 때 경영학자의 존재이유는 경영활동에 도움 되는 다양한 지식과 혁신기법 등을 제공하는 데 있다.

경영학자가 창출하는 경영학적 이론이나 방법론의 출생근거는 경영

자가 발 딛고 서 있는 경영현장에서 나와야 한다. 경영자에게는 이론도 중요하지만 경영현장에서 수많은 구성원들과 생사고락을 함께하며 축적해온 지적 안목과 인격적 지식personal knowledge 또는 실천적 지식practical knowledge이 필요하다. 실천적 지식은 문서나 말로 쉽게 표현할 수 없는 체득embodiment된 지식이다. 현장을 매개로 하지 않은 그 어떠한 이론과 방법론도 경영현장의 문제를 해결하는 올바른 관점을 제공해주기 어렵다. 경영학자는 이론화 작업과 방법론적 대안 마련에 관심을 둬야 하지만, 한편으로 현장에서 매일매일 움직이는 '경영의 총체'를 이론화해야 한다.

그러나 현실은 어떠한가? 경영자들이 자신의 문제를 해결하는 과정에 경영학자의 연구결과물을 참조하는가? 만족스러운 대답을 기대하기는 힘들다. 왜 그럴까? 물론 어느 한쪽만의 문제라 할 수는 없겠지만, 일차적으로는 자료를 읽어본들 경영자가 직면한 문제를 해결하는데 별다른 도움이 안 되기 때문이다. 또한 난해한 학술용어와 현실과 관련 없는 이론이나 기법이 난무해 경영현장을 개선하는 데 기여하기보다는 오히려 경영자를 착각에 빠뜨리거나 경영현실을 왜곡할 가능성마저 있다.

주어진 문제상황에 대한 전문가적 처방은 언제나 '자신의 관점으로 본' 부분적 처방일 수밖에 없다. 전문가는 자신의 답이 언제나 맞다고 믿어 의심치 않겠지만, 그가 내놓은 답이란 자신이 아는 범위 내에서만 통용될 뿐이다.

이와 관련해 오마에 겐이치는 《지식의 쇠퇴》*라는 책에서 '가르치다teach'라는 단어에 대해 의미심장한 해석을 내놓는다. 영어 'teach'에는 답이 있다는 전제가 내포돼 있다. 즉 답을 알고 있는 교사나 전문가가 답을 모르는 학생이나 후진에게 가르칠 수 있다는 것이다. 이는 거꾸로 뒤집어보면 '답이 없으면 가르칠 수 없다'는 뜻이 된다. 그런데 오늘날처럼 문제상황이 복잡해지고 다양한 해석이 존재하는 애매모호한 상황에서 누가 '이것이 답'이라고 단언할 수 있을까? 이처럼 'teach'를 음미해보면 역설적으로 오늘날에는 어떤 전문가도 답을 주장할 수 없음을 깨닫게 된다.

이런 상황에서 우리가 할 수 있는 것은 단 하나, 질문을 던지는 것이다. 주어진 상황에 대해 의문을 품고 질문을 던지면서 다양한 가능성을 생각하고 모색하는 길밖에 없다. 누구도 가지 않은 길이기에 기존의 지식과 경험이 더 이상 효력을 발휘할 수도 없다. 이제 전문가가 할 수 있는 것은 후진들로 하여금 답을 찾을 수 있도록 측면지원하고 용기를 북돋는 것뿐이다. 한 가지 정답이 존재하지 않는 상황에서는 가르치기보다는 코칭이 필요하다. 답이 존재하지 않는 오늘날, 협소한 답을 들이미는 전문가는 필요 없다.

• 오마에 겐이치(지은이), 양영철(옮긴이)(2009), 《지식의 쇠퇴 : 오마에 겐이치의 21세기 집단지성론》, 서울 : 말글빛냄.

전문적 문외한이
판치는 세상

전문가의 추락하는 위상을 잘 보여주는 우스갯소리가 있어서 소개해보겠다. 한때 인터넷에서 '논문을 쓰면서 겪은 아픔을 웃으면서 공유한다 : 전문용어를 쉽게 이해하는 방법(GRIN AND SHARE IT : Scientific jargon made easy)'이라는 글이 네티즌들로부터 폭발적인 반응을 일으킨 적이 있었다. 특히 연구자나 석박사학위 과정에 몸담고 있는 사람들은 내용의 날카로움에 백번 공감했다. 이 글은 다음과 같은 깨달음을 얻었다는 통찰로 시작한다. "수년간에 걸친 각고의 노력 끝에 나는 드디어 과학계의 비밀스런 전문용어들을 익히게 됐다. 다음의 인용문과 그 실제 의미에 대한 정의는 과학/의학분야에서 사용하는 신비한 언어들을 이해하는 데 도움을 줄 것이다." 몇 대목을 소개하면 다음과 같다.

"IT HAS LONG BEEN KNOWN" → I didn't look up the original reference.
"오래전부터 알려진 대로" → 사실 나는 원문 출처를 찾아보지 않았다.

논문을 쓸 때 원전을 직접 찾아서 인용하는 것이 원칙이지만 대부분의 학위논문은 누군가가 인용한 것을 2차 인용하는 경우가 많다. 이때 1차 인용자가 잘못 인용할 경우 2차 인용하는 사람이 원전을 찾아보지 않으면 잘못된 내용이 그대로 반복될 수 있다. '오래전부터'라는 말도 정확히 시점을 알기 어렵다. 원전을 찾아봤으면 정확히 언제부터 누가 이런 주장을 했는지 파악할 수 있으나 원전을 일일이 찾기에는 시간이 너무 부족하다. 더 솔직히 말하면 그럴 만한 의욕도 열정도 없다.

"THREE OF THE SAMPLES WERE CHOOSEN FOR DETAILED STUDY" → The other results didn't make any sense.
"자세한 연구를 위해 샘플 중에서 3개를 선택해 분석했다."
→ 나머지 샘플은 해석 불가능했다.

연구는 연구대상이 있어야 한다. 그런데 연구대상의 규모가 클 경우 샘플을 무작위로 추출하거나 다양한 표집방법에 따라 연구표본을 선정한다. 여기서 문제는 선정된 샘플도 다 분석대상으로 삼지 않는 경우가 비일비재하다는 것. 선정된 샘플이 의도했던 연구결과를 도출하는 데 심각한 문제점이 있거나 뭔가 미심쩍어서 의도하는 연구결과가 나오지 않을 가능성이 있을 때 주로 이런 일이 벌어진다.

이와 비슷한 맥락에서 데이비드 프리드먼David Freedman의 《거짓말을 파는 스페셜리스트》*에는 부정적 연구결과보다 긍정적 연구결과를 학술지가 선호한다는 주장이 나온다. 최선을 다해 연구했지만 기대했던 결과가 나오지 않아서 그 이유를 밝히는 부정적인 연구결과보다, 예

● 데이비드 프리드먼(지은이), 안종희(옮긴이)(2011), 《거짓말을 파는 스페셜리스트》, 서울 : 지식갤러리.

상했던 연구결과가 나온 긍정적인 논문이 학술지에 많이 실린다는 것이다. 하지만 연구란 아인슈타인이 말했듯이 뭘 하는지 자기도 모르는 상태에서 하는 탐구과정이다. 불확실성과 예측 불가능성을 전제로 전개되는 연구과정에서는 예상 못한 결과가 나올 때가 다반사다. 특히 객관적인 검증을 요구하는 실험연구에서 예상했던 결과가 나오지 않을 경우 처음부터 가설을 잘못 설정했거나 과정에서 오류를 범했을 가능성이 높다. 그런데 그런 잘못을 인정할 경우 연구책임자의 질책은 물론 연구비를 지원해준 기관과 심각한 문제가 생길 수 있다. 이 시점에서 연구자는 연구결과를 조작하려는 유혹을 느낄 수 있다. 황우석 박사 사태를 보라.

"TYPICAL RESULTS ARE SHOWN" → This is the prettiest graph.
"(이 그래프에서) 대표적인 결과들을 볼 수 있다."
→ 이 그래프가 가장 예쁘다.

위의 말은 다른 연구결과도 있지만 가장 보여주고 싶은 결과가 이것이라는 의미로 통용되는 경우가 많다. 예상 밖의 결과를 드러낼 경우 좋지 않은 평가를 받을 수도 있다. 그러나 실제로는 '전형적인typical'이라는 말에 포함되지 못한 수많은 예외적 변수들에 오히려 연구결과를 새롭게 해석할 단서가 있는 경우가 많다. 그런데 예외적 변수를 포함시키면 의도했던 그림이 나오지 않으니 평균적인 성향만 보여주겠다는 의미다. 괜히 긁어 부스럼 만들 수도 있으므로.

"THESE RESULTS WILL BE IN A SUBSEQUENT REPORT"
→ I might get around to this sometime, if pushed/funded.
"그것에 대한 결과는 차후의 논문에서 다루어질 것이며"
→ 연구비를 제대로 받으면 언젠가 마무리할 생각이다.

연구가 끝나면 언제나 아쉬움이 남거나 미진한 부분이 있다. 어쩔 수 없는 한계나 제약조건 때문에 발생할 수도 있지만 연구자의 능력이나 시간적 여건 때문에 의도적으로 제한을 두는 경우가 대부분이다. 지금 받은 연구비로 계속 진행하기에는 무리이기 때문에 현재의 결과에 만족하자는 암시도 깔려 있다. 특히 연구자의 능력이 이 정도밖에 안 돼서 다른 해석을 못한다고는 차마 말할 수 없으니, 언제가 될지 모르지만 후속 연구에서 다뤄보겠다고 책임을 회피하는 것이기도 하다.

"THE MOST RELIABLE RESULTS ARE OBTAINED BY JONES…"
→ He was my graduate student; his grade depended on this.
"가장 신뢰할 만한 결과는 존스의 실험에서 얻어진 것으로…"
→ 존스는 내 밑에 있는 대학원생이고, 학점을 받으려면 그 실험을 할 수밖에 없었다.

다 그런 것은 아니지만, 대학원 학문 공동체는 지도교수와 석박사학생들의 공동연구로 형성되는 경우가 많다. 실험결과를 근간으로 연구보고서나 학술저널에 논문을 작성하는 과정에서 사제지간에 돈독한 관계가 축적되고 학문적 컬러나 성향과 방향이 형성된다. 논문은 과거의 연구결과를 근간으로 진행된다. 선행연구에서 부족했던 점이나 간과했던 부분을 파고들어 또 다른 논문을 쓰곤 하는데, 이 과정에서 인용하는 선행연구는 주로 같은 학문적 성향을 갖고 있는 학자들의 논문인 경우가 많다. 지도교수의 선행연구는 가장 신뢰할 만한 자료임에 틀림없다. 문제는 다른 관점의 논문이 외부에서 수혈돼 잡종교배가 이루어지지 않고 내부적인 순혈교배가 반복되는 가운데 같은 문제를 다른 관점에서 보는 시도가 점점 사라진다는 데 있다.

이처럼 오늘날 전문가의 위상이란 권위 있다기보다 놀림감이 되는 경우가 허다하다. 본래 전문가란 각고의 노력 끝에 어느 수준에 올라간 사람들이다. 그들이 전문가적 식견과 안목, 혜안과 통찰력을 갖기까지 숱한 고난의 역사가 있었을 것이다. 문제는 전문가일수록 실질적 도움은 되지 못한 채 전문가라는 가면을 쓰고 비전문가들을 현혹하는 '무늬만 전문가'가 늘어나고 있다는 사실. 전문가의 조언은 사회적 권위를 등에 업고 일반 대중에게 생각보다 큰 영향력을 미친다. 그런데 전문가들이 우리에게 진실을 말하지 않는다면? 《거짓말을 파는 스페셜리스트》*에서 데이비드 프리드먼이 주장하는 바를 들어보면 전문가에 대한 신뢰가 갑자기 떨어짐을 실감하지 않을 수 없다.

"전문가들은 진실을 밝히는 데 거의 관심이 없다. 연구자들이 하고 싶은 일은 어떤 것들이 진실인지 입증하는 것이다. 어느 것이 진실인가? 그 이유가 무엇이든 간에 자신이 믿는 것이 진실이다. 아니면 그들의 경력이나 지위, 연구자금을 최대한 조달할 수 있게 해주는 것이 진실이다."

자신이 믿는 것을 진실로 만들려는 노력이 무엇이 진실인지 밝히는 노력보다 강해질 때, 전문가들이 밝혀낸 진실이란 그들의 이해관계를 반영하는 권위 있는 거짓말이 된다. 니체가 말했던 대로 무엇이 진리인지는 중요하지 않다. 왜 그것이 진리로 받아들여지는지, 그 진리가 지향하거나 담보하고 있는 가치나 입장이 무엇인지가 더 중요하다. 왜냐하면 모든 진리에는 진리를 밝히려는 주체의 권력의지가 담겨 있기 때문이다. 니체가 "모든 진리는 휘어져 있다"고 한 이유도 진리에는 특정 집단의 입장을 대변하거나 그들의 이해관계가 반영돼 있기 때문이다. 푸코도 같은 맥락에서 "모든 지식은 정치적 권력을 담고 있다"고 했다. 정치적 영향력 관계에서 벗어나 순수한 진공 속에서는 지식이 태어나지 않는다. 다양한 지배집단의 목소리를 반영하는 지식 가운데 권력다툼에서 승리한 지식만이 통용되기 때문에, 해당 지식이 어떤 권력집단의 의지와 이해관계를 반영하는지 비판적으로 이해하려는 노력이 중요하다.

• 데이비드 프리드먼(지은이), 안종희(옮긴이)(2011). 《거짓말을 파는 스페셜리스트》. 서울 : 지식갤러리.

자, 그렇다면 전문가의 조언을 신뢰하기 어려운 시대에 우리는 어떻게 해야 하는가? 나 스스로 준전문가가 되거나 좋은 조언과 나쁜 조언을 구분하는 혜안을 지니는 수밖에 없다. 확신에 찬 조언이나 지나치게 효과가 과장된 의견은 일단 의심해보고 그런 주장일수록 이해 당사자인 대중의 집단적 지혜를 빌려 진위여부를 판단해야 한다.

나 혼자 모든 분야에 능통할 수는 없지만, 사람들과는 노력만 하면 누구와도 소통할 수 있다. 능통의 지름길은 소통하는 것이다. 내가 갖고 있지 않은 전문성은 다른 사람과의 소통을 통해 보완할 수 있다. 비록 전문가 수준에 이르지는 못하지만 전문가에 버금가는 식견과 안목, 전문성의 질적 수준과 전문적 지식의 진위여부를 판단할 혜안은 지닐 수 있다. 그것이 전문적 문외한이 판치는 세상에서 길을 잃지 않는 방법이다.

지식산부인과 의사는
사기꾼?

꿀벌은 밀랍으로 집을 짓고 살지만,
사람은 개념으로 집을 짓고 산다.
— 니체

나는 스스로를 '지식산부인과 의사'라 부른다. 지식창조 및 공유과정에 대한 새로운 생각을 싹틔우기 위해 만든 조어다.

그런데 지식산부인과 의사라는 말이 문제였다. 내 트위터 프로필에 '지식산부인과 의사'라는 말을 올렸더니, 어떤 의사가 합법적 절차를 거쳐 정당한 의사가 되지 않았으면 의사라는 말을 쓰지 말라는 댓글을 달았다. 그 사람의 요지는 "아무리 자기홍보 시대라지만 의사가 아닌 사람이 앞뒤 없이 '의사'라고 자신을 알리는 것은 명백히 대중에 대한 사기 아닙니까?"라는 비난에 잘 담겨 있다. 나는 진짜 의사가 아니니 홍보수단으로 '의사'라는 말을 이용해서는 안 된다는 논조였다. "'~한 의사'를 지향하신다면 의사면허 취득이라는 적법한 절차를 거치셔야 합니다. 그렇지 않고 현재같이 '의사'라고 알리고 다닌다면 '사칭'이 맞습니다." 지식산부인과 의사 면허를 취급하는 공식 기관도 없는 상태에서 어디에서 적법한 절차를 거치라는 말인지.

나아가 그는 그런 말을 쓰는 것 자체가 의사 사회 전체에 대한 도전이라고 했다. 그를 보면서 솔직히, 참으로 한심한 의사도 많다고 생각했다. 나는 산부인과 의사를 사칭해서 산부인과 진료행위를 한 적이 없고, 다만 지식임신, 지식 낙태수술 방지법, 지식 자연분만법같이 지식의 창조과정을 산부인과학을 원용해 비유적으로 연구하는 사람이라고 말했다. 그러나 그는 막무가내로 무조건 의사라는 명칭을 사용하지 말라는 주장만 반복할 뿐이었다. 심지어 그는 자신이 운영하는 의사 커뮤니티 회원들을 대상으로 의견을 묻고 단계적 공론화를 하겠다고 말하며, '좋은 게 좋은 거지' 식으로 대충 얼버무리며 의사의 전문성을 무시하는 풍토에서는 올바른 의료가 실현되기 힘들다는 궤변을 펼쳤다. 의사를 사칭해 입에 풀칠하는 사람들에 대한 대책을 커뮤니티의 다른 원장들과 함께 모색해야겠다는 공지를 한 적도 있다.

생각지도 못한 공격을 받고, 잠시 머리가 멍해지는 느낌을 받았다. 의사라는 사람이 이 정도로 상식이 없을까. 다행히 나와 생각을 같이하는 트위터리안들의 댓글이 뒤따랐다. 사람들은 샤갈을 '색채의 마술사'라 부르지만 샤갈은 마술사 자격증을 갖고 있지 않다는 사실을 잘 알고 있다. '구두대학병원'이라는 간판을 내걸고 구두를 닦는 사람들은 대학병원 설립 허가증을 갖고 있느냐는 반문을 던져보지만 여전히 젊은 의사는 의사라는 말을 어떠한 상황에서도 써서는 안 된다는 주장만 되풀이했다. 하지만 자기주장만 반복하다가 나를 지지하는 트위터리안들의 공세가 만만치 않자 조용히 꼬리를 내렸다.

우리 사회의 전문가들이 이 수준이라니… 왠지 그들의 자화상을 본 것 같아 씁쓸하기만 했다. 그런 전문가는 자신이 알고 있는 지식으로 다른 사람의 꿈을 쏘아 떨어뜨리는 재주(?)가 남보다 탁월한 사람이다. 자기 분야를 누군가가 비판하거나 영역을 침범하는 것 같으면 인정사정없이 공격하는 풍조는 우리 시대에 만연한 슬픈 풍경이기도 하지만, 전문가들의 자기 밥그릇 챙기기는 그중에서도 으뜸이다.

이 비유적 표현을 사용하면서 웃지 못할 해프닝을 몇 번 겪다 보니 자연스럽게 전문가가 지니고 있어야 할 자세와 태도, 자질과 역량을 곰곰이 생각해보게 됐다. 옳고 그름을 가리지 않고 한 무리에 속한 사람들이 다른 무리를 비난하거나 공격하는 것을 당동벌이黨同伐異라 한다. 역지사지해 생각하지 않음은 물론 자기주장만 반복할 뿐 상대에게 아량과 관용 따위는 일절 베풀지 않는다. 다름과 차이를 인정하지 않고 오로지 자기 전문성만이 최고이며, 자신의 전문성을 함부로 침범하지 말라는 의사가 과연 남들의 아픔을 자신의 아픔으로 생각하면서 극진한 관심과 사랑을 베풀 수 있을까? 의문이 든다.

지식산부인과의사라는 말은 누가 봐도 알 수 있는 비유다. 뛰어난 전문가일수록 다른 분야의 개념이나 지식을 융합해 새로운 지식을 창조하고, 이를 쉽게 설명하는 다양한 비유를 적재적소에 잘 활용한다. 그런데 현실은 전문가일수록 전문적인 용어를 남발하며 비전문가에게 어렵게 설명한다. 전문가일수록 많이 걸리는 병이 그래서 '지식의 저주The Curse of Knowledge'라는 현상이다. 지식의 저주는 한마디로 '아는 사람'은 '모르는 사람'의 마음을 모른다는 것이다. 전문가는 비전문가의 답답한 마음을 모른다.

처음 '지식의 저주'라는 표현을 사용한 사람은 스탠퍼드 대학의 경제학교수 칩 히스와 그의 동생 댄 히스다. 그들의 저서 《스틱》˙에서 소통의 어려움에 대해 이야기하며 1990년에 진행된 엘리자베스 뉴턴의 실험을 사례로 든다. 미국인들이 잘 아는 노래 120곡을 선정해 A그룹에게는 노래를 알려주고 그 노래에 맞춰 책상을 두드리게 하고 B그룹에게 그 노래를 맞히도록 하는 실험이다. 그런 다음 A그룹에게 B그룹이 얼마나 맞혔을지 묻자 50% 이상 맞혔을 것이라 대답했다. 하지만 결과는 정반대, B그룹의 성적은 2.5%에 지나지 않았다. 60곡 이상 맞힐 것이라는 기대와 달리 고작 3곡만 맞힌 것이다. 자기가 노래를 안다고 해서 상대방도 알 거라는 법은 없는데, A그룹은 지식의 저주에 빠져서 현실을 직시하지 못했다.

비전문가는 전문가의 전문적인 설명을 모를 수 있으므로, 전문가라면 무릇 비전문가가가 이해하기 쉽게 설명해야 한다. 그래서 '지식산

˙ 칩 히스·댄 히스(지은이). 안진환·박슬라(옮긴이)(2009). 《Stick 스틱 : 1초 만에 착 달라붙는 메시지, 그 안에 숨은 6가지 법칙(개정증보판)》. 서울 : 엘도라도.

부인과' 같은 비유도 만들어내는 것이다. 개구리 올챙이 적 시절을 잊어서는 안 된다. 전문가도 한때는 비전문가였다. "그것도 몰라!"라고 윽박지르거나 비난하지 말고, 상대방이 이해하지 못하는 것은 내 설명과 내공이 부족해서라고 원인을 자신에게 돌리는 겸손함이 필요하다. 자기네 영역을 침범했다고 날을 세울 게 아니라 대중과 좀 더 쉽게 소통할 방법을 모색해야 하지 않을까?

자신의 지식으로
소통할 줄 아는 사람

지식산부인과의사 관련한 해프닝이 이것 하나라면 좋았으련만, 그렇지 않았다. 어느 날엔가는 집에 통지서 한 장이 날아왔다. 나의 주거래 은행계좌를 법적 검토 차원에서 공식적으로 추적했는데 그 이유를 알고 싶으면 문의하라는 내용이었다. 그래서 경찰서에 전화를 했는데, 그 설명이 가관이었다. 의대 교수와 제약업체의 리베이트 사건으로 언론이 시끄러웠던 당시, 인터넷이나 트위터 그리고 페이스북에 올린 내 프로필을 보고 내가 의과대학 교수인 줄 알고 제약업체와 밀거래한 흔적이 있는지 알아보기 위해 계좌를 추적했다는 것이다. 아연실색할 사건이었다. 가끔 트위터 쪽지로 젊은 여성분들이 임신 문제로 상담을 요청하는 일도 가끔 있다. 이런 해프닝은 그냥 웃어넘길 일이지만, 앞의 '사칭' 사건은 오늘날 전문가가 어떤 자세와 태도를 갖고 있는지 여실히 보여주는 대표적인 사례가 아닐 수 없다.

지금 우리 사회에 일어나는 각종 문제는 전문가가 부족해서 생기기보다, 오히려 자신의 전문성만이 최고이며 나머지 지식은 별 볼 일 없다고 생각하는 자만과 교만, 거만과 오만방자한 태도에서 비롯되는 문제가 아닐까. 전문가의 최고 덕목은 다른 분야의 전문가뿐 아니라 내가 모르는 비전문가의 아픔을 공감하고 배려해주는 미덕이다. 당신의 전문성을 남이 이해하기는 어렵다. 남의 전문성을 당신이 이해하기도 어렵다. 다만 그 전문성이 어떤 문제의식으로 탄생했는지 열린 마음으로 이해하려고 노력하는 자세가 필요하다. 그래서 지금 내 역량으로는 해결할 수 없는 한계나 문제점이 무엇인지를 겸허하게 성찰해보고 다른 분야와 접목해 새로운 가능성을 발견할 수 있는지 찾아보려는 노력이 중요하다.

내가 겪은 일련의 해프닝은 전문가가 지녀야 할 바람직한 덕목이 무엇인지 깨닫는 소중한 계기가 되었다. 전문가일수록 자기 분야의 전문성만큼 다른 전문성도 똑같이 존중하고 사랑해야 한다. 비난의 화살을 날리기보다 비판의 빵을 나눠먹는 사람이 진정한 전문가 아닐지. 그들이 보유한 전문성은 물론 노력해서 체득한 것이겠지만, 전문성을 축적하는 과정에는 수많은 사람들과의 관계성이 스며들어 있을 터. 그러므로 전문가 자신의 안위를 위해서만 사용되는 전문성은 비난받아

마땅하다.

　전문가는 기능적 전문성만을 추구하는 지식 기술자도 아니요, 자신의 전문성을 판매하는 지식 장사꾼도 아니다. 전문가는 해박한 식견과 남다른 안목으로 보통 사람이 해결할 수 없는 문제를 해결하는 사람이며, 자신이 경험하지 못한 타인의 아픔도 보듬어주고 기꺼이 그를 위해 봉사하는 삶을 살아가는 사람이다. 즉 전문가는 기술적 탁월함과 더불어 윤리적 책임의식을 갖고 도덕적으로 재무장한 사람이다. 지금 우리 사회가 필요로 하는 전문가는 자신의 깊이 있는 전문성을 기반으로 다른 분야의 전문가와 소통하면서 자신의 힘으로 해결할 수 없는 다양한 사회적 이슈와 문제를 머리를 맞대고 함께 해결해가는 이들이다.

　이 책에서는 21세기가 요구하는 바람직한 전문가상이 무엇인지, 과연 누가 전문가인지, 전문가가 보유하고 있는 전문성의 정체와 본질은 무엇인지를 진지하게 고민해보려 한다. 아무쪼록 이 책을 읽는 모든 독자들이 최고의 전문가가 되기 위해서는 어떤 전문성을 쌓아야 하며, 어떤 자세와 태도로 전문성을 축적해가야 하는지 새롭게 깨닫는 계기가 되기를 바란다.

통섭이 아니라
융합이다

"다른 전공에 접근하는 것은,
다른 언어를 쓰는 다른 문화 속에 들어가는 것을 의미한다.
자신이 타인의 언어를 잘 이해하지 못할 뿐 아니라,
타인도 나의 언어에 대해 생소한 감정과 심지어 경계심을 가지고 있음을
감안해야 한다. 따라서 자신의 지식을 충분히 설명했다고 생각해도,
상대방이 내가 설명한 미묘한 점을 이해했다고 기대하거나
나의 언어로 내게 유용한 피드백을 즉각 줄 것이라는 기대를 하는 것은 조급하다."

— 홍성욱, 서울대학교 교수

무늬뿐인 통섭이 아니라
실제적인 융합을 추구하자

지나친 세분화로 점점 파편화되는 지식에 대한 반성. 이는 필연적으로 기존과는 다른 방향에서 지식활동을 모색하는 계기가 됐다. 분과학문이나 전문분야의 독자적인 노력으로는 새로운 가치를 창출하기 어렵고, 주어진 문제를 해결하기에 역부족이라는 위기의식이 공유되는 것. 자신이 판 우물에 빠지지 않기 위해서는 한 우물을 깊게 파되 다른 분야와의 다양한 접목을 시도함으로써 깊이 있는 통

• 홍성욱(2007). "21세기 한국의 자연과학과 인문학." 최재천·주일우(엮은이). 《지식의 통섭: 학문의 경계를 넘다》(pp.273-298). 서울: 이음.

찰력과 함께 폭넓은 안목과 식견을 가져야 한다. 낱낱이 쪼개진 협소한 지식에서 벗어나 다른 분야와 소통할 수 있는 전문가가 되는 것. 이미 몇 년 전부터 퓨전형 인재, 멀티플레이어, T자형 인재, V자형 인재, A자형 인재, 통섭형 인재 등 '융합'을 중시하는 인재상이 끊임없이 제시돼왔다. 말은 멋있지만 실로 어마어마한 도전과제가 아닐 수 없다.

이런 흐름을 반영하는 가장 대표적인 시도가 바로 '통섭'이다. 우리 사회에 융합형 인재에 대한 관심이 크게 부각된 것은 아마도 에드워드 윌슨의 《통섭》*이 번역된 이후가 아닐까 생각한다. 이 책의 등장과 함께 한국 사회에는 통섭 열풍이 몰아쳐 학계는 물론 기업에서도 많은 관심을 끌었다.**

그러나 유명세의 부작용도 만만치 않다. 한마디로 이것저것 아무거나 섞으면 통섭이라는 식의 착각과 오해가 만연해 있다는 것. 통섭統攝이란 큰 줄기統를 잡다攝, 즉 서로 다른 것을 묶어 새로운 것을 잡는다는 뜻이다.*** 《통섭》을 번역한 최재천 교수에 따르면 통합은 "모두 합쳐서 하나로 모음 또는 둘 이상의 것을 하나로 모아서 다스림"****을

• 에드워드 윌슨(지은이). 최재천·장대익(옮긴이)(2005). 《통섭: 지식의 대통합》. 서울: 사이언스북스.
•• 김동광 외(지은이)(2011). 《사회생물학 대논쟁》. 서울: 이음.
  신동희(지은이)(2011). 《스마트 융합과 통섭 3.0》. 서울: 성균관대학교출판부.
  이득재·이규환(2010). 《오토포이에시스와 통섭》. 서울: 써네스트.
  최민자(2010). 《통섭의 기술: 지식시대에서 지성시대로》. 서울: 모시는사람들.
  최재천(2011). 《통섭의 식탁: 최재천 교수가 초대하는 풍성한 지식의 만찬》. 서울: 명진출판사
  최재천·주일우(엮은이)(2007). 《지식의 통섭: 학문의 경계를 넘다》. 서울: 이음.
••• 최재천·주일우(엮은이)(2007). 《지식의 통섭: 학문의 경계를 넘다》. 서울: 이음.

의미한다. 예를 들면 대학의 유사학과가 하나의 단일학과로 합쳐지는 현상이나 비슷한 카테고리를 하나의 범주로 묶는 과정을 통합한다고 볼 수 있다.

'통섭'으로 번역된 'consilience'의 어원을 따져보면 '함께+뛰어넘기'라는 의미다. 왜, 무엇을 위해, 어떻게 뛰어넘는다는 것일까? 그동안 간학문적interdisciplinart 또는 학제간 연구를 시도한다면서 자기 목소리만 높이거나 다학문적multidisciplinary 연구를 주창하면서 다른 학문을 지배하려는 입장만 표출했다면, 왜 그렇게 될 수밖에 없었는지 알아야 한다. 간학문적 연구와 다학문적 연구도 제대로 되지 않는 현실에서 모든 학문의 경계를 넘나들면서 지식의 대통합을 이루려는 통섭이나 범학문적transdisciplinary 연구가 가능할까? 학문적 경계를 종횡무진 넘나들며 범학문적 통합을 이룰 수 있는 학자는 과연 몇 명이나 될까. 한 분야에서 위업을 달성하기도 어려운 마당에 다양한 분야를 넘나들며 범학문적 통합을 이룰 사람이 우리 바람대로 많을까? 대학자도 꿈꾸기 어려운 통섭을 일반인들이 몇 명이나 이룰 수 있을까?

모든 학문을 하나로 통섭하겠다는 포부는 의도 자체도 의심스러울 뿐더러 현실적이지도 않다. 나아가 하나의 학문으로 지식의 대통합이 일어났을 때 남는 의미와 가치가 무엇인지에 대해서도 여전히 풀리지 않는 의문이 꼬리를 물고 있다. 체 게바라가 말했듯이, 때로는 돈키호

•••• 최재천(2007). "우물을 깊게 파려면 우선 넓게 파라". 최재천·주일우(엮은이)(2007). 《지식의 통섭: 학문의 경계를 넘다》(pp.299-308). 서울: 이음.

테처럼 불가능한 꿈도 꾸어야 하지만, 기본적으로 우리는 리얼리스트가 되어야 한다. 이룰 수 있는 작은 꿈을 추구할 때 큰 꿈을 꿀 수 있다. 학문의 큰 줄기를 잡아 지식의 대통합을 이루기 전에 지식의 소통합을 이루어야 하고, 그러기 위해서는 탄탄한 자기 전공 위에 주변 학문의 작은 물줄기를 잡아야 한다. 먼 산을 넘기 전에 작은 앞산을 먼저 넘어야 하듯이, 지식의 대통합을 이루기 전에 지식의 작은 통합을 하나둘씩 이루어나가야 한다.

이는 통섭보다는 융합에 가까운 개념이다. 융합은 '녹아서 또는 녹여서 하나로 합침'을 뜻한다. 최재천 교수는 융합이 여러 재료들이 혼합된 비빔밥이라면 통섭은 그 재료들이 발효과정을 거쳐 전혀 새로운 맛이 창출되는 김치나 장에 비유될 수 있다고 한다. 통합이 물리적physical 합침이라면, 융합은 화학적chemical 합침이고, 통섭은 생물학적biological 합침이라고도 했다.

물리적이나 화학적 합침은 이해가 되는데, 생물학적 합침은 무슨 뜻일까? 여러 학자들의 논의를 거쳐 합의에 이른 바에 따르면, 통섭은 "서로 다른 요소 또는 이론들이 한데 모여 새로운 단위로 거듭남"이나 "단순한 병렬적 수준의 통합이나 융합을 넘어 새로운 이론 체계를 찾으려는 노력"●으로 정의된다. 그러나 이 말도 애매하기는 마찬가지. '한데 모여 새로운 단위로 거듭남'은 물리적 혼합이나 통합도 아니고

● 최재천(2007). 같은 책(pp.306-307).

화학적 융합도 아닌 어떤 과정을 통해서 새로운 단위로 거듭나는 것인지 모호하다.

'생물학적 합침'이라는 표현 자체의 우월주의도 문제다. 윌슨이 '통섭'을 주창한 본래 의도는 생물학을 중심으로 다른 학문을 대통합하겠다는 것이었다. 일종의 생물학적 통섭이며, 생물학으로 학문을 통합하려는 환원주의적 통섭인 셈. 우리 사회에 통섭에 대한 관심이 뜨거운데, 과연 생물학적 합침에 관한 동의가 이루어진 것인지 의문이 든다.

여기에 덧붙여 더 근본적으로 따져 물으면, 학문적 다양성을 굳이 하나의 학문으로 통합할 필요가 있을지에 대해서도 다시 생각해봐야 할 것이다. 학문분야가 세분화되고 있다는 것은 기존의 학문으로 설명하거나 이해하기 어려운 현상이 늘어난다는 의미다. 즉 세상에 존재하는 모든 학문분야는 나름의 문제의식과 지향하는 가치가 있다. 다만 분야가 세분화되고 전문화되면서 전문분야 간 소통이 단절되고 전체를 아우르는 통합적 안목과 식견을 가진 사람이 줄어들고 소통이 어려워지니 문제라는 것이다. 따라서 하나의 학문으로 모든 학문을 통섭統攝하겠다는 지나친 야망보다는 우선 가까운 분야끼리 서로 대화하면서 벽을 낮추고 경계를 자유롭게 넘나드는 연습이 필요하다.

이런 점에서 모든 학문분야를 하나의 큰 줄기統를 잡아攝 아우르겠다는 통섭統攝 이전에, '사물에 널리 통함' 또는 '서로 사귀어 오감'이라는 뜻으로 풀이되는 통섭通涉이 선행되어야 한다. 그런 후에야 '전체를 도맡아 다스리겠다'는 뜻의 통섭統攝이 가능해질지 모른다. 넘나드는 통섭通涉이 먼저 이루어진 다음에야 아우르는 통섭統攝을 추구할 수 있다. 통섭通涉을 통해 서로 다른 관심과 문제의식으로 발전하고 있는 다양한 분야가 대화를 하고 함께 연구함으로써 개별 학문이 해낼 수 없는 가능성의 문을 열어야 한다. 다양한 학문분야를 넘나들면서 하나의 큰 줄기를 잡기 전에, 우선 내가 전공하는 학문분야를 깊이 파야 한다. 깊이 없는 경계 넘나들기는 이것도 저것도 아닌 아류작만 양산할 뿐이다.

미국의 철학자 리처드 로티Richard Rorty[*]는 통섭 개념을 비판하면서 "실재는 하나지만, 그에 대한 기술description은 여럿이고, 또한 여럿이어야 한다. 왜냐하면 인간은 서로 다른 수많은 목적을 가지고 있으며, 또한 그러해야 하기 때문이다"라고 지적했다. 통섭이 본래 지향했던 '지식의 대통합'보다는 다학문적 협동연구나 다학제적 연구로 오용되고 있다는 이정덕[**]의 주장처럼, 윌슨이 주장한 통섭은 본래의 의미와 다르게 현실적으로 오해되어왔다. 또한 김동광[***]의 주장처럼 융합이나 통합 등의 통상적 의미를 뜻하는 신조어로 인식되면서 용어 자체가 주는 신선함과 새로움에 끌리는 현상이 발생했다. 한마디로 통합보다 통섭이 더 멋있어 보이니까 제대로 이해하지도 못한 채 썼다는

---

[*] Rorty, R. (1998). *Against Unity*. Wilson Quarterly, 22(Winter, 1998).
[**] 이정덕(2011). "지식대통합이라는 허망한 주장에 대하여-문화를 중심으로". 김동광·김세균·최재천(엮은이). 《사회생물학 대논쟁》(pp.107-145). 서울: 이음.
[***] 김동광(2011). "한국의 '통섭 현상'과 사회생물학". 김동광·김세균·최재천(엮은이). 《사회생물학 대논쟁》(pp.245-271). 서울: 이음.

것이다. 그래서인지 통섭에 대한 다양한 논의가 있었음에도 학문적으로는 물론 실제적으로도 이렇다 할 성과가 나오지 않고 있다. 벽을 허물고 학문적 경계를 넘나들면서 두루 통하려 했던 통섭은 오히려 서로 간에 통증만 남기고 말았다. 서로의 전문성에 대한 공감을 기반으로 원활한 소통이 되어야 하는데, 현실은 서로 자기가 더 잘났다고 다투며 불통만 양산되지는 않았나 생각해볼 일이다.

통섭은 아마도 에드워드 윌슨 자신도 예언했듯이 '그날'이 와야 가능한 야망인지 모른다. 그런데 과연 얼마의 시간이 흐르면 '그날'이 올까? 어쩌면 가까운 시일 내에는 성취하지 못할 꿈일지도 모른다. 분야가 전혀 다른 이질적 학문을 어느 하나로 통섭하려는 노력보다는 각각의 학문분야가 추구하는 목적과 문제의식을 존중하고 주어진 현상을 보다 다양한 관점으로 설명하고 이해할 수 있는 방법을 모색하는 것이 더 현실적이지 않을까?

이런 점에서 통섭보다는 융합적 사고방식이 필요한 시점이다. 학문적으로도 지난한 과제이고 현실적으로도 불가능에 가까운 통섭을 주창하기보다 '깊이 생각하고 널리 대화하는 융합형 인재'가 되기 위해 다양한 학문분야, 특히 인문학과 과학기술 간 '지식의 대융합'[*]이 현실적으로 설득력도 있고 실효성도 높다. 예를 들면 현대물리학과 동양의 신비주의를 융합한 프리초프 카프라의 《현대물리학과 동양사상》,[**]

---

[*] 이인식(2008). 《지식의 대융합: 인문학과 과학기술은 어떻게 만나는가?》 서울: 고즈윈.
[**] 프리초프 카프라(지은이), 김용정·이성범(옮긴이)(2006). 《현대 물리학과 동양사상(개정판)》. 서울: 범양사.

과학과 인문학을 융합한 복잡성과학 소개서인 일리야 프리고진의 《혼돈으로부터의 질서》,* 더글러스 호프스태터가 수리논리학, 미술과 음악은 물론 인공지능, 분자생물학, 그리고 불교철학까지 망라해서 저술한 《괴델, 에셔, 바흐》,** 다양한 지식융합을 다루면서 미래 대학은 융합대학이 되어야 한다고 주장하는 《우리는 미래에 무엇을 공부할 것인가》*** 등이 대표적인 지식융합의 사례로 꼽힌다.

물론 융합이 무조건 만능이라는 뜻은 아니다. 인식의 차원을 달리하거나 궁합이 맞지 않는 것을 아무거나 섞으면 아무것도 나오지 않는다. 뚜렷한 문제의식과 목적의식을 기반으로 창조하고자 하는 지식의 원형과 큰 그림을 그릴 때 비로소 새로운 차원의 지식이 창조될 수 있다. 자기 분야에 갇힌 사고로는 경계를 넘어서는 새로운 차원의 통찰력을 얻기 어렵다. "경영자에게 필요한 아이디어의 80%는 경영 테두리 밖에서 나온다"는 게리 해멀의 말을 의미심장하게 받아들여야 한다. 새로운 것을 창조하려면 지금 몸담고 있는 영역 밖으로 나가라. 경계를 넘어야 경계 밖의 세계를 볼 수 있다!

이런 점에서 하이데거의 수제자였던 독일의 철학자 가다머Hans-Georg Gadamer가 제시한 '지평융합fusion of horizons'이라는 개념은 우리에게 시사하는 바가 크다. 지평융합이란 무엇인가? 시대와 상황과 문화에 따라

• 일리야 프리고진·이사벨 스텐저스(지은이), 신국조(옮긴이)(2011), 《혼돈으로부터의 질서: 인간과 자연의 새로운 대화》, 서울: 자유아카데미.
•• 더글러스 호프스태터(지은이), 박여성(옮긴이)(1999), 《괴델, 에셔, 바흐: 영원한 황금 노끈》, 서울: 까치글방.
••• 김광웅(엮은이)(2009), 《우리는 미래에 무엇을 공부할 것인가》, 서울: 생각의나무.

다르게 발전한 생각의 지평들이 통합되는 것을 말한다. 이는 단순한 합의가 아니라 서로 다른 입장이 보다 고차원적이고 명료화된 관점으로 종합되는 개념이다. 말하자면 헤겔의 변증법적 종합과 같다. 이질적이고 친숙하지 않은 것과의 만남을 통해 자신의 경험과 지식을 한 차원 고양시키는 도야의 과정인 지평융합은, 서로 다른 분야의 지식을 융합하는 수평적 사고방식의 단서를 제공한다. 다른 학문 간의 공감과 소통, 융합과 창조가 일어나려면 자기 학문 우월주의와 타 분야에 대한 무관심을 버리고 낯선 문화를 탐구하려는 여행자의 태도를 가져야 한다.● 각 분야 간에는 우열이 있는 게 아니라 인식과 관심이 다르고 수준과 차원이 다를 뿐이다. 누가 누구를 일방적으로 포섭하거나 통섭하기보다 각각의 전문성으로 상대의 한계와 문제점을 보완해주는 호혜적 관계가 존재할 뿐이다. 진정한 의미의 지식융합은 분야가 다른 전공이 만나 서로가 서로에게 자극을 주면서 한 가지 틀에 갇힌 어리석음을 깨우쳐줄 때 일어난다.

지식융합을 통해 창조되는 지식이 의미와 가치를 지니기 위해서는 융합장벽을 무너뜨려야 한다. 분과학문 사이 또는 분과학문 내에서 탐구분야 간에 존재하는 벽을 허물고 경계를 넘나들면서 학문적 존재이유와 탐구이유를 먼저 찾을 때다. 지식융합은 비빔밥처럼 분야를 가리지 않고 뒤섞거나 비빈다고 되지 않는다. 융합하기 이전에 융합의

● 홍성욱(2007). "21세기 한국의 자연과학과 인문학". 최재천·주일우(엮은이). 《지식의 통섭: 학문의 경계를 넘다》(pp.273-298). 서울: 이음.

대상인 다양한 학문분야의 본질과 속성을 올바르게 파악하고 궁합이 잘 맞는지 면밀하게 점검할 필요가 있다. 맛있는 비빔밥이 되기 위해서는 최상의 궁합으로 절묘하게 맛을 낼 수 있는 재료끼리 섞여야 한다. 마찬가지로 궁합이 잘 맞는 분야가 뒤섞일 때 최고의 융합지식을 창조해낼 수 있다.

융합은 공감에서 나온다

지금 대한민국은 1인당 국민소득 2만 달러를 넘어섰고 문화적 파워도 놀라운 강국이 되었다. 하지만 사회적 양극화는 심화되고 있고 당파 간 갈등과 반목은 날로 격화되고 있다. 지금 직면하고 있는 극심한 혼란과 갈등, 마땅한 해법이 보이지 않는 미래를 풀어가기 위해 우리는 다시 격랑을 헤쳐가야 한다. 하나의 정답이 존재하지 않는 미증유의 격변기에 대안을 찾기 위해 암중모색 중이지만, 여전히 우리는 작은 사건 하나에도 감정적으로 대응하고 충돌하고 있다. 나와 입장이 다르면 틀린 것이라 규정해버린다. 시비是非와 곡직曲直을 가리지 않고 자기 편은 무조건 동조하고 상대편은 덮어놓고 공격해 배척한다는 뜻의 '당동벌이黨同伐異'가 우리 사회를 상징하는 사자성어가 되었다. 단순한 입장 차이도 고려의 대상이 아니라 비난과 공격의 빌미로 삼아버린다. 원칙을 지키기보다 반칙이 성행하고, 대화와 타협보다 무조건적 반대로 이어진다.

 질서는 혼란과 혼돈 속에서 탄생한다. 기회는 위기 속에서 잉태되고, 새로운 가능성은 변화의 소용돌이 속에서 떠오른다. 언제나 출발은 끝에서 이루어지고, 희망은 절망의 뒤안길에서 슬며시 고개를 내민다. 가장 어둔 밤의 끝에서 새벽은 시작되고 천지개벽도 높디높은 절벽 아래서 절망을 딛고 시작된다. 생동하는 봄은 혹한의 겨울 끝에서 시작되고, 눈부신 빛은 칠흑 같은 어둠에서 나온다. 명쾌한 지식은 무지를 깨닫는 가운데 창조된다. 한 번도 가보지 않은 길에서 생각지도 못한 변화가 일어나고, 길을 잃고 헤매는 가운데 새로운 길이 나타난다. 기회는 아무에게나 오지만 아무나 잡지는 못한다. 오랜 기다림을 인내심으로 참고 견디면서 철저한 준비를 한 사람에게만 다가오는 행운이자 선물이 기회다.

 융합의 꽃을 피우기 위해 우리는 박식가인 동시에 개척자가 되어야 한다. 감각적 체험이 이성과 결합하고, 환상이 실재와 연결되며, 직관이 지성과 짝을 이루고, 가슴속의 열정이 머릿속의 열정과 연합하고, 한 과목에서 획득한 지식이 다른 모든 과목으로 가는 문을 열어젖히는, 그런 때를 알아야 한다.* 시인 윌리엄 워즈워드가 말한 것처럼 "닮

• Root-Bernstein, R., & Root-Bernstein, M. (1999). *Spark of Genius:The Thirteen Thinking Tools of the World's Most Creative People*. New York : Houghton Mifflin Company. 로버트 루트번스타인·미셸 루트번스타인(지은이), 박종성(옮긴이)(2007), 《생각의 탄생》(p.429). 서울 : 에코의서재.

지 않은 것에서 닮은 것을 찾아내는 기쁨"은 다양한 분야의 지식을 융합함으로써 즐길 수 있다. 카뮈는 "위대한 아이디어는 레스토랑의 회전문에서 탄생한다"고 했다. 서로 다른 분야의 과학자들이 의견을 교환할 때 위대한 아이디어가 나온다는 뜻이다. 이때 아이디어의 교환은 지식의 교환만이 아니라 지식과 관련된 '느낌'의 교환까지 포함한다. 무엇인가를 깨달았거나 아이디어가 오려고 할 때 '머리로 안다'고 하지 않고 '가슴으로 느낌이 온다'고 하지 않는가. 그만큼 지식에 담겨진 사람들의 느낌이 중요하게 작용한다. 느낌이 오지 않으면 공감대가 형성되지 않고 소통이 단절된다. 창조는 소통과 공감에서 비롯된다. 위대한 창조일수록 한 개인의 외로운 생각을 넘어 다양한 분야의 관심사가 집단적으로 공유되면서 서로가 몰랐던 사실을 깨닫고 생각과 아이디어가 뒤섞이면서 탄생하는 경우가 많다.

물론 말처럼 간단한 과정은 아니다. 서로의 분야가 다르고 관심이 다르고 지향하는 바가 다르면 당연히 갈등과 충돌이 일어날 수 있다. 본래 창조는 성질이 다른 두 가지 이상의 이질적 기운이 만나 접목되는 가운데 일어난다. 새로운 가능성을 탐색하는 가운데 시행착오도 경험하겠지만, 이는 새로운 창조로 가는 몸부림이며 용틀임이다. 지금 우리 사회가 겪고 있는 사회적 혼란과 양극화 또한 중대한 전환점과 갈림길에서 피할 수 없는 성장통이다. 갈등과 반목은 무조건 상처를 봉합한다고 사라지지 않는다. 서로의 아픔을 가슴으로 공감하고 어루만지는 가운데 하나가 되는 융합이 필요하다. 융합으로 가는 길목에서 긴장과 충돌을 경험하겠지만 종국에는 이질적인 두 기운이 만나 시너지 효과를 창출하고, 멋진 융합의 꽃을 피울 수 있을 것이다.

공감과 소통이 융합으로 이어지려면 분야별 지식을 융합하기 이전에 공감하는 문제가 무엇인지, 하나의 문제를 다각도로 접근할 경우 얻게 되는 강점이 무엇인지 알아야 한다. 이런 점에서 논리와 지성의 융합 이전에 감성과 감각의 융합이 필요하다. 머리로 이해했더라도 가슴으로 느껴지지 않을 때는 진정한 의미의 융합도 이루어지지 않는다. 인간은 생각하는 '호모 사피엔스Homo Sapiens'이기도 하지만 공감하는 '호모 엠파티쿠스Homo Empathicus'이기도 하다. 갈등하는 사안에 대해 의견이 충돌하고 난항을 거듭하기도 하지만 공감하는 호모 엠파티쿠스의 본성을 발휘함으로써 결국에는 합의를 통해 화합에 이르기도 한다.

앞으로 설명할 호모 디페랑스Homo Difference, 즉 분야와 분야 사이에 존재하는 차이를 전공하는 이들도 결국 다른 분야와의 융합을 통해 새로운 가치를 창출하는 사람이다. 나와 다름을 틀림으로 배척하지 않고 다름 속에서 아름다운 꽃을 피우기 위해서는 우선 각각의 분야가 겪고 있는 아픔을 공감하는 데서 시작해야 한다. "나는 내가 연구하는 동물처럼 사고한다. 그것이 어떤 종이든 구애받지 않는다. 도마뱀을 관찰할 때는 도마뱀이 되고, 물고기를 주시할 때는 물고기가 된다." 동물학자 데즈먼드 모리스의 말이다. 물아일체의 공감을 해야 상대를 진정으로 이해할 수 있다. 융합하려는 전문지식 간에도 상대의 입장에서 세상을 바라보는 눈과 마음이 필요하다. 그 사람의 입장이 되어 실제로 행동해봐야 상대를 가슴으로 이해할 수 있다. 역지사지란 머리로 상대의 입장에서 생각해보는 것이 아니라 상대의 입장이 되어서 실제로 행동해보고 생각해보는 것이다.

나는 즐거운 학습을 통해 건강한 지식을 창조하는 과정을 연구하고 있다. 즐거운 학습에 대한 남다른 식견을 갖추기 위해서는 심리학자 입장에서 내 분야를 들여다봐야 한다. 나아가 거시적 환경 및 문화와 학습효과의 관계를 이해하기 위해서는 경영학적 학습과 문화인류학적 학습을 알아야 한다. 따라서 심리학자의 눈으로 학습현상을 바라보고 경영학자의 눈으로 조직문화에 적합한 학습문화를 조성해야 하며 인류학자의 눈으로 주어진 학습현상을 주도면밀하게 관찰하는 눈을 가져야 한다. 그리고 즐거운 학습에 도움이 되는 음악, 미술, 영화, 드라마, 노래 등 세상의 모든 자료를 학습자료로 재구성하는 안목이 있어야 한다. 그뿐이랴. 지식창조 과정을 알려면 우선 인간은 어떻게 아는가를 문제 삼는 인식론을 피해갈 수 없다. 지식을 어떻게 바라보느냐에 따라 해당 지식을 창조하는 방법도 달라진다. 나아가 체험적 깨달음을 통해 지식을 얻는 방법을 이해하려면 임상적 방법을 활용하는 간호학이나 일상적 삶에서 깨달음의 지혜를 얻는 일상성의 사회학에도 눈을 돌리게 된다. 철학자와 간호학자 그리고 사회학자의 눈으로 바라보면서 다양한 지식을 융합할 수 있는 눈이 생기는 것이다.

성과창출 방법에 대해 남다른 안목을 지니려면 성과공학performance technology을 교육공학과 접목해 미시적 관점에서 시야를 넓혀야 한다.

성과공학은 인간의 학습성과나 노동성과를 높일 수 있는 다양한 조건과 환경을 연구하는 학문이다. 성과공학 자체가 커뮤니케이션 이론, 경영학의 조직설계와 조직개발 등 다양한 분야를 융복합해 탄생한 학문이다. 성과공학자의 눈으로 성과를 방해하거나 촉진하는 요인을 바라봐야 적절한 해결대안을 강구할 수 있다. 이처럼 즐거운 학습으로 건강한 지식을 창조하고 이를 문제상황에 적용해 성과를 창출하기 위해서는 다양한 학문적 지식을 융복합해 주어진 현상을 들여다보고 상황에 적절한 대안을 강구하는 노력을 계속 이어가야 한다.

이 책을 쓰는 과정도 융합의 일환이다. 우선 이 책을 쓰게 된 배경에는 전문가와 전문성의 실체를 올바르게 규명하고 진짜 전문가가 누구인지, 그들은 어떤 방법으로 전문성을 축적해나가는지 밝히려는 문제의식이 있었다. 물론 여기에는 앞에서 말한 멍청한 전문가, 답답한 전문가, 무늬만 전문가, 밥맛없는 전문가를 보면서 갖게 된 문제의식도 포함돼 있다. 그러나 교육학이나 인재육성 분야에서 논의되는 다양한 이슈를 연구하면서 오히려 전문가와 전문성에 대한 기존 논의의 한계를 깨닫기 시작했다.

이 책의 오리지널 아이디어는 인류학자 레비 스트로스 Claude Levi-Strauss 가 쓴 《야생의 사고》*에서 얻었다. 주어진 도구를 활용해 문제를 해결

---

* 클로드 레비 스트로스(지은이). 안정남(옮긴이)(1996). 《야생의 사고》. 서울 : 한길사.

하는 '브리꼴레르bricoleur'라는 개념을 인류학에서 가져온 것이다. 브리꼴레르가 이루고자 하는 궁극적인 꿈은 철학자 아리스토텔레스의 아레테arete 개념을 차용했다. 아레테는 미덕을 갖춘 최고 경지의 전문성을 지칭한다. 아리스토텔레스에 따르면 자신이 잘할 수 있는 재능을 찾아 즐겁고 신나게 일하면서 공동의 선을 위해 최고의 경지에 이르려고 노력하는 사람이 행복한 사람이라는 것이다.

미덕을 갖춘 전문가가 되기 위해서는 전문가적 지식과 스킬 이전에 자세가 중요함을 알게 되었으며, 사단칠정론에서 말하는 측은지심, 시비지심, 수오지심, 사양지심과의 접목을 꾀하게 되었다. 아울러 아레테가 되기 위한 구체적인 방안을 탐색하던 중 실천적 삼단논법, 프랑스의 철학자 들뢰즈Gilles Deleuze와 데리다Jacques Derrida의 노마디즘, 리좀과 차연이라는 개념에 이르렀다. 이런 모든 생각들을 한 장으로 정리해보기 위해 여러 가지 그림을 그리다가 소설 《난장이가 쏘아올린 작은 공》에 등장하는 뫼비우스의 띠 개념과 볼록렌즈와 오목렌즈의 비유를 떠올렸다.

이 책이 탄생하는 과정에 도움을 준 분야는 철학, 문학, 인류학, 사회학, 심리학, 교육학 등 실로 다양하다. 어느 한 분야가 다른 분야를 통섭하려는 시도가 아니라, 내가 고민하는 문제를 해결하거나 주제를 이전과 다른 방법으로 이해하기 위해 간학문적 접근이자 다학문적 접근을 통해 새로운 지식을 창조하려는 융합적인 노력의 소산이다.

이제는 융합형 인재, 브리꼴레르가 필요하다

"… 하지만 주저하면 미루게 되고 지난날을 애통해하면서 시간을 흘려보내게 된다. 당신이 진심이라면 바로 이 순간을 잡아라. 당신이 무엇을 하고 무엇을 꿈꾸든 지금 시작하라. 대담함은 그 속에 천재성과 힘, 마법을 지니고 있다."

— 괴테

인재는 주어진 문제를 해결하고 필요한 시기에 필요한 도움을 제공할 수 있어야 한다. 인재는 학식과 능력을 갖추고 주어진 일을 잘하는 조직의 재목으로 인정받는다. 문제는 그런 인재人才가 자만심에 빠져 남을 업신여기거나 타인의 아픔에 아랑곳하지 않고 자신의 이익 챙기기에 혈안이 된다면 해당 조직을 좀먹는 인재人災로 전락할 수 있다는 점이다.

이러한 인재들의 문제점을 지적하고 우리 사회가 요구하는 역량을 모색하기 위해 지금까지 다양한 인재상이 제시되어왔다. 농업화 사회에는 근면하고 성실한 제너럴리스트generalist를 요구했다. 깊이는 없지만 다방면에 걸쳐 여러 가지를 아는 인재상이다. 그러나 산업화 시대가 되어 기술발달로 대량생산이 가능해지고 분업화가 본격적으로 전개되면서 1980년대 중반부터는 I자형 스페셜리스트specialist가 각광받았다. I자형처럼 넓이보다는 한 분야의 깊이를 추구하는 전문가가 필요한 시기였다. 그러다 1990년대 들어 지식정보가 토지나 물질적 자산보다 중시되면서 T자형 인재를 요구하기 시작했다. 해당 분야에 대한 전문성은 물론 다른 분야에 대한 종합적인 안목과 식견을 갖춘 인재로, GE나 삼성 등 한때 국내외 주요 기업에서 앞 다투어 이러한 인재상을 요구했다. 그리고 오늘날, 예측불허의 변화가 극심하게 전개되는 사회로 접어들면서 도전적이고 창의적인 V자형 인재가 부각되고 있다. 자기 분야를 깊이 파고들면서 동시에 인접 분야까지 넘나들면서 전문성을 넓혀가는 인재상이다.

　V자형 인재에서 진일보한 인재가 바로 멀티스페셜리스트multispecialist다.• 다양한 분야의 지식을 통합해서 새로운 영역을 개척하는 전문가로, 《세계는 평평하다》••의 저자 토머스 프리드먼Thomas Friedman이 제시하는 다재다능한 버서타일리스트versatilist와 일맥상통하는 인재다. V자형 인재의 또 다른 버전으로 안철수 교수는 A자형 인재상을 제시한 바 있다. 컨버전스 시대의 전문가는 자신의 전문지식을 다른 사람에게 전달할 수 있는 커뮤니케이션 능력을 갖춰야 한다. A는 사람 인人

• 공선표(2010), 《멀티스페셜리스트 : 몰입과 통합의 기술을 갖춘 새로운 인재의 탄생》, 서울 : 토네이도.
•• 토머스 프리드먼(지은이), 이건식(옮긴이)(2013), 《세계는 평평하다 : 세계는 지금 어디로 가고 있는가?》, 서울 : 21세기북스.

자와 선—으로 구성된 글자다. 이는 전문지식뿐 아니라 다른 분야에 대한 상식과 포용력이 있는 개인들人이 가교—를 통해 하나의 팀으로 협력한다는 의미다. 마지막으로 보다 현실적이고 실제적인 인재상으로 멀티어multier를 제시하기도 한다.* '언제 어디서 어떤 일을 맡기든 제대로 해낼 수 있는 능력과 정신을 가진 사람'을 지칭하는 전천후 요격기, 특공대원 같은 인재다.

　지금까지 제시된 인재상을 보면 약간의 차이점이 있지만 공통점 또한 뚜렷하다. 무엇보다 한 분야만 아는 전문가는 더 이상 경쟁력이 없으며, 깊이 있는 지식과 함께 폭넓은 안목을 가질 것을 강조한다는 점이다. 즉 자기 분야만 아는 관점에서 벗어나 종합적이고 통합적인 관점을 보유한 크로스오버형 인재, 퓨전형 인재, 통섭형 인재다. 문제는 이런 인재가 갖추어야 할 모습을 복잡한 현실을 고려하지 않고 기계적 매뉴얼로 제시하고 있다는 점이다. 한 분야에만 매몰되지 말고 자기 전공을 중심으로 다른 분야에 대한 폭넓은 안목과 식견을 지니라는 당위론적 주장을 반복하고 있다는 느낌을 지울 수 없다. 미래의 인재가 갖춰야 할 바람직한 모습과 더불어 전문가가 갖춰야 할 전문성의 실체나 본질은 무엇이며, 이를 어떤 방법으로 습득할 것인지, 전문가에 이르는 길을 통합적으로 제시하지 못하고 있다.

● 조관일(2011). 《멀티어십 : 통섭의 시대 신인재의 멀티역량, 뉴패러다임》. 서울 : 쎄오미디어.

우리가 살아가는 세계는 예측 가능한 세계에서 예측불허의 세계로, 답이 없는 복잡한 세계로, 목적지가 불분명한 세계로, 확실성보다 우연성과 개연성이 존재하는 세계로 변화되고 있다. 지식이 기하급수적으로 증가하면서 오리지널 지식과 복제된 지식, 편집된 지식과 그렇지 않은 지식의 구분이 점차 모호해지는 세상에서는 지식을 바라보는 관점은 물론 지식을 창조하는 방법도 근본적으로 달라져야 한다.

우리가 알아야 할 지식이 기하급수적으로 증가하면서, 한 사람이 다양한 분야의 전문가적 식견과 안목을 갖추기는 점차 불가능해지고 있다. 한 사람이 레오나르도 다빈치처럼 팔방미인형 인재가 되기는 불가능하다. 그러기는커녕 자기 분야만 알지, 세분화되기 이전의 전체에 대한 안목과 식견을 겸비한 '진짜 전문가'는 줄어드는 것이 현실이다. 당신은 진짜 전문가인가? 그리고 우리가 생각하는 진짜 전문가는 과연 누구를 말하는 것일까? 그런 전문가가 보유하고 있는 전문성의 실체와 본질은 무엇일까?

미래의 인재상,
야생에서 야망을 꿈꾸는 브리꼴레르

이 책에서는 미래의 바람직한 인재상으로 브리꼴레르를 제시하고 있다. 브리꼴레르라는 인재상은 인류학자 레비 스트로스가 아프리카 원주민을 관찰하면서 나왔다. 레비 스트로스의 설명에 따르면, '손재주꾼'으로 번역되는 브리꼴레르는 보잘것없는 판자 조각, 돌멩이나 못쓰게 된 톱이나 망치를 가지고 쓸 만한 집 한 채를 거뜬히 지어내는 사람을 지칭한다. 이들은 지식을 체계적으로 축적해서 실력을 쌓은 전문가라기보다 체험을 통해 해박한 식견과 안목을 갖게 된 실전형 전문가에 가깝다. 레비 스트로스는 브리꼴레르가 다양한 기존 지식을 융합해 이제까지 존재하지 않았던 제3의 지식을 자유자재로 창출해낼 수 있다고 보았다.

그렇다면 왜 지금 하필 '브리꼴레르'가 필요한가?

첫째, 브리꼴레르는 끊임없이 변화되는 분야 간의 차이를 탐구해나가는 인재다. 미래의 전문가는 자기 분야에 대한 해박한 지식과 전문성을 갖추고 있어야 할 뿐 아니라, 분야 사이에 존재하는 차이에 주목해야 한다. 자기 전공 분야에 머물러 다른 분야와의 차이를 인정하지 않는 전문가는 '전문적 문외한'일 뿐이다. 너의 존재, 나와 다른 너의 목소리를 인정할 때만 우리가 공존할 수 있다.

이성복 시인의 〈네 고통은 나뭇잎 하나 푸르게 하지 못한다〉라는 시에는 "'사이'라는 것, 나를 버리고 '사이'가 되는 것 / 너 또한 '사이'가 된다면 / 나를 만나리라"라는 구절이 나온다. 사이는 제3의 내가 재탄생하는 경계이자 공간이다. 인간人間도 사람과 사람 사이間, 자연도 나무와 풀 사이, 바람과 구름 사이, 하늘과 땅 사이가 있어서 어울린다. '사이'란 분야와 분야의 중간에 존재하는 중립적 위치가 아니다.

사이란 어느 쪽에도 포함되지 않는 긴장과 갈등이 벌어지고, 그를 통해 새로운 가능성의 문이 열리는 공간이다. 미래의 전문가는 양 극단이 만나는 경계와 사이에서 색다른 가능성의 길을 찾아 나서는 호모 디페랑스다.

둘째, 브리꼴레르는 학문적 통섭보다 현실적으로 가능한 융합을 추구한다. 융합형 전문가로서 브리꼴레르는 세상의 모든 지식을 편집하고 가공해서 새로운 지식을 창조하는 지식 편집자다. 세상의 모든 지식이 처음부터 지식이었던 것은 아니다. 많은 사람들에게 익숙한 기존의 지식을 누군가가 남다른 문제의식으로 뒤섞고 버무려서 낯선 지식으로 창조한 결과다. 미래의 인재는 있는 정보나 지식을 그대로 습득하는 사람이 아니라 자신의 문제의식이나 목적의식에 맞게 재편집해서 색다른 방식으로 활용하는 이들이다. 브리꼴레르는 이질적 정보를 융합해 새로운 지식을 창조하는 '지식의 연금술사knowledge alchemist'다. 정보편집술이 기존 정보를 체계화, 구조화시켜 새로운 지식을 창조하는 기술이라면 지식융합술은 이질적 지식을 접목시켜 새로운 지식으로 창조하는 기술이다.

셋째, 브리꼴레르는 주어진 문제에 대한 모범답안을 찾는 모범생이기보다 모험가에 가깝다. 모범생은 말을 잘 듣는다. 시키는 일도 곧이곧대로 잘 따라 한다. 하지만 뭔가 새로운 일을 알아서 추진해보라고 하면 겁을 먹는다. 모범생은 틀 밖에서 새로운 각도로 세상을 바라보거나 뜻밖의 질문을 하지 못한다. 학부모들은 자식이 커서 모범생이 되기를 원한다. 남이 걸어간 길, 안전한 길을 따라 별 탈 없이 잘 자라기만을 바랄 뿐이다. 아버지가 의사면 자식도 의사, 판검사면 판검사, 교수면 교수가 되기를 원하는 경우가 많다. 모범생은 부모나 선생님의 칭찬을 먹고 자란다. 정해진 범위 안에서 뛰어난 성적을 올리면 칭찬을 받고, 엉뚱한 일이나 기대를 벗어나는 일을 하면 야단을 맞는다. 온실 속의 화초 재배하듯이 키워진다. 《엘리먼트》*라는 책을 쓴 미국의 저명한 교육철학자 켄 로빈슨은 학교를 의미하는 'school'이 물고기 떼school를 뜻하기도 한다고 했다. 학교가 집단사고를 조장해 개인의 재능을 찾지 못하게 할 수도 있다는 것이다.

  이에 반해 모험가는 정해진 길을 따라가는 데 별다른 재미를 느끼지 못한다. 성공하는 사람들의 여덟 번째 습관은 성공한 사람의 뒤를 따라가지 않는 것이다. 모험가는 무엇보다도 자기 주관이 뚜렷하다. 자신의 가능성을 발굴하기 위해 이제까지 해보지 않은 일, 가보지 않은 곳, 읽어보지 않은 책, 보지 않았던 영화 등을 보면서 다양한 경험을 축적한다. 색다른 도전을 즐기면서 자신의 한계가 어디까지인지 알아보는 노력을 게을리하지 않는다. 자신의 가능성이 어디까지인지는 가능성의 한계지점까지 가보지 않으면 알 수 없기 때문이다. 모험가

● 켄 로빈슨·루 애로니카(지은이), 승영조(옮긴이)(2010). 《엘리먼트 : 타고난 재능과 열정이 만나는 지점》. 서울 : 승산.

는 누가 뭐래도 자신이 좋아하는 일을 찾아 즐긴다. 모험가는 책상에 앉아 공부만 하는 '책 똑똑이 book smart'라기보다 거리에서 산전수전 겪으며 살아가는 지혜를 터득한 '스트리트 스마트 street smart'다. 모험가는 앎으로 삶을 변화시키는 인재라기보다 삶으로 앎을 가꾸어나가는 인재다.

넷째, 미래의 인재는 책으로 배운 논리적 사고보다 몸으로 배운 야생적 사고로 무장한 브리꼴레르다. 지금까지의 전문가는 자기 분야에서 축적한 전문성으로 겁 없이 미래를 전망해왔다. 하지만 이제 우리는 협소한 지식으로 미래가 이렇게 바뀔 것이라고 무책임하게 전망하거나 섣불리 소망하는 전문가를 원하지 않는다. 오히려 미래의 전문가는 야생에서 키운 지혜로 미래를 창조해야 한다. 레비 스트로스가 말한 '야생의 사고'•는 길들여지지 않은 사고다. 제도교육의 틀에 갇힌 사고를 벗어나 자유롭게 움직이는 원시의 사유다. 야생의 사고는 사물과의 접촉, 자연과의 마주침, 사람과의 만남으로 생기는 신체성에서 비롯된다.

   책상머리에서 배운 논리와 이성에 일상에서 체득한 야성이 추가되지 않으면 공허한 담론이나 힘없이 무너지는 관념의 파편으로 전락할 수 있다. 야성 없는 이성은 지루하고, 이성 없는 야성은 야만적일 수

• 클로드 레비 스트로스(지은이). 안정남(옮긴이)(1996). 《야생의 사고》. 서울: 한길사.

있다. 이성은 논리적 훈련에 의해 습득되지만 야성은 신체적 접촉에 의해 체득된다. 습득은 머리만 움직여도 가능하지만 체득은 몸으로 느끼면서 각인되고 체화되는 것이다. 나무와 풀, 꽃과 다양한 식물들을 벗 삼아 들판에서 뛰어놀아야 남다른 상상력과 창의력이 용솟음친다. 지나친 보호막으로 사육한 아이보다 야생에서 뛰어놀면서 자란 아이가 세상을 바라보는 시야도 넓고 남다르다.

야생적 사고로 무장한 브리꼴레르는 남다른 야망을 지니고 있다. 야망은 앉아서 기다리는 소망이나 미래를 내다보는 전망만으로는 생기지 않는다. 야망은 어떤 상황에도 쉽게 무너지지 않는 집요하면서도 끈질긴 갈망이다. 야망은 야생에서 산전수전 다 겪어본 사람, 야전경험이 풍부한 사람의 야성과 야심에서 비롯된다. 야망을 가진 인재는 온실이나 교실에서 길러지지 않는다. 이 책에서 지향하는 미래의 인재상은 온실 속 화초보다 야생의 잡초에 가깝다. 야생의 사고로 무장한 인재 하면 떠오르는 대표적인 사람이 바로 맥가이버다. 맥가이버가 도구를 사용하는 방식에는 우연성과 미未결정성이 잠재해 있다. 기존의 도구는 기능과 용도가 사전에 결정돼 있다. 그러나 브리꼴레르가 사용할 때 그 도구는 주어진 문제상황과 어떻게 접속하느냐에 따라 새로운 도구로 재탄생한다. 브리꼴레르의 도구는 실제 문제상황에서 이렇게도 해보고 저렇게도 해보는 가운데 우연한 기회와 만나 새로운 쓰임새와 결과를 만들어낸다.

이런 우연한 기회가 거저 생기겠는가? 행동하지 않으면 절대 생기지 않는다. 사전에 결정된 절차나 매뉴얼을 참고하기보다 몸으로 움직여 가면서 문제해결의 단서와 실마리를 찾기 좋아하는 브리꼴레르는 앎의 원천이 책상지식이라기보다 야생에서 체득한 실천적 앎이다. 브리꼴레르는 우연한 만남, 예기치 못한 깨달음을 중시한다. 우연한 만남은 다양한 시도 속에서 이루어지며 생각지도 못한 우연한 영감serendipity을 준다. 미래의 인재는 앎을 축적한 다음 실행을 모색하기보다 격전의 현장에서 몸으로 부딪히면서 앎을 체득한다. 브리꼴레르는 과학적 탐구로 얻은 논리적 지식으로 세상을 설명하기보다, 삶으로 앎을 축적하는 야생의 사고를 개발해나간다.

다섯째, 지금까지의 전문가는 정해진 순서와 절차에 따라 지루한 반복을 실천하는 장인적 기질과 전문성을 강조해왔다. 하지만 앞으로의 전문가는 상황에 따라 즉흥적으로 임기응변력을 발휘해 관객이 요구하는 음악을 연주할 수 있는 재즈연주자다. 연주가 이루어지는 실제 상황에서는 이론적으로 옳은 지식이나 원리도 원칙대로 적용되지 않는 경우가 얼마든지 발생할 수 있다. 능숙한 소방관은 화재원인을 분석하는 능력과 더불어 실제로 불을 잘 끄는 실무능력을 겸비한 전문가다. 최고의 전문가로서 소방관은 불에 대한 전문지식knowledge(폭넓은 배경지식), 탁월한 기술techne(익혀야 할 기예), 그리고 배경지식과 기술을 끊임없이 연마하는 일상적 습관ritual(의도적 습관)을 가지고 있다. 이 세 가지를 모두 가지고 있을 때 그 사람을 '탁월한 경지에 이른 전문가'

라 할 수 있다. 하지만 딜레마 상황에서 지금 당장 모종의 조치를 취하지 않으면 안 되는 브리꼴레르는 이 세 가지 못지않게 신속한 의사결정과 과감한 실천이 중요하다. 목전의 위기상황을 극복해 역전의 감동을 만들어내지 않으면 죽음과 직결될 수 있다는 절박감과 긴장감을 느껴야 한다. 올바른 방법으로 지금 당장 결정하고 행동하지 않으면 치명적인 폐해가 발생될 수 있다.

시시각각 돌변하는 상황, 수시로 튀어나오는 변수, 예측불허의 가변성과 우연성이 잠재돼 있는 딜레마 상황은 과학적 설명과 이해의 대상이라기보다 몸으로 부딪치며 해결하는 실천적 삶의 현장이다. 하나의 정답이 존재하지 않고 여러 가지 다양한 답이 갈등하는 상황에서는 정해진 절차에 따라 한결같은 최적의 대안을 찾기가 불가능하다. 지금 우리가 해결해야 하는 위기상황은 이전에 직면했던 것과는 다르다. 이제는 교과서적 지식이 통용되지 않으며, 과거의 성공체험은 오히려 방해만 될 수 있다. 상황에 따라 다른 도덕적 판단이 필요한 이유는 관행적으로 적용해온 일반적 규칙과 지금 직면하고 있는 특수한 사례 사이에 언제나 긴장과 갈등이 존재하기 때문이다. 일반적 규칙으로 특수한 사례를 관행적으로 포섭하거나 특수한 사례로 일반적 규칙을 예외적으로 설명하려는 시도는 모두 위험하다. 언제나 다양한 사례 속의 보편적 속성과, 일반적 규칙의 예외적 사례를 두루 감안해 판단하는 수밖에 별다른 도리가 없다. 딜레마 상황에서 심사숙고해서 판단하고 실천하면서 체득되는 지혜가 바로 아리스토텔레스가 말하는 프로네시스phronesis,

즉 실천적 지혜다.*

여섯째, 지금까지의 인재는 과학적 사고와 방법으로 무장한 논리정연한 전문가였다. 반면 미래의 인재는 냉철한 판단력과 함께 따뜻한 가슴, 그리고 과감한 추진력을 겸비한 전문가다. 야망으로 가득 찬 미래의 인재는 작은 아이디어라도 과감하게 행동으로 옮겨 변화를 추구하는 브리꼴레르다. 위대한 아이디어가 세상을 바꾸는 게 아니라 작은 아이디어라도 실천에 옮기는 사람이 세상을 바꾼다. 브리꼴레르는 신속한 의사결정과 판단으로 과감하게 추진한다. 다양한 생각과 의견, 위대한 아이디어, 탁월한 지식, 뛰어난 판단력도 중요하지만 몸을 움직여 직접 실천에 옮기지 않는다면 그 어떤 생각과 아이디어도 무용지물이다. "세상을 파악하는 방법은 관념이 아니라 실천이다. 그런 의미에서 생각하는 머리보다 더 중요한 것은 실천하는 손이다. 손은 마음의 칼이다. 그것이 세상을 바꾼다." 인류학자 야콥 브로노브스키의 말이다. 지금은 직관적으로 판단하고 과감하게 실천하는 인재가 필요하다. 물론 과감하게 실천하다 넘어질 수도 있고 깊은 좌절과 절망에 빠질 수도 있다. 그러나 진정한 실패는 시도하다 넘어지는 게 아니라 아예 시도조차 하지 않거나 실패하고 다시 시도하지 않는 것이다. 성공사례를 연구하고 성공한 사람을 롤모델 삼아 성공연습을 하는 교육

* 아리스토텔레스(지은이), 강상진·김재홍·이창우(옮긴이)(2011), 《니코마코스 윤리학》, 서울: 도서출판 길.

에서는 브리꼴레르가 탄생되기 어렵다. 위대한 사람은 처음부터 위대하지 않았다. 그들은 처음부터 위대한 아이디어를 갖고 있지 않았다. 그들이 위대해진 이유는 단 한 가지, 보잘것없는 작은 아이디어라도 꾸준히 실험하고 모색하면서 무수한 시행착오 끝에 위대한 성취를 이뤄냈기 때문이다.

미래의 인재는 세상을 변화시킬 위대한 아이디어를 갖고 있는 사람이라기보다 세상을 변화시키는 실행력이 있는 사람이다. 실행이 곧 존재To do is to be다. 뭔가 되기 위해서는 뭔가 해야 한다.* 존재는 실행하지 않으면 의미가 없다. 행동은 입보다 더 크게 말한다. 말은 약속하지만 행동은 결정한다. 말과 행동 사이에는 바다가 있다. 바다를 건너는 결단과 결행 없이는 바다 건너 꿈의 목적지에 도달할 수 없다.

일곱째, 야생의 사고로 무장한 미래의 전문가는 실천적 지혜로 무장한 행동하는 인재다. 우리에게는 오랫동안 검토할 시간이 없다. 과거의 인재들은 세계를 설명하고 이해하며 해석하기 위해 공부했다. 문제가 발생하는 근본원인이 무엇인지 과학적으로 설명하는 데 주목적을 두었다. 이들은 주어진 현상을 설명하고 이해할 수 있는 보편적 법칙과 원리를 찾아내 미래의 현상을 예언하는 이론적 앎을 추구했다.

이들의 미덕은 배운 대로 행동하는 지행일치知行一致다. 지행일치를

* 스튜어트 에이버리 골드(지은이). 유영만(옮긴이)(2006). 《PING 핑: 열망하고, 움켜잡고, 유영하라》. 서울: 웅진윙스.

추구하는 전문가는 아는 바를 실천에 옮겨 삶을 변화시키는지 여부에 따라 자신의 수준을 평가받아왔다. 그러나 브리꼴레르는 왕양명이 주창하는 지행합일知行合一을 추구한다.* 딜레마 상황에 빠진 이들을 구출해보겠다는 브리꼴레르의 행보에는 문제상황에 뛰어드는 행과, 행동을 통해 체화되는 앎이 분리되지 않는다. 그들에게 삶은 곧 앎이며, 앎은 삶과 영원히 동행하는 파트너다. 브리꼴레르가 현실에 참여하는 가장 중요한 목적 또한 설명과 이해보다 변혁과 혁신에 있다.

여덟째, 브리꼴레르는 자신이 재미있게 할 수 있는 재능을 찾아 최고 경지에 이르도록 최선을 다하는 전문가다. 지금까지의 전문가는 왜 전문성을 축적하는지, 축적된 전문성으로 무엇을 이루려고 하는지에 대한 목적의식이 모호했다. 브리꼴레르가 지식을 추구하는 목적은 작은 아이디어라도 과감하게 추진하면서 자신은 물론 세상을 변화시킴으로써 행복한 삶을 구가하는 데 있다. 세상을 행복하게 만들기 위해서는 우선 내 일에서부터 행복을 느껴야 한다. 브리꼴레르의 행복은 자신의 전문성이 최고 경지에 이르는 과정을 즐기는 데 있다. 브리꼴레르는 나까지 나설 필요 없다고 차일피일 미루면서 대강대충 일 처리하는 사람, 실패하면 패잔병 된다며 무사안일과 안빈낙도의 삶에 안주하는 사람을 가장 싫어한다. 오히려 브리꼴레르는 '내 일'을 해야

---

* 왕양명(지은이). 한정길·정인재(옮긴이)(2007).《전습록》1, 2. 서울: 청계.

'내일'이 있다고 믿으며 솔선수범하는 사람, 색다른 실패를 통해 색다른 실력을 쌓기 위해 색다른 도전을 즐기는 사람, 가르치고 배우면서 서로 성장하는 방법을 모색하는 인간, 상대의 가능성을 믿고 기다려주는 사람이 되고자 평생 노력한다.

브리꼴레르는 자신의 전문성이 혼자 잘해서 생긴 것이 아니라 전문성을 쌓는 과정에서 직간접적으로 도움을 준 수많은 사람들 덕분이라고 생각한다. 말콤 글래드웰은 인재는 사회적 관계의 산물이지 독창적 노력의 산물이 아니라고 했다.* 인재는 집합적 산물이며, 환경과 사회, 역사적 조건과 문화적 특성의 함수로 탄생한 전문가다. 미래사회가 요구하는 전문가는 전문성이 깊어지고 사회적으로 저명해질수록 겸손해져야 하는 이유다.

전문성에 미덕을 더해야 전문가다

본래 지식은 한 개인의 외로운 노력으로 축적되는 객체나 실체가 아니라 사람과 사람, 사람과 세계와의 관계 속에서 탄생된다. 아무리 전문적 지식을 보유하고 있다 해도 그 지식을 매개

● 말콤 글래드웰(지은이), 노정태(옮긴이), 최인철(감수)(2009), 《아웃라이어 : 성공의 기회를 발견한 사람들》, 서울 : 김영사.

로 일어나는 인간관계, 특히 대내외적 고객과의 관계에서 신뢰성과 진실성integrity을 상실한다면 전문성의 질적 수준은 현격하게 떨어질 수밖에 없다. 지식의 창조과정은 물론 공유와 활용과정도 모두 관계에서 비롯된다. 지식의 창조과정은 지식창조 주체와 상황과 대상과의 치열한 문제의식의 교감 속에 탄생하는 것이며, 그 사이에 공감영역이 넓고 깊을수록 지식의 질적 수준도 판이하게 달라진다. 이런 점에서 지식은 '…을 안다'가 아니라 '…와 아는 사이'다. '아는 사이'의 유대관계에 깊은 진실성과 신뢰성이 존재할 때 더욱 공고한 관계를 맺어갈 수 있다.

이런 점에서 전문성은 상대를 쓰러뜨리는 경쟁의 맥락에서 정의되어서는 안 된다. 지금까지의 전문성에는 자신의 경쟁력 강화를 근간으로 타인을 약화시키려는 노력이 내재돼 있었다. 타자와의 차별성을 강조하기 위해 전문성이 계발될수록 경쟁의 양상은 치열해질 수밖에 없게 된다. 이러한 틀에서 양성된 전문가가 많아질수록 사회의 미래는 암울해진다.

새로운 전문성은 미美라는 한자를 분석해보면 여실히 드러난다. '美'는 '羊'과 '大'로 구성돼 있다. 양은 전통적으로 남을 위해 희생하는 상징물이다. 큰마음大으로 남을 위해 아낌없이 주는 것이 아름다움이며, 그런 사람에서 찾을 수 있는 덕이 바로 미덕美德이다. 같은 맥락에서 아름다운 전문가는 자신의 전문성을 남을 위해 사용하는 사람이다. 자기만의 안위나 평안, 만족과 행복을 추구하지 않고 자신의 전문성으로 사람들의 행복을 지향할 때 자신의 행복도 자연스럽게 따라온다는 생각이다.

결국 우리가 추구하는 브리꼴레르는 'Crisis & Challenge, Change & Chance, Creativity & Concept, Confidence & Consistency, Collaboration & Connection'의 10C를 생활화하는 사람이다. 위기crisis를 기회로 해석하고, 새로운 도전의식challenge으로 무장해 지속적인 변화change를 추구하면서 새로운 기회chance를 포착하는 사람이다. 창조적 상상력creativity을 근간으로 세상을 변화시킬 차별적인 컨셉concept을 구상하고, 자신감confidence을 갖고 일관성consistency있게 밀고 나가지만 남과 더불어 협력collaboration하면서 공감의 연대망connection을 구축해나가는 사람이다. 공감대 없는 지식은 무지의 소치다. 공감을 통해 지식을 창출하고 공유하고 활용함으로써 미덕을 가꾸어나가는 사람이 이 시대가 진정으로 필요로 하는 전문가라 할 것이다.

그렇다면 브리꼴레르는 구체적으로 어떤 특성을 띠는가? 브리꼴레르는 좋은 스펙을 갖춘 사람들과 어떤 점에서 차별화되는가? 그들은 융합에 능하고, 야생적 사고를 체화했으며, 시도하고 실패하며 배우는 실천력을 갖추고 있다. 그 모습을 2부에서 좀 더 자세히 들여다보도록 하자.

누가 브리꼴레르인가?

: 빠른 상황판단력과 과감한 추진력을 겸비한 융합형 인재

역발상으로 불가능에 도전하는 문제해결의 고수
역경을 경력으로 만드는 야생적 사고의 소유자
하나의 '정답'이 아니라 다양한 '현답'을 찾는 실천적 지식인
경계를 넘나들며 지식을 창조하는 사이 전문가

역발상으로 불가능에 도전하는
문제해결의 고수

"모든 일은 가능하다고 생각하는 사람만이 해낼 수 있다.
똑똑하다는 사람이 모여앉아 머리로 생각만 해서는 기업이 성장할 수 없다.
기업이란 현실이요, 행동함으로써 이루어지는 것이다."

― 고 정주영 현대그룹 명예회장

하늘이 무너져도
빠져나갈 구멍은 있다

앎을 추구하다 보면 중간에 바위를 만날 수도 있고, 더 이상 파헤칠 수 없는 난관에 부딪힐 수도 있다. 이럴 때는 옆으로 파면서 길을 뚫어야 한다. 다른 분야에서 얻은 통찰을 내 앞의 문제를 푸는 데 적용해보는 것이다. 자기 분야에 대한 깊은 전문성이 다른 분야에 대한 이해와 만날 때, 융합을 통해 새로운 답을 찾을 수 있다. 깊이를 추구하되 넓이를 동시에 확보하는 것이 융합의 핵심이다. 겉으로 보기에는 아무런 관계가 없다고 생각되는 사물이나 현상도 그것이 존재하게 된 사연과 배경을 파고들면 세상은 모두 관계망으로 엮인 산물이라는 점을 깨닫게 된다.

이때 빛을 발하는 것이 브리꼴라주bricolage다.

본디 브리꼴라주라는 말은 '여러 가지 일에 손대기' 또는 '수리'라는 사전적 의미를 갖고 있다. 레비 스트로스는 이 단어를 문제상황에 직면했을 때 사용 가능한 자원을 활용해 위기에서 벗어나는 즉흥적 상황판단과 임기응변의 과정으로 사용했다.• 브리꼴라주의 관점에 따르면 쓸모없다고 버려진 물건, 평소 방치돼 있는 물건, 상식적으로는 아무 관계도 없어 보이는 두 가지 사물이 우리를 위기에서 구원해주는 수단이 될 수 있다.

브리꼴라주가 비단 문제상황에만 유용한 것은 아니다. 예술 창작도 평범한 사람들의 눈에는 원래 그랬으며 그래야 마땅한 현상을 새롭게 해석해 낯설게 보여주는 과정 아닌가. 이미 알고 있는 지식, 지금 상황에서 활용 가능한 도구를 갖고 새로운 해법을 찾아내는 과정이 바로 브리꼴라주다.

브리꼴라주는 틀에 박힌 사고, 기존의 지식, 이미 정해진 방법을 거부한다. 언제 어떤 일이 벌어질지 예측할 수 없는 상황에서는 기존의 정형화된 매뉴얼이나 지식만으로는 역부족이다. 브리꼴라주는 길 밖의 길을 모색하기 위해 이미 검증된 과학적 지식과 기술적 노하우의 틀을 벗어나는 사유와 실험을 함으로써 불확실하고 애매모호한 상황

• 클로드 레비 스트로스(지은이), 안정남(옮긴이)(1996), 《야생의 사고》, 서울 : 한길사.

을 슬기롭게 탈출하는 과정을 지칭한다.

레비 스트로스가 브리꼴라주를 강조한 이유는 무엇일까? 비과학적, 비논리적으로 보이는 이면에 갖추어진 브리꼴라주 논리의 체계성 때문이다. 그것이 바로 야생의 사고, 또는 야성적 사고다. 그는 '서구의 합리적 과학만이 진리'라는 오만한 가치관에 항거하면서 원주민의 문명 속에도 논리적 구성틀과 이해의 관계망이 존재한다고 주장했다. 즉 원주민들의 마술적이고 주술적인 사고, 즉 '야성적 사고'에도 혼돈 너머의 질서를 파악하는 관점이 녹아 있다는 것이다. 서구의 과학과 야성적 사고의 차이는 지식을 획득하는 방법이나 관심의 차이일 뿐이다.•
야성적 사고는 미개인들의 사고방식이 아니라 오히려 모든 인류가 공통적으로 갖고 있는 근원적이고 무의식적인 사고방식이다.

레비 스트로스의 야성적 사고는 서구의 사고방식만이 우월하다는 통념에 일격을 가한 일대 사건이자 사고방식의 전환점이었다. 이런 맥락에서 그가 주창한 브리꼴레르는 한 우물만 파는 속 좁은 전문가와는 질적으로 다른, 융합형 전문가의 모델이 될 수 있다.

야성적 사고를 체득한 브리꼴레르(실천의 주체)는 브리꼴라주(실천의 과정)를 실제 몸으로 보여주는 손재주꾼이다. 브리꼴레르는 일정한 교육을 받았거나 문제해결 매뉴얼을 따라가는 기존의 기술자나 엔지니

• 이진경(2005), 《철학과 굴뚝 청소부 : 데카르트에서 들뢰즈까지, 근대 철학의 경계들(개정 증보판)》, 서울 : 그린비.

어와는 다르다. 이들은 주어진 상황에서 활용 가능한 도구 및 지식과 노하우를 갖고 임기응변력을 발휘해 위기상황을 탈출하는 사람이다. 브리꼴레르는 사람들이 당연하다고 생각하는 상식과 통념에 의문을 품고 끊임없이 질문하지만, 자신의 환경을 탓하지는 않는다. 비록 자신이 심각한 문제상황이나 위기상황에 직면해 있고 도구가 보잘것없다 할지라도 불만을 터뜨리거나 당황하지 않고 구체적인 해결책을 제시한다.

  레비 스트로스가 주장하는 브리꼴레르는 현존하는 프랑스 최고의 천재라 지칭되는 자크 아탈리Jacques Attali의 '레고문명'을 창조하는 인류와 일맥상통한다. 아탈리는 미래의 인류가 마치 어린아이가 레고블록을 자유롭게 조립하면서 놀듯이 역사가 만들어낸 다종다양한 문명의 조각을 조립하며 살게 될 것이라고 내다보았다. 동일한 레고블록이라도 누가 어떤 관심과 목적을 갖고 조합하느냐에 따라 전혀 다른 형상이 탄생하듯이, 다양한 문화적 컬러를 어떻게 융합하느냐에 따라 전혀 다른 문화적 삶을 향유할 수 있다. 이런 점에서 21세기의 인간은 자신만의 가치관과 철학을 고수하고 타자를 인정하지 않는 고립된 모습이 아니라, 나와 다른 상대를 인정하면서 관용의 연대망을 구축하는 모습으로 이해된다. 브리꼴레르 또한 지역적 고립과 문화적 배타성, 영역과 주제의 구분과 분리, 그리고 계층적 위계와 지엽적 차별 등 모든 경계와 벽을 무너뜨리고 가로지르며, 레고놀이와 같은 자유로운 낯선 조합을 통해 이종결합과 교배에 의한 잡종의 세계를 추구한다.

다빈치와 맥가이버, 그리고 정약용과
고 정주영 회장, 이들의 공통점은?

스페셜리스트이되 제너럴리스트인 인재의 가장 이상적인 롤모델을 말하라면 열에 여덟아홉은 레오나르도 다빈치를 꼽을 것이다. 500년이라는 시간을 뛰어넘어 아직도 우리의 머릿속에 각인돼 있는 것 자체가 그의 천재성을 입증한다 하겠다. 《레오나르도 다빈치처럼 생각하기》*에서 저자인 겔브Michael Gelb는 이 놀라운 천재의 키워드를 제시한다. 읽어가다 보면 오늘날 전문가들이 어떤 노력을 기울여야 하는지 사사받을 수 있다.

첫 번째는 '호기심'이다. 다빈치는 자신을 둘러싼 모든 것에 호기심을 품었고, 가차 없는 질문을 통해 배우고자 하는 욕망을 충족시켜 나갔다. 브리꼴레르도 당연하다고 생각하는 사물과 현상에 의문을 품고 이런저런 시도를 통해 이제까지 존재하지 않는 대안을 찾아낸다.

두 번째는 '실험정신'이다. 실험정신은 경험을 통해 얻은 지식을 실제 생활에 적용해보려는 열의와 고집, 실수에서 배우려는 의지를 지칭한다. 다빈치는 선입견과 권위를 믿어버리는 고정관념, 책에 나오는 편견에 의문을 던지지 않고 그대로 믿어버리는 습관적 타성을 가장 경계했다.

세 번째는 '불확실성에 대한 포용력'이다. 〈모나리자〉는 패러독스를

---

* 마이클 겔브(지은이). 공경희(옮긴이)(2005). 《레오나르도 다빈치처럼 생각하기 : 천재로 다가가는 일곱 단계》. 서울 : 대산출판사.

가장 훌륭하게 표현한 작품이다. 대립의 긴장을 감당하는 능력, 애매함과 모호함, 어중간함과 엇비슷함을 보고 끈질기게 그 의미를 탐구하려는 마음가짐과 능력은 다빈치로 하여금 천재적 기질을 발휘하게 만들었던 결정적 동인이었다. 이도 저도 되지 않는 진퇴양난의 모순적 상황에서 브리꼴레르는 직면한 문제와 끊임없이 대화를 나누면서 가용한 자원과 도구를 어떻게 활용할 것인지 모색하고 시도한다.

네 번째는 예술과 과학, 논리와 상상 사이의 균형 잡힌 '조화'다. 한마디로 다빈치는 뇌 전체를 쓰는 사고방식을 의도적으로 연습했다.

마지막으로 다빈치의 천재적 특성은 '연관성의 원칙'에서 비롯된다. 관계성에 대한 인식과 통찰은 모든 사물과 현상에 존재하는 연결관계를 인식하고 평가하는 시스템적 사고에서 나온다. 창의성은 관계없는 것처럼 보이는 요소를 이연연상=連聯想을 통해 연결하고 결합해 새로운 패턴을 만들어내는 데서 비롯된다.

그렇다면 우리도 노력하면 다빈치처럼 모든 분야에 능통한 전문가가 될 수 있을까? 나의 대답은 안타깝게도 부정적이다. 우리가 르네상스인들보다 열등하기 때문은 결코 아니다. 시대상황이 변했기 때문이다. 지식이 기하급수적으로 증가하는 지금의 상황에서 한 사람이 모든 분야에 해박해지는 게 과연 가능할까? 과거와는 판이하게 문제의 복잡성과 난도難度가 높아진 시점에서 한 사람이 문제에 대한 완벽한 답을 찾기는 점점 어려워지고 있다. 우리에게는 다른 전략이 필요하다.

우리의 롤모델이 될 만한 인물은 다빈치보다는 오히려 맥가이버다. 한때 TV 드라마로 유행했던 맥가이버를 기억하는 사람이 많을 것이다. 이 드라마에는 독특한 설정이 있었다. 비밀업무를 수행하는 맥가이버가 기존의 스파이들과 달리 무기를 사용하지 않는다는 것이었다. 총을 포기한 대신 그는 화학, 물리학, 지질학 등 과학적 지식과 자신이 갖고 있는 도구를 총동원해 위기상황을 벗어나곤 했다. 현장의 조건을 십분 활용하는 특성 때문에 그의 이미지는 학구적이거나 모범생이라기보다는 행동가, 모험가에 가깝다.

맥가이버가 우리에게 주는 놀라움은 무엇보다도 위기관리 능력과 즉흥적 대처능력이 아닐까. 그는 계획대로 움직이는 대신 순간순간 직면하는 상황에 따라 유연하게 생각하면서 경이로운 위기탈출 능력을 보여준다. 우리는 그의 모습에서 허를 찔린 놀라움과 함께 일종의 통쾌함을 느끼게 된다.

맥가이버는 도구와 사물, 지식과 환경, 이것들과 저것들 간 위기상황 사이에서 얻을 수 있는 대안을 찾기 위해 보이지 않는 노력을 부단히 전개하는 위기극복의 달인이다. '차가 고장 났지만 맥가이버처럼 고쳐서 집에 끌고 왔다The car broke down but he MacGyvered a fixed to get home'는 표현이 통용될 정도로 맥가이버는 실천적 지혜를 상징하는 이미지이자 동사가 되었다. 이런 상징적 특성을 활용해 스위스의 빅토리녹스 사는 다양한 기능이 융복합된 '맥가이버 칼'을 개발하기도 했다. 책상에서 공부는 많이 했지만 주변의 작은 문제 하나도 제대로 해결할 수 없는 관념적 지식인의 굴레를 벗어던지고 격전의 일상에서 체험으로 깨달은 노하우를 기반으로 번뜩이는 지혜를 발휘하는 맥가이버야말로 우리 시대가 요구하는 실전형 문제해결사가 아닐까. '맥가이버라면 어떻게 했을까What would MacGyber do?'라는 말도 있듯이 난관이나 딜레마 상황에 직면했을 때 맥가이버를 떠올리며 문제를 어떻게 해결할지 상상해보기도 한다.

서양을 대표하는 브리꼴레르가 다빈치와 맥가이버라면 우리나라에서는 단연 다산 정약용과 고 정주영 회장을 들 수 있다. 다빈치의 놀라운 창작과 다산 정약용의 지식편집술, 맥가이버의 위기탈출 능력과 고 정주영 회장의 지칠 줄 모르는 도전정신은 여러 가지 점에서 브리꼴레르의 특성을 그대로 갖고 있다.

다산은 18년간 500여 권의 책을 썼다. 연평균 28권을 썼으니 한 달에 2권 이상 썼다는 이야기다. 《다산선생 지식경영법》*을 쓴 정민 교수는 "세계의 정보를 필요에 따라, 요구에 맞게 정리해낼 줄 알았던 전방위적 지식경영가"로 정약용을 평가하고 있다. 그야말로 지식편집의 귀재가 아닐 수 없다. 인터넷은커녕 글쓰기를 도와주는 컴퓨터도 없었던 시대에 다산은 어떻게 방대한 저술 작업을 해낼 수 있었을까?

• 정민(2006). 《다산선생 지식경영법 : 전방위적 지식인 정약용의 치학 전략》. 서울 : 김영사.

우선 다산은 일상 자체를 저술의 원천으로 생각했다. 다산의 일상은 저술에 필요한 아이디어의 보고였다. 맹자가 학문하는 방법 중에 좌우봉원左右逢源이라는 말이 있다. 가까이 있는 것을 취해 학문의 근원까지 파악한다는 뜻이다. 다산은 하찮은 일상을 남다른 호기심으로 파고들며 '질문의 그물'을 던졌다. 무릇 물음이 답을 결정하는 법. 내가 어떻게 묻느냐에 따라 얻을 수 있는 답의 성격과 방향이 결정된다. 다산은 자연을 관찰하고 그 속에서 삶의 진리를 캐내려 했다. 답은 도처에 존재한다. 다만 묻지 않기 때문에 나오지 않는 것이다.

다산이 방대한 저술을 할 수 있었던 두 번째 원동력은 질문의 그물에 걸린 수많은 데이터를 일정한 구조와 틀로 엮어서 정보로 만드는 편집 및 가공능력이다. '구슬이 서 말이라도 꿰어야 보배'라는 말이 있다. 정보가 넘쳐나는 시대, 정보가 너무 많아서 문제가 생기는 시대에는 도처에 산재한 정보를 어떻게 분류하고 정리하느냐가 가장 중요한 경쟁력이 된다. 다산은 일상을 관찰하고 기록하며 주제에 따라 분류하고 체계화하는 과정을 습관처럼 반복했다. 그 위에 필요한 주제에 따라 뼈대를 만들고 살을 붙여서 책을 만드는 놀라운 정보가공술을 발휘했다. 다산은 책 한 권을 마치고 나서 다음 책을 구상하지 않고 동시에 여러 권의 책을 썼다. 한 권을 쓰는 과정에서 또 다른 책의 아이디어가 발전되는 동시병행적 글쓰기를 시도한 셈이다. 일상에 대한 관찰에서 통찰력을 얻고 이를 근간으로 새로운 지식을 창조했던 다산이야말로 삶을 통한 공부, 공부를 통한 삶을 완성하려고 치열하게 노력했던 사람이다.

'지혜'는 '지식'을 반복해서 축적하는 가운데 어느 날 갑자기 발현된다. '지식'은 '정보'를 실제 문제상황에 적용하면서 느끼는 깨달음의 결과 탄생한다. '정보'는 '자료'를 구조화, 체계화하는 가운데 일정한 틀을 갖추게 된다. 자료에서 정보로, 정보는 다시 지식으로, 지식은 결국 지혜로 발전한다. 오늘날 정보는 많지만 지식이 많지 않은 이유는 정보를 내가 직접 적용해보면서 깨달음을 얻지 않기 때문이다. 정보에 나의 문제의식, 나의 고뇌와 체험이라는 양념이 가미될 때 맛있는 나의 지식으로 탄생한다. 다산은 삶이 공부였고 공부가 삶의 전부였다. 눈먼 시대에 눈을 뜨게 하는 지식은 남의 눈에서 나오지 않고 나의 눈에서 나온다. 나의 관점과 문제의식으로 내가 직접 체험해 깨달은 지식이야말로 세상을 바라보는 눈을 뜨게 해준다. 다산은 눈먼 시대에 세상 사람들의 눈을 뜨게 해준 진정한 지식인이었다.

맥가이버를 능가할 정도로 야성적 사고를 지닌 인물이 고 정주영 회장이다. 남들은 불가능하다고 포기할 때 그는 가능성을 찾아 포기하지 않고 도전했다. 실패가 두려워서 두려움에 떠는 사람들에게 그는 언제나 한마디를 던졌다. "해봤어?" 해보기도 전에 잔머리만 굴리는 사람들에게 죽비 같은 일침을 놓는 말이다. 그는 책상머리에 앉아서 요리조리 잔머리만 굴리지 않고 위기상황에 직접 뛰어들어 난국을 돌파할 대안을 찾아내고야 마는 승부사 기질이 농후한 브리꼴레르였다.

그에 관해 수많은 책이 출간되었는데,• 모두 그의 불굴의 의지와 도전정신, 긍정적 사고를 배워 고민만 하지 말고 과감히 시도해보라는 메시지다.

그가 열아홉 살 때 네 번째 가출을 해 인천에서 막노동을 할 때였다. 그때 묵었던 노동자 합숙소는 밤이면 들끓는 빈대 때문에 잠을 잘 수 없을 지경이었다. 몇 사람이 빈대를 피하는 방법을 연구해 밥상위에서 잤는데 빈대는 밥상다리를 타고 기어 올라와 사람을 물었다. 사람들은 다시 머리를 짜내 밥상 네다리에 물을 담은 양재기를 하나씩 고여 놓고 잤다. 그런데 편안한 잠은 하루인가 이틀 만에 끝나고 빈대는 여전히 그들을 괴롭혔다. 물에 빠져 죽어야 할 빈대가 어떻게 사람을 문단 말인가. 궁금해져서 불을 켜보니, 빈대는 밥상을 기어오르는 대신 벽을 타고 천장에 올라가 사람 몸 위로 툭툭 떨어지는 게 아닌가. 그때 정주영 회장은 이런 생각을 했다고 했다. '하물며 빈대도 목적을 위해 저토록 머리를 쓰고 죽을힘을 다해 노력해서 성공하지 않는가. 빈대에게서도 배울 건 배우자.'

어떤 목적이든, 달성하는 과정에 수많은 장애물이 등장한다. 목적이 숭고하고 목표가 원대할수록 큰 시련과 역경이 기다리는 법이다. 큰 기회를 얻으려면 이에 상응하는 큰 시련과 역경을 이겨내야 한다.

• 정주영(2001). 《시련은 있어도 실패는 없다》. 서울 : 제삼기획.
  박정웅(2007). 《이봐, 해봤어?(개정판)》. 서울 : FKI미디어.
  이채윤(2011). 《실천하라 정주영처럼》. 서울 : 가림출판사.

이렇게도 해보고 저렇게도 해보면서 이전보다 나은 대안을 궁리하고 탐색하다 보면 마침내 난관을 돌파할 수 있는 해결방안이 떠오르게 된다.

정주영 회장의 브리꼴레르적 면모를 보여주는 단적인 일화가 있다. 한국전쟁 종전을 공약으로 내걸고 미국 대통령에 당선된 아이젠하워는 1952년 12월 대통령 당선자 신분으로 극비리에 한국을 방문했다. 방한 일정에는 부산에 조성하고 있던 유엔군 묘지 참배도 포함돼 있었다. 그런데 아직 묘역은 공사 중이었던 데다 한겨울이라 풀 한 포기 없는 황량한 벌판이었다. 미8군 사령부는 대통령이 묘지에 도착하기 전에 잔디를 심어 황량한 묘지를 아름답게 꾸밀 묘안을 찾아야 했다. 그러나 한겨울에 어디서 잔디를 구한단 말인가? 고민 끝에 그들은 정주영 사장에게 도움을 청했다. 예전에 정주영 사장이 10만 명이나 되는 미군 병사들의 숙소를 1주일 만에 만들어낸 전력(?)이 있기 때문. 부탁을 받은 정주영 사장은 미군 장교에게 물었다. "대통령이 지나가시면서 보실 때 풀만 파랗게 나 있으면 됩니까?" '그렇다'는 답변을 들은 그는 잠시 생각에 잠기더니, 공사비의 3배를 받는 조건으로 승낙했다. 그의 묘안은 낙동강변에 자라는 푸른 보리밭이었다. 그는 즉시 트럭 30대를 대동하고 보리밭으로 가서, 이제 막 싹을 내민 보리를 통째로 사서 유엔군 묘지에 옮겨 심었다. 황량하던 유엔군 묘지는 누가 봐도 잔디처럼 보이는 푸른 보리로 뒤덮였다. 그때 정주영 사장의 한마디가 일품이었다. "이 친구들아, 묘역을 '푸르게' 입히는 것이 중요하지, '잔디'가 핵심이 아니잖아!"

한겨울에 푸른 잔디를 구할 수 없다는 틀에 박힌 사고체계를 사정없이 깨부순 정주영 사장의 도전정신과 역발상은 브리꼴레르의 문제 해결 방법과 일맥상통한다. 주어진 상황에서 가능한 모든 수단과 방법을 동원하고 임기응변력을 발휘해 문제를 해결하려면 무엇보다 먼저 주어진 문제의 본질이 무엇인지, 그 문제가 요구하는 해결대안의 정체가 무엇인지 정확하게 간파해야 한다. 정주영 사장은 문제의 본질이 잔디가 아니라 푸른 풀이라고 재정의하고, 이를 해결하는 대안으로 푸른 보리밭을 생각해냈다. 한겨울에 푸른 잔디가 없다고 포기하지 않고 푸른 잔디를 대체할 대안을 생각해내고 과감하게 추진한 것이다. '이가 없으면 잇몸으로 살라'는 속담을 연상케 하는 사례다. 정주영 사장의 보리밭 일화는 안 되는 방법 10가지 대신 되는 방법 10가지를 찾는 사람에게는 가능성의 문이 열린다는 교훈을 준다.

브리꼴레르의 특징은 하늘이 무너져도 빠져나갈 구멍은 있다고 생각하는 절대긍정의 사고방식과, 궁리에 궁리를 거듭하면 주어진 문제를 반드시 해결할 수 있다는 도전정신이다. 이는 《주역》의 〈계사전〉에 나오는 '궁하면 변하고, 변하면 통하고, 통하면 지속될 수 있다'는 "궁즉변 변즉통 통즉구窮則變 變則通 通則久"와 일맥상통한다. 궁窮하다는 것은 사물의 변화가 궁극의 경지에 이른 상태, 또는 더 이상 어찌할 수 없는 상태, 즉 양적 변화와 양적 축적이 극에 달한 상태다. 그러한 상태가 되어야 비로소 질적 변화가 일어나기 시작한다. 질적 변화가 일어난 시점부터 새로운 지평이 열리는 통通의 단계에 이른다. 그렇게 열린 상황이라야 현실에 안주하지 않고 부단히 새로운 변신을 시도하면서 나날이 새로워질 수 있다. 그런 의미에서 구久라고 한 것이다. 한마디로 궁극에 이르면 변화하고, 변화하면 열리게 되며, 열려 있으면 오래간다. 그리고 열려 있을 때만이 그 생명이 지속된다는 뜻이다. '사물의 전개가 극에 달하면 반드시 반전한다'는 물극필반物極必反의 사상과도 맞닿아 있다. 정주영 회장도 더 이상 물러설 수 없는 절체절명의 궁한 상황에서 궁리에 궁리를 거듭하다 보리를 떠올리게 된 것이다.

정주영 회장이 그랬듯이, 브리꼴레르는 위기에 직면하면 우선 상황을 신속하게 간파하고 사용 가능한 자원을 자신에게 유리하게 활용할 방안을 모색한다. 당신은 막다른 골목에서 최적의 대안을 찾기 위해 이렇게도 생각해보고 저렇게도 생각해보며 시도한 끝에 마침내 묘안을 찾아낸 적이 있는가? 그것을 과감하게 추진해 성공시킨 경험이 있는가?

역경을 경력으로 만드는 야생적 사고의 소유자

"우리가 무엇을 생각하느냐, 무엇을 알고 있느냐, 무엇을 믿고 있느냐는 별로 중요하지 않다. 중요한 것은 결국 우리가 무엇을 행동으로 실천하느냐."

—존 러스킨 John Ruskin, 미술평론가

틀렸다고 하지 말고, 안 된다고 하지 말고

대부분의 전문가들이 활용하는 도구는 특정 목적을 달성하기 위해 의도적으로 만들어진 것들이다. 하지만 브리꼴레르가 사용하는 도구는 잡다하다. 그들은 우연히 눈앞에 놓인 사물이나 도구들을 상황에 맞게 재조합하거나 용도를 변경해서 사용한다. 브리꼴레르에게 주변의 모든 사물과 도구는 언제든 잠재적으로 쓸모가 있다. 언제 어떤 상황에서 어떻게 쓰일지 지금으로서는 알 수 없을 뿐이다. 세상의 모든 사물이나 물건이 언젠가 어떤 목적으로 쓰일 가능성이 있다면, 지금 당장 쓸모없다고 해서 그걸 함부로 버릴 수 있겠는가? 그래서 브리꼴레르는 사물이나 정보에 남다른 관심을 갖고 유심히 바라보거나 수집해놓곤 한다.

그런 점에서 브리꼴레르의 작업방식은 장인匠人과는 사뭇 다르다. 장인은 오랫동안 길들인 도구와 재료를 고집한다. 그러나 브리꼴레르는 재료나 도구 준비에 그다지 공들이지 않는다. 그가 직면하는 문제상황은 언제나 새로우므로, 기존의 재료와 도구를 그대로 사용할 수 없기 때문이다. 따라서 브리꼴레르에게는 정형화된 절차나 프로세스, 잘 구조화된 매뉴얼도 필요 없다. 대신 이들은 우연성을 최대한 활용하는 창발적 과정을 따른다. 정해진 재료나 절차에 구애받지 않고, 일단 주변에 산재한 잡다한 사물이나 도구, 문제상황과 대화를 시도한다. 이 상황이 요구하는 대안이 무엇이며, 해결에 필요한 기능이 무엇인지를 심사숙고하고 이런저런 시도를 해본다. 주어진 조건이 갖춰져야 물건을 만들어내는 게 아니라, 다소 부족하고 관련 없어 보이는 재료들로도 새로운 성과물을 만들어낼 수 있는 능력이 브리꼴레르의 핵심역량이다. 브리꼴레르는 사물이나 도구에 대한 선입견을 최대한 배제하고 주어진 상황에 직접 적용해보며 도구의 용도를 끊임없이 바꿔본다. 그러다 보면 예기치 못한 사태가 발생하기도 하고 생각지도 못한 아이디어가 잉태되기도 한다. 영감serendipity이 불현듯 다가올 때도 있고, 그 영감을 주고받다 보면 낯선 통찰을 얻기도 한다.

마치 미개척지의 원주민들이 손에 잡히는 대로 의식주를 해결하는 것처럼, 브리꼴레르의 문제해결 방식은 야생적이다. 21세기의 인재를 꿈꾸는 우리가 야생의 사고에 주목해야 하는 이유는 무엇일까? 우리는 야생적 사고에서 어떤 점을 배워야 할까? 크게 네 가지다.

첫 번째, 자신의 생각과 의견, 경험과 지식만이 옳다고 생각하는 자기편향적 사고를 버려야 한다는 점이다. 관행을 답습하는 탁상공론적 사고와 행동에 길들여진 지식인들에게 야생의 사고는 학문적 경계를 넘나들 수 있는 길을 열어준다.

레비 스트로스가 말한 '야생의 사고'는 곧 '신화적 사고'다. 그는 신석기 혁명 이후 필연적 연관성을 추구하는 인류의 사고양식이 두 가지 유형으로 나뉘었다고 보았다. 하나는 감각적 직관에 가까운 구체성의 사고이고, 또 하나는 감각적 직관에서 멀리 벗어난 추상성의 사고다. 전자는 주술적 혹은 신화적 사고 magical or mythical thinking이고, 후자는 과학적 사고 scientific thinking다. 그동안 신화적 사고는 흔히 주술적, 종교적 사고와 동일시되면서 과학적 사고에 비해 논리체계나 객관적 분석방법에 근거하지 않는 원시적 사고로 폄하돼왔다. 철학자 조광제는 인간이 자연과 싸워 극복할 수 있는 능력이 커지면 커질수록 신화적 사고는 약화된다고 했다. 베일에 가려진 자연의 신비, 인간이 어쩔 수 없다고 생각한 미지의 세계가 과학의 힘으로 규명되면서 신비감이 점차 없어지기 때문이다. 이때부터 인간은 신화적 사고보다 과학적 사고를 신봉하기 시작한다.

하지만 여전히 과학적 사고로 해결할 수 없는 수많은 자연의 난제와 삶의 복잡한 문제들이 산재해 있다. 밤하늘에 빛나는 별이 아름다운 이유를 과학적으로 설명해도 여전히 사람은 별이 간직하고 있는 태초의 신비에 대한 경외감을 갖고 있다. 한여름 밤에 천둥번개가 치는 원리를 과학적으로 해명했다고 해도 여전히 인간은 천둥번개는 신이 노하셔서 인간에게 보내는 경고라 생각하며 두려워하지 않는가. 과학적 사고는 신화적, 주술적 사고가 감추고 있는 비밀을 풀어나가는 과정이다. 하지만 여전히 과학의 힘으로 밝혀낼 수 없는 미지의 세계가 존재하며, 그 세계를 주도하는 신이 있다는 믿음이 있는 한 신화적 사고는 과학적 사고에 의해 일방적으로 피폭당하지는 않을 것이다.

두 번째 교훈은 한계에 도전하는 정신과 자세다. 대부분의 사람들은 자기 경험이나 지식으로 문제를 해결하다 안 되면 포기한다. 그러나 브리꼴레르는 남들이 불가능하다고 생각하는 한계지점에서 도전을 시작한다. 부족한 시간과 자원, 한정된 공간과 조건에서도 지금 쓸 수 있는 자원과 내 지식을 조합해 멋진 작품을 만들어낸다. 베토벤도 말하지 않았는가. "음악은 불충분한 수단으로 위대한 결과를 이루는 길이다." 모든 것이 완벽하고 충분한 조건 하에서 창조가 일어나지는 않는다. 뭔가 부족하고 결핍된 공간, 심각한 위기와 한계상황에서도 브리꼴레르는 원하는 답을 찾아낸다.

야생적 사고에서 배워야 할 세 번째 교훈은 재미있게 노는 호모루

덴스Homo Ludens적 기질이다. 《호모루덴스》*는 문화사를 연구한 네덜란드의 하위징아Johan Huizinga에 의해 창안된 개념으로, 여기서 말하는 유희적 인간은 단순히 논다는 뜻이 아니라 정신적인 창조활동을 의미한다. 학문과 예술 등 풍부한 상상의 세계에서 다양한 창조활동을 전개하며 인간의 전체적인 발전에 기여한다고 보는 모든 것을 의미한다. 브리꼴레르는 일상의 보잘것없는 사물들을 갖고 재미있게 노는 아이의 모습을 닮았다. 아이들은 막대기, 빗자루, 깨진 그릇, 굴러다니는 공, 주변의 돌멩이를 주워 모아 놀이에 활용하는 훌륭한 브리꼴레르들이다.

네 번째 교훈은 임기응변력과 즉흥성이다. 브리꼴레르는 오케스트라 지휘자가 아니라 재즈 연주자다. 오케스트라 지휘자는 연주자가 완벽하게 준비된 상태에서 지휘를 시작한다. 그러나 브리꼴레르는 지금 상황에 적합한 곡을 즉흥적으로 연주한다. 잘 짜인 각본은 오히려 그의 창작욕을 떨어뜨릴 뿐이다. 브리꼴레르는 주어진 상황이 어떤 음악을 원하는지를 마음으로 읽고 거기에 상응하는 즉흥연주를 한다.

《야성의 철학으로 일하라》**를 쓴 마치다 소호 도쿄외국어대 교수는 순탄한 환경에서는 통속적 견해와 상식적 발상으로만 사는 사람도

• 요한 하위징아(지은이), 이종인(옮긴이)(2010), 《호모 루덴스 : 놀이하는 인간》, 서울 : 연암서가.
•• 마치다 소호(지은이), 우제열(옮긴이)(2004), 《야성의 철학으로 일하라》, 서울 : 경영정신.

별 탈 없이 지낼 수 있지만, 역경에 부딪히면 필사적으로 생각해야 하고 몸을 던져 행동하지 않으면 살아남을 수 없기 때문에 야성적 인간상이 전면에 부상한다고 한다. 절체절명의 위기상황에 직면해야 기존의 방식에 따르지 않는 야성이 살아난다는 것이다. 야성은 야생의 사고이자 실천적 지혜를 체득하는 가장 중요한 원동력이다. 남다른 전문성은 단순히 주어진 '문제'를 해결하는 과정에서 생기지 않는다. 오히려 전문성은 불확실한 '문제상황'에서 이런저런 시도를 하는 가운데 체득된다. 문제도 어떤 상황에 놓여 있느냐에 따라 다르게 이해되고 해석되기 때문에 상황에서 문제만 따로 떼어내 해결할 수는 없다. 문제상황은 복잡한 데다 시시각각 변화하기에, 순간적으로 판단하고 조치를 취하면서 다음 행동을 결정해야 한다. 일단 몸을 움직여 다양한 시도를 하면서 상황을 감지해 다음 행동을 결정하는 실천적 성찰 reflection-in action과 성찰적 실천 reflection-on action을 반복할 때 문제해결의 노하우를 체득할 수 있을 것이다.

하나의 '정답'이 아니라
다양한 '현답'을 찾는 실천적 지식인

"인간은 끊임없이 어떤 방식으로 행동함으로써 특정한 자질을 습득한다.
올바른 행동을 하면 올바른 사람이, 절도 있는 행동을 하면 절도 있는 사람이,
용감한 행동을 하면 용감한 사람이 된다."

— 아리스토텔레스

당신은 어느 종합병원의 병실 청소 담당자다. 방금 평소대로 병실을 청소하고 나왔다. 그런데 담배를 피우고 돌아온 환자 아버지가 대뜸 청소를 제대로 하지 않았다고 불평하며 소란을 피웠다. 당신은 이럴 때 어떻게 하겠는가? 규정대로 청소했다고 해명하겠는가, 상대방이 요구하는 대로 다시 병실을 청소하겠는가?

배리 슈워츠와 케니스 샤프의 책 《어떻게 일에서 만족을 얻는가》*에 나오는 일화다. 사례에 소개된 실제 청소담당자는 환자 아버지의 요구대로 다시 청소했다고 한다. 상대방 입장에서 상황을 판단한 것

* 배리 슈워츠·케니스 샤프(지은이), 김선영(옮긴이)(2012), 《어떻게 일에서 만족을 얻는가: 영혼 있는 직장인의 일 철학 연습》, 서울: 웅진지식하우스.

/ 누가 브리꼴레르인가? / 131

이다. 직무기술서 어디에도 환자와 가족의 요구에 무조건 따라야 한다는 말은 없었다. 화난 환자 아버지와 마주쳤을 때, 그는 공식적인 직무기술서를 참고하지 않았다. 그가 지침으로 삼은 것은 자신이 오랜 기간 일하면서 터득한 업무의 참된 목적과 자신이 하는 일의 본질이었다. 그는 환자 입장에 공감하면서 일의 목적을 달성하기 위해 애썼으며, 환자와 거리를 유지한 상태에서 신속한 의사결정을 내리고 모종의 조치를 취했다.

배리 슈워츠와 케니스 샤프는 환자의 말에 귀 기울이던 의사가 이제는 모니터 화면에 뜨는 병명이나 수치만 보고 진단하기 일쑤라고 지적한다. 의료장비와 기계가 발달할수록 의료기술도 발전하겠지만, 역설적으로 의사는 환자의 아픔을 가슴으로 공감하고 병력을 통해 직감적으로 판단하는 통찰력을 잃을 수도 있다. 리처드 세넷은 자신의 책 《장인》*에서 "인간은 반복을 통해 학습하게 되는데, 이것을 기계가 대신해버리면 기계가 오용되는 일이 생긴다. 기계가 똑똑해질수록 반복과 지도, 실습으로 익히는 학습행위로부터 인간의 정신적 이해가 단절될 수 있다. 바로 이때 인간의 개념적 사고력에 장애가 생긴다"고 역설한다. 리처드 세넷은 손과 머리의 분리, 생각과 행동의 분리가 기술발전과 함께 심화되면서 손발을 움직이는 체험적 고통이 실종된 채 머리로만 생각하고 배우거나, 그조차 기계가 대신하면서 일종의 '기

* 리처드 세넷(지은이). 김홍식(옮긴이)(2010). 《장인 : 현대문명이 잃어버린 생각하는 손》. 서울 : 21세기북스.

능골절'이 생긴다고 주장한다.

단순한 사실관계나 법률과 규칙, 원칙, 직무기술을 아는 것만으로는 부족하다. 문제를 실질적으로 해결하려면 서로 갈등하는 몇 가지 선의의 목표를 조율하거나 어느 하나를 고르는 실천적이고 도덕적인 기술이 필요하다. 이것이 곧 실천적 지혜다. 상황적 특수성을 고려하지 않고 절차와 규율만 고수하는 전문가가 많을수록 어처구니없는 일들이 벌어지게 마련이다. 몸이 따르지 않는 앎은 관념적 앎이며, 이런 관념적 앎은 현실변화에 도움이 되기 어렵다. 예일 대학교 의대 명예교수인 하워드 스피로Howard Spiro는 화면이나 필름에 보이는 질병을 분간하는 것은 눈이지만 환자의 호소를 듣는 것은 귀라고 말했다. 눈보다 귀를 더 크게 열고 아래에 두어야 하는 이유도 눈으로 보고 판단하기보다 귀로 듣고 겸손하게 상대방의 아픔을 이해하라는 의도라고 한다. 의사라면 냉철한 수치와 객관적 데이터에 의존해 환자의 병명을 판단하고 처방하는 노력도 필요하지만, 환자의 아픔을 가슴으로 이해하고 공감하는 자세와 태도가 더 요구된다. 환자에게 감정이입한 상태에서 지나온 병력을 들어보고, 환자의 아픔을 정확히 이해하려 노력해야 한다.

슈워츠와 샤프는 실천적 지혜를 보유하고 있는 사람은 사회적 맥락을 읽어내는 통찰력을 지니고 있으며, 흑백논리로 재단하지 않고 특정 상황이 낳는 미묘한 차이, 즉 회색영역을 바라보는 식견이 있다고 말한다. 특히 실천적 지혜를 지니고 있는 사람은 다른 이의 생각과 감정을 헤아리는 인지기술과 정서적 능력과 함께, 사실을 객관적으로 판명하는 논리적 분석력을 지니고 있다.

현장에서 깨닫는
실천적 삼단논법

브리꼴레르는 하나의 정답正答보다 주어진 상황에서 활용 가능한 다양한 현답賢答을 찾는다.

대부분의 과학자는 문제의 원인과 결과를 논리적으로 분석해 유일한 정답을 찾는다. 과학자의 논리적 사고를 대변하는 것은 바로 이론적 삼단논법 또는 연역적 추론이다. 이론적 삼단논법은 대체로 다음과 같은 형식을 따른다.

대전제 : 모든 인간은 죽는다.
소전제 : 소크라테스는 인간이다.
결론 : 소크라테스는 죽는다.

그러나 삼단논법은 대전제가 참이면 뒤의 논리가 어떻든 결론이 참이기 때문에 새로운 지식을 창출할 수 없다는 한계가 있다.[*] 이에 반

---

* 노나카 이쿠지로·가쓰미 아키라(지은이), 양영철(옮긴이)(2012), 《생각을 뛰게 하라: 뜻밖의 생각을 뜻대로 실현시키는 힘》, 서울: 흐름출판.

해 브리꼴레르는 실천적 삼단논법을 통해 일이 벌어지는 현장 속으로 파고들어가, 직접 몸으로 부딪쳐가면서 해법을 모색한다. 주어진 현실을 관찰하는 것과 현실을 체험하는 것은 천지차이다. 실천적 삼단논법은 대체로 다음과 같은 형식을 취한다.

대전제: 나는 목적을 가지고 있다.
소전제: 목적을 실현할 수 있는 수단을 찾아야 한다.
결론: 수단을 활용해 주어진 목적을 달성할 수 있는 행동을 한다.

심각한 위기상황에 처한 브리꼴레르가 있다고 가정해보자. 대전제는 제한된 시간 안에 위기상황을 탈출해야 한다는 것, 이것은 일종의 '목적'이다. 소전제는 주어진 재료나 도구를 활용하는 다양한 방법을 강구하는 것이다. 결론은 머리로 생각만 하는 것이 아니라 수단과 방법을 다양하게 조합해 적용해봄으로써 최적의 방안을 찾아내는 것이다. 이는 행동하면서 생각하고, 생각하면서 행동할 때 가능하다.

현장에서 일어나는 사건은 다양한 변수들이 복잡하게 상호작용하며 서로 영향을 미치는 과정에서 발생하기 때문에 대상을 객관적으로 분석해 정답을 찾는 건 현실적으로 불가능하다. 브리꼴레르는 현장에서 직접 움직이면서 주도면밀하게 관찰하고 숙고한다. 상황은 시시각각 변화하기 때문에 주어진 시점과 조건 하에서 적합한 현답을 찾아야 한다. 브리꼴레르의 문제해결 전략은 복잡한 현실을 있는 그대로 받아들이고 그 의미를 파악하기 위해 현장에서 주체적으로 관여하고, '지금 여기'에서 사람들과 경험을 공유하면서 어떻게 행동할지 생각하는 것이다.

그들의 사고방식은 어떻게 실천적일 수 있는가? 그것은 '사물'이 아니라 '사건' 중심으로 생각하기 때문이다. 사물은 어딘가에 존재하는 하나의 정적 객체지만 사건은 특정 상황에서 벌어진 동적 관계다. 예를 들어 '나무에서 떨어진 사과'는 사물이지만, '나무에서 사과가 떨어진다'는 사건이다. 사물 중심의 표현에는 주관이 개입될 여지가 없고 오로지 객관적으로 기술될 뿐이다. 반면 '나무에서 사과가 떨어지는' 사건에는 역동적 상황이 존재하고, 그 사건을 경험한 사람의 주관적 행위가 개입돼 있다. 사건에 개입한 사람은 사과가 떨어지는 현상을 멀리서 관찰한 것이 아니라 그 현장에 함께했기에 체험적으로 느낀 깨달음을 갖고 있다. 관계는 언제 어디서든 성립하는 것이 아니라 '지금-여기'에서 형성된다. 매 순간 새로운 관계가 만들어지므로, 그때마다 체험적으로 깨닫는 지혜도 달라진다. 이것이 곧 실천적 지혜 아니겠는가.

아리스토텔레스는 "실천적 지혜란 도덕적 자발성과 도덕적 스킬의 조합"•이라 했다. 실천적 지혜를 지니고 있는 사람은 무조건 규칙을 따르기보다 예외적으로 규칙을 적용해야 할 상황이 언제인지 오랜 경

• 아리스토텔레스(지은이), 김재홍, 강상진, 이창우(옮긴이)(2011), 《니코마코스 윤리학》, 서울: 도서출판 길.

험을 통해 알고 있다. 베테랑들은 문제가 발생하면 매뉴얼이나 이전의 사례 그리고 규칙이나 규율에서 벗어나 임기응변력을 발휘해서 위기를 벗어난다. 무엇보다도 실천적 지혜를 지닌 사람은 주어진 상황에서 최선의 방향으로 문제가 해결될 수 있도록 도덕적 판단을 내리는 기술적 능력이 몸에 배어 있다. 도덕적 판단력을 겸비했기에 이들은 자기 안위를 위해 일방적으로 판단하지 않는다. 자신의 전문성을 사용하는 데도 신중하다. 전문성을 발휘함으로써 일어날 수 있는 역기능이나 타인의 아픔을 먼저 생각한다. 실천적 지혜가 발휘됨으로써 궁극적으로 혜택을 보는 사람은 아픔을 겪고 있는 타인이다.

　실천적 지혜는 한 가지 정답만 존재하는 게 아니라 여러 가지 현답이 가능한 상황에서 다양한 체험이 축적됨으로써 생기는 지혜다. 실천적 지혜는 흑백논리처럼 엄격하게 구분되는 이분법적 잣대가 아니라 이것도 저것도 답이 될 수 있고 때로는 이럴 수도 저럴 수도 없는 딜레마 상황에서 현명한 의사결정과 신속한 조치를 취하는 무수한 시행착오 끝에 생기는 깨달음이자 판단력이다. 실천적 지혜는 책상에 앉아서 책으로 배우는 관념적 논리가 아니라 넘어지고 자빠져보고 일어나서 상황을 반추해보며 다양한 실천과정을 성찰하는 가운데 몸으로 체득하는 지혜다.

몸을 움직이는 자가
실천적 지혜를 얻는다

MIT 대학교 도널드 숀Donald Schon 교수는 훌륭한 전문가는 주어진 목표를 달성하기 위해 언제나 특정한 맥락에 맞게 행동을 조율하며, 자신이 선택한 행동을 평가하거나 개선하기 위해 자신의 말이나 행동을 신속히 재평가하는 과정을 통해 실천적 지혜를 습득해나간다고 말한다.* 전문가는 전문지식이나 기술을 체계적으로 축적하면서 전문성을 습득하는 것이 아니라 기존의 지식과 기술을 주어진 문제상황에 적용하는 과정에서 체험적으로 깨닫는다. 매 순간 다가오는 위기상황에서 신속하게 판단하고 다수의 선택지 중에 어느 하나를 포기하고 선택해야 한다.

지식창조경영의 구루, 일본의 노나카 이쿠지로와 가쓰미 아키라는 자신들의 저서 《생각을 뛰게 하라》에서 아리스토텔레스의 실천적 지혜를 경영학적 안목으로 풀어내고 있다. 숀 교수가 말하는 실천적 성찰과 성찰적 실천은 노나카와 가쓰미의 '인 액션in action'과 '온 액션on action'의 차이와 맥을 같이한다. '인 액션'이 행위를 하면서 이전의 행위를 숙고해보고 다음 행위의 방향을 결정하는 '행동하면서 생각하기contemplation in action'라면, '온 액션'은 행위 결과를 추후에 반성해보는 것이다. '인 액션'은 다양한 변수들이 만들어가는 역동적인 상호작용 속에서 행동

*Schon, D. A.(1983). *The Rreflective Practitioner : How Professionals Think in Action*. New York : Basic Books.

하며 생각하기 때문에 지금까지 없었던 새로운 관계성이 만들어진다. 이에 반해 '온 액션'은 거울에 비친 자신을 보는 것처럼 자신 혹은 자신의 행동을 객관화하고 반성하며 개선할 수는 있지만, 그 자체로는 발전이 없다. 최고의 전문가는 '온 액션'이 아닌 '인 액션'으로 자신의 관점과 사고를 발전시켜나간다. 머리로 생각하는 논리적 사고도 필요하지만 몸을 움직여 터득한 실천적 지혜가 더욱 중요하다. 내가 안다고 생각하는 지혜의 타당성 여부를 결정하는 유일한 방법은 직접 현장에 적용해보는 것뿐이다. 체험 없는 생각은 관념의 파편으로 쌓일 뿐이다.

현상의 이면에 숨겨진 동인이나 원인을 찾으려면 현장에서 직접 몸을 움직여 행동하며 생각해야 한다. 현실을 관망하거나 관조하지 않고 직접 뛰어들어 상황의 역동성을 온몸으로 체험하면서 노하우를 축적해야 한다. 그동안 '전문가들의 생각'이라 하면 주로 다양한 자료를 수집하고 분석하면서 책상에서 일어나는 생각을 떠올렸다. 그러나 '현장'을 저버린 상태에서 생산되는 이론理論은 이상한 논리, 즉 이론異論으로 전락해 현실변화에 별다른 도움을 주지 못한다.

브리꼴레르는 추상적인 거대담론을 주장하는 사람이라기보다 생활 속에서 일어나는 평범한 일을 남다른 방식으로 추진하는 조용한 혁명가에 가깝다. 뭔가 조금 배운 사람들은 자신의 삶을 이론적 준거틀에 비추어 판단하고 몸보다는 입이 우세한 삶, 앎이 삶을 지배하는 삶을 산다. 그러나 브리꼴레르는 입이 아니라 몸으로 앎을 증거하는 삶을 추구한다. 브리꼴레르에게 앎의 원천은 이론적 추상성에서 비롯되지 않고 구체적 일상성이나 몸을 움직여 깨달은 신체성을 통해 체득한 깨달음이다.

《어린 왕자》*에는 지리학자에 관한 다음과 같은 이야기가 나온다.

"난 탐험가가 아니거든. 나는 탐험가와는 거리가 멀어.
지리학자는 도시나 강과 산, 바다와 태양과 사막을 돌아다니지 않아.
지리학자는 아주 중요한 사람이니까 한가로이 돌아다닐 수 없지.
서재를 떠날 수가 없어.
서재에서 탐험가들을 만나는 거지.
그들에게 여러 가지 질문을 하여 그들의 기억을 기록하는 거야.
탐험가의 기억 중에 매우 흥미로운 게 있으면
지리학자는 그 사람이 정말 성실한 사람인지 어떤지를 조사한단다."

지리를 발로 뛰면서 몸으로 익히지 않고 책상에 앉아서 머리로만 이해하려는 관념적 태도를 우회적으로 비판하는 글이다. 지리를 알려면 이리저리 구석구석 다녀봐야 한다. 지리학자가 지리학 책을 보면서 생각만 굴려서는 지리의 본질과 핵심을 파악할 수 없다. 《어린 왕자》의 비판이 단지 지리학자만의 문제일까? 교육학자가 교육현장을 발로 뛰

• 앙투안 드 생텍쥐페리(지은이), 박성창(옮긴이)(2005), 《어린 왕자》, 서울: 비룡소.

면서 현장의 아픔을 이해하지 않고 창백한 연구실에서 논리적으로 공부만 하고 있다. 경영학자가 경영현장의 아픔을 몸으로 이해하지 않고 학문적 논리로 현장을 재단하고 있다. 경제학자는 경제현실을 피부로 느끼면서 파악하지 않고 통계와 지표로 경제현상을 설명하느라 여념이 없다.

아무리 위대한 사상이라 할지라도 내 몸을 움직여 적용하고 체험해보지 않으면 결코 내 생각이나 주장으로 체화되지 않는다. 그래서 책도 읽어야 하지만 읽은 책을 소화시키기 위해 산책도 해야 한다. 머리로 읽은 책을 실제로 느껴보고 무슨 의미인지를 반추해보기 위해서는 몸을 움직여 실행해봐야 한다. 몸을 움직여 체험해보면서 남다른 느낌과 깨달음이 다가올 때 생각지도 못한 생각이 탄생하는 법이다.

도요타 자동차의 핵심가치 중에 '현장現場, 현물現物, 현실現實'이라는 3현주의三現主義가 있다. 남의 손을 거친 2차 정보에 의존하지 말고 근원적인 해결방안을 강구하기 위해 현물이 있는 현장으로 가서 현실을 직접 겪으라는 것이다. 현장에 가야 현실을 만날 수 있고, 현실 속에 진실이 숨어 있다. 남다른 생각이 발현되기 위해서는 책상에 앉아서 고민만 하지 말고 발로 뛰어다녀야 한다. 체험적 깨달음이 증발된 사고나 사상은 관념의 파편일 뿐이다. 세상을 움직이는 사람은 다른 사람의 생각이든 내 생각이든 다양한 체험을 하며 적용해본다. 몸이 동반되지 않은 사고는 참을 수 없는 인식의 가벼움만을 줄 뿐이다.

경계를 넘나들며
지식을 창조하는 사이 전문가

"성을 쌓고 사는 자는 반드시 망하고
 끊임없이 이동하는 자만이 살아남을 것이다."
—몽골 수도 울란바트로 근교에 있는 비문

낯선 세계와의
끝없는 접속을 추구하라

"《천개의 고원》*은 개념적 콜라주다. 상이한 담론 공간들에서 형성된 이질적이고 다채로운 개념들이 모여들어 장대하고 현란한 지적 콜라주를 만들어내고 있다. 이 콜라주 안에서 각 개념들은 본래의 의미에서 탈영토화돼 새로운 의미를 부여받고 있으며, 예전에 멀리 떨어져 있던 개념들과 접속됨으로써 독특하고 새로운 의미를 만들어내고 있다."**

- 질 들뢰즈·펠릭스 가타리(지은이), 김재인(옮긴이)(2001), 《천개의 고원》, 서울: 새물결.
- 이정우(2008), 《천 하나의 고원: 소수자 윤리학을 위하여》, 서울: 돌베개.

《천개의 고원》은 들뢰즈와 가타리Felix Guattari가 공저한 역저 중 역저다. 이 책에 등장하는 하나의 개념에는 다른 모든 개념들의 의미가 내포돼 있는 난해한 저작으로도 손꼽힌다. 마치 현대물리학에서 말하는 프랙탈fractal 원리처럼 부분 속에 전체가 들어 있고 전체 속에 부분이 들어 있다. 전개방식 또한 독특하다. 서론과 본론 그리고 결론을 제시하는 시계열적 방식에서 벗어나 하나의 개념이 다른 개념과 다차원적 관계를 맺으면서 중심에서 주변으로, 주변에서 다시 중심으로 다양한 접속을 보여주는 글쓰기를 시도했다.

갑자기 《천개의 고원》을 인용하는 이유는, 우리가 다루는 브리꼴레르가 지향해야 할 핵심개념과 원리를 이 책에서도 확인할 수 있기 때문이다. 브리꼴레르가 다양한 전문가의 다름과 차이에 주목하면서 전문성과 전문성을 부단히 접속해 새로운 전문성을 창조하는 데 목적이 있듯이, 들뢰즈와 가타리가 《천개의 고원》에서 제기한 '리좀rhizome' 개념도 이질적인 것과의 접속을 강조한다.

인간은 본래 끊임없이 무언가를 선택해야 하는 운명을 타고났다. 그때마다 우리는 포기를 강요당한다. 하지만 때로는 어느 하나를 선택하기가 참으로 어렵다. 어쩌면 서로 이질적인 것들을 병합하려는 것 또한 우리의 본능이자 욕구인지도 모를 일.

이런 딜레마에서 자유로워지는 유일한 방법은 하나를 포기하고 다른 것을 선택하는 방식에서 벗어나 다름과 차이를 포용하면서 새로운 남다름을 창조하는 것뿐이다. 《천개의 고원》에서 가장 핵심적인 개념이자 브리꼴레르가 갖춰야 할 가장 중요한 사고방식이 바로 이것, 즉 리좀적 사유다. '리좀rhizome'이란 생물학에서 수평으로 뻗어나가는 뿌리줄기를 지칭하는 말로, 위계나 이원론을 따르지 않고 자유롭게 뻗어나가면서 새로운 지식을 탄생시키는 사고방식을 뜻한다.

브리꼴레르는 이것 아니면 저것이라는 양자택일적 사고방식보다는 이것과 저것을 모두 수용하는 가운데 새로운 창조의 싹을 키우는 전문가다. 우리말에는 양극단을 포용하는 말들이 유난히 많다. 예를 들어 오르락 내리락은 올라갔다 내려왔다 하는 동작을 한 단어로 포용한 말이며, 보일락 말락은 보일 것도 같고 안 보일 것도 같은 반대 상태를 한 단어로 만든 말이다. 시원섭섭하다는 말은 시원하기도 하지만 또한 섭섭하다는 두 가지 감정상태를 한 단어로 표현한 말이다. 이처럼 우리말에는 어울릴 것 같지 않은 양극단의 상태나 감정을 하나의 단어로 절묘하게 엮어내는 말이 많다. 서양의 양자택일적 사고에서 보기 힘든 양자병합적 사고다. 브리꼴레르는 이러지도 저러지도 못한 딜레마 상황에서 어느 한 가지를 선택하고 다른 것을 포기하기보다 두 가지를 동시에 끌어안고 문제를 해결하는 양자병합적 사고에 능하다.

리좀과 가장 확실하게 대비되는 것은 나무다. 들뢰즈와 가타리는 지금까지 서양의 사고방식이 나무를 모델로 삼아왔다고 지적한다. 나무와 뿌리를 모델로 하는 사고방식에는 항상 중심(초월적인 시점, 신)이 존재하고, '그래서… 그래서…'로 이어지는 연속성의 논리가 지배한다. 정신분석학, 언어학, 계보학, 이원론에서도 드러나듯, 서양의 지식을 지탱하는 것은 나무 형태의 위계적 사고다. 오늘날 전문가들 사이에 소통이 단절되고 전문성과 전문성이 융합되지 못한 이유도 한쪽이 자신의 지식으로 다른 지식을 포섭하려는 사고방식 때문 아닌가.

위계화된 관계를 탈피하려면 자신의 전문성이 중심이라는 사고방식에서 벗어나야 한다. 리좀은 체계를 부정하는 비체계나 체계를 무시하는 무체계가 아니라, 중심을 거부하는 탈중심화된 체계다. 리좀적 체계와 사유는 하나의 방향으로 편향되지 않고 다양한 방향으로 무한히 뻗어나가는 개방적 체계이고, 인접 유관 분야의 전문성과 다양한 접속을 시도하면서 기존과 다른 전문성을 부단히 창조하는 가변적 체계다.

그러나 리좀은 설명만으로 쉽게 이해하기는 어려운 개념인 게 사실이다. 그러니 리좀을 브리꼴레르의 새로운 전문성 창출방법과 과정에 어떻게 적용할 수 있을지 상상해보자.

나는 누가 진정한 전문가인지, 그리고 그 전문성의 실체와 본질은 무엇인지 규명하기 위해 인류학자 레비 스트로스의 브리꼴레르 개념을 파고들다가 우연한 기회에 다빈치와 맥가이버를 만났다. 그리고 한국의 다산 정약용과 고 정주영 회장의 일화를 브리꼴레르의 틀로 재해석해 21세기가 요구하는 전문가와 전문성 개념으로 바라보게 되었다. 한편 진정한 전문가의 자세와 태도, 자질과 역량을 고민하다 아리스토텔레스의 '아레테' 개념과 우연히 접속했다.

이처럼 우연한 기회에 내가 밝혀내려 한 21세기 인재상을 그려볼 수 있는 창조적 접속이 끊임없이 이루어졌는데, 이것이 바로 리좀적 사고의 결과물이다. 우연한 접속들의 향연은 마치 뫼비우스의 띠처럼 시작도 끝도 없고, 안과 밖도 구분되지 않는 상태에서 순환하며 이어진다. 리좀은 갈 곳을 정해놓지 않고 내일의 접속대상을 찾아 중단 없이 이동하는 유목적 사유다. 리좀은 여기와 저기, 이 세상과 저 세상, 하나의 분야와 다른 분야 사이에 존재하는 중간이고, 그 사이에서 경계를 넘나든다. 하나의 개념과 이론에 머무르지 않고 또 다른 개념을 찾아 접목을 시도하고, 접목을 통해 탄생한 개념을 깊이 파고들어 기존 개념을 심화시키고 널리 확장해 또 다른 개념과 접목을 시도한다. 한마디로 리좀은 끊임없는 접속과 접목을 통해 새로운 개념을 생산해내고 낯선 지식을 융합해내는 부단한 창작과정이다. 그 과정은 마침표를 부정하고 언제나 다시 시작하기에 영원한 미완성이다.

리좀의 핵심원리는 다양한 이질적인 것들과의 접속이다. 리좀은 어떤 전문성과도 배타적인 입장을 취하지 않고 접속 가능성을 열어놓으며, 하나의 특징이나 기준으로 포섭되지 않고 차이가 드러나는 다양성을 존중하면서 부단한 접속을 시도한다. 브리꼴레르 또한 전문가와 전문가 사이에 존재하면서 그들이 접속할 수 있도록 다리를 놓는 역할을 한다. 그럼으로써 개별 전문성들이 지니고 있는 의미와 가치를 다른 전문성과의 관계맺음을 통해 극대화한다. 브리꼴레르는 먼저 나서서 선발투수가 되려는 노력도 하지 않으며, 게임의 불을 끄려는 구원투수나 마무리 투수가 되려고도 하지 않는다. 선발투수와 마무리 투수를 연결하려는 중간계투 요원으로서 게임이 순조롭게 진행되도록 흐름을 전달할 뿐이다. 마치 거의 모든 커피에 다 들어가지만 자신은 드러나지 않는 에스프레소처럼, 브리꼴레르는 다른 전문가가 꽃피울 수 있도록 도와주는 조력자 Espresso man다. 브리꼴레르는 리좀의 접속이 만들어내는 다채로운 욕망과 다양한 이야기들의 계류지가 되도록 노력할 뿐, 자신이 모든 전문성을 지배하려 하거나 시작점 또는 결론을 제시하는 해결사가 되려 하지 않는다.

  리좀의 세계에서는 중심과 주변의 구분이 무의미하다. 어떤 분야든 자신이 중심뿌리라는 주장은 인정되지 않으며, 모두 덩이줄기로서 리좀이 될 뿐이다. 각각의 덩이줄기들은 다른 영역들과의 관계맺음 방식에 따라 각자의 의미와 가치를 갖는다. 브리꼴레르는 다른 분야와의 관계에 따라, 접속한 이웃과의 관계에 따라 그 본질이 달라진다. 그런 의미에서 브리꼴레르는 기존 전문분야를 끊임없이 탈영토화하고 새로운 맥락 속에 재영토화하는 작업을 통해 새로운 분야로 탈주를 반복하는 유목적 지식인이다.

호모 디페랑스,
차이와 재창조의 끝없는 변주

하나의 개념 속에는 개념을 창안한 사람의 문제의식과 사연이 담겨 있다. 그러나 문제는 자신이 관찰한 사물이나 현상을 개념화하려 해도 그 본질과 차이까지 있는 그대로 표현하기가 불가능하다는 점이다. 예를 들면 책이라는 개념은 책이라는 사물 자체와는 다르다. 책이라는 개념은 책이라는 사물 자체가 지니고 있는 속성의 일부만을 추상해서 표현한 것에 불과하기 때문이다.

소나무는 생물학자에게 활엽수와 구분되는 침엽수를 지칭하지만, 시인에게는 독야청청한 절개와 지조를 자랑하는 상징으로 다가온다. 나아가 예전의 소나무는 지금의 소나무와 그 의미가 다를 수 있으며, 같은 시인이라도 어떤 마음으로 바라보느냐에 따라 천차만별의 다른 소나무로 다가온다. 이처럼 차이란 이미 고정된 의미가 아니라 매 순간 다른 의미로 새롭게 만들어지므로 영원한 진행형이다. 이 개념을 설명하는 것이 데리다의 '차연差延(differance)'이다.• 말하자면 '차이의 연기'라는 뜻이다. 사물이나 현상의 차이는 지금 이 순간 결정되는 것이 아니라 끊임없이 시간적으로 연기되어야 한다는 뜻이다.

결국 이 책에서 말하는 '차이'는 지금 여기서의 차이가 아니라, 미래

• 들뢰즈와 데리다의 핵심 개념과 원리를 브리꼴레르에 적용하는 데 다음 책을 참고했음을 밝혀둔다. 김보현(2011), 《데리다 입문》, 서울 : 문예출판사. 박영욱(2009), 《데리다&들뢰즈 : 의미와 무의미의 경계에서》, 서울 : 김영사. 이진경(2002), 《노마디즘 : 천의 고원을 넘나드는 유쾌한 철학적 유목》1, 2. 서울 : 휴머니스트.

의 또 다른 차이로 끊임없이 진화돼가는 '가능성의 차이'를 지칭한다. 브리꼴레르의 전문성은 무엇인가? 이를 정의하려는 순간 이미 기존의 전문성과 차이 나는 또 다른 전문성으로 진화돼버린다. 우리가 할 수 있는 일은 낯선 전문성과의 부단한 접속을 통해 지금 수준에 머무르지 않고 자신의 전문성을 끊임없이 재탄생시키는 것이다. 현재와의 차이를 만들어가는 브리꼴레르가 1부에서 언급한 '호모 디페랑스'다.

브리꼴레르나 호모 디페랑스는 수많은 분야들이 극단적인 전문화의 길로 치달아 통합적 이해를 하지 못하고 있다는 위기의식에서 비롯된 대안적 인재상이다. 이론에만 밝고 실행에는 관심 없는 전문가, 자기 전공에만 빠져 사는 전문가, 다른 분야와 소통하지 못하는 전문가들이 늘어나는 현실에서 진정한 전문가의 길을 모색하기 위해 구상한 개념들이다. 진짜 전문가가 되기 위해서는 어떤 노력을 기울여야 되는지를 밝혀내야겠다는 학자적 소명감도 한몫했다. 무엇보다도 어제보다 높은 경지에 이르기 위해 애쓰면서 느끼는 희열을 염두에 두고 대안적인 전문가상을 모색했다. 행복한 전문가는 자기 분야에 대해서도 최고 경지에 이를 수 있도록 쉬지 않고 노력하는 인재일 뿐 아니라, 자신의 재능을 기꺼이 다른 사람을 위해서 나누는 즐거움을 즐기는 사람임을 계속 환기시키며.

어떻게 브리꼴레르가 될 수 있는가?

: 세상의 모든 지식은 체험과 편집의 합작품이다!

브리꼴레르가 되는 비밀, 뫼비우스의 띠 속에 있다!

당신만의 필살기를 가져라

편집하지 않으면 편집당한다!

우물에서 벗어나 바다로 흘러들어라

남다르게 읽고 색다르게 써라!

일상에서 비상할 수 있는 기적을 찾아라

천의 얼굴을 하고 천 개의 길을 가라

브리꼴레르가 도달하고 싶은 꿈의 경지, 아레테

브리꼴레르가 되는 비밀, 뫼비우스의 띠 속에 있다!

생각을 바꾸면 행동이 바뀌고, 행동을 바꾸면 습관이 바뀌고,
습관을 바꾸면 성격이 바뀌고, 성격을 바꾸면 운명이 바뀐다.
―새뮤얼 스마일즈

살아가면서 일이 잘 풀리지 않을 때 우리는 팔자타령을 한다. "왜 이렇게 팔자가 사나워", "내 팔자가 이 모양 이 꼴이니 별수 있겠어"라고 하면서 운명을 탓하고 체념하는 데 익숙해 있다.

팔자八字를 고치려면 8자를 다른 시각에서 보면 된다. 팔자를 고쳐 사방팔방, 사통팔달 통하는 팔방미인형 인재가 되려면 8자를 옆으로 눕혀라. 그러면 8자는 무한대를 의미하는 뫼비우스의 띠(∞)가 된다. 팔자가 나쁘다고 탓하지 말고 지금 있는 자리에서 전문성을 연마하면 무한한 가능성의 문으로 인도해줄 것이다.

브리꼴레르는 한 분야에 대한 깊이 있는 전문성을 기본으로, 다른 분

야와 부단히 접목하고 융합해 최선의 대안을 모색하는 사람이다. 그렇다면 브리꼴레르가 되려면 우리는 어떤 노력을 해야 할까? 우선 스페셜리스트specialist를 추구하되 정보의 바다에 산재한 일반적인 정보general information를 자신의 전문성으로 녹여내고, 동시에 자신의 전문분야를 다른 분야와 부단히 융합함으로써 전문화된 일반가specialized generalist를 지향해야 한다. 이는 전문성이 심화되고 확산되기를 무한 반복하면서 종국에는 미덕을 갖춘 최고 경지의 전문성, 아레테에 이르는 과정이다.

브리꼴레르가 되는 1단계는 자신의 전문분야를 깊이 파고들어 튼튼한 기반을 닦는 것이다. 자기 분야에 대한 깊이 있는 전문성을 쌓으면서 기본기를 익히는 과정이라 할 수 있다.

2단계에는 정보편집과 지식융합, 그리고 다양한 도전을 통한 체험이 동시에 이루어진다. 한쪽으로는 볼록렌즈로 도처에 산재한 정보들을 끌어다 녹여 붙이고, 다른 한쪽으로는 오목렌즈로 다른 전문분야와 부단히 접목해 새로운 지식을 융합하려는 노력을 동시에 전개하는 것.

여기에 덧붙여 브리꼴레르는 넓고 깊게 경험을 쌓아서 지식에 체험적 통찰력을 더한다. 책에서 읽은 지식이나 인터넷검색으로 얻은 정보는 나의 체험과 통찰이 추가되지 않으면 죽은 지식에 불과하다. 다양한 도전과 색다른 시도를 하면서 깨달은 느낌을 끊임없이 글로 표현함으로써 나의 지식으로 체화되는 과정을 거쳐야 한다.

당신은 평소에 떠오르는 생각을 붙잡아서 기록할 수 있는 노트를 갖고 다니는가? 책을 읽으면서 기억에 남을 만한 문구를 마주치면 바로

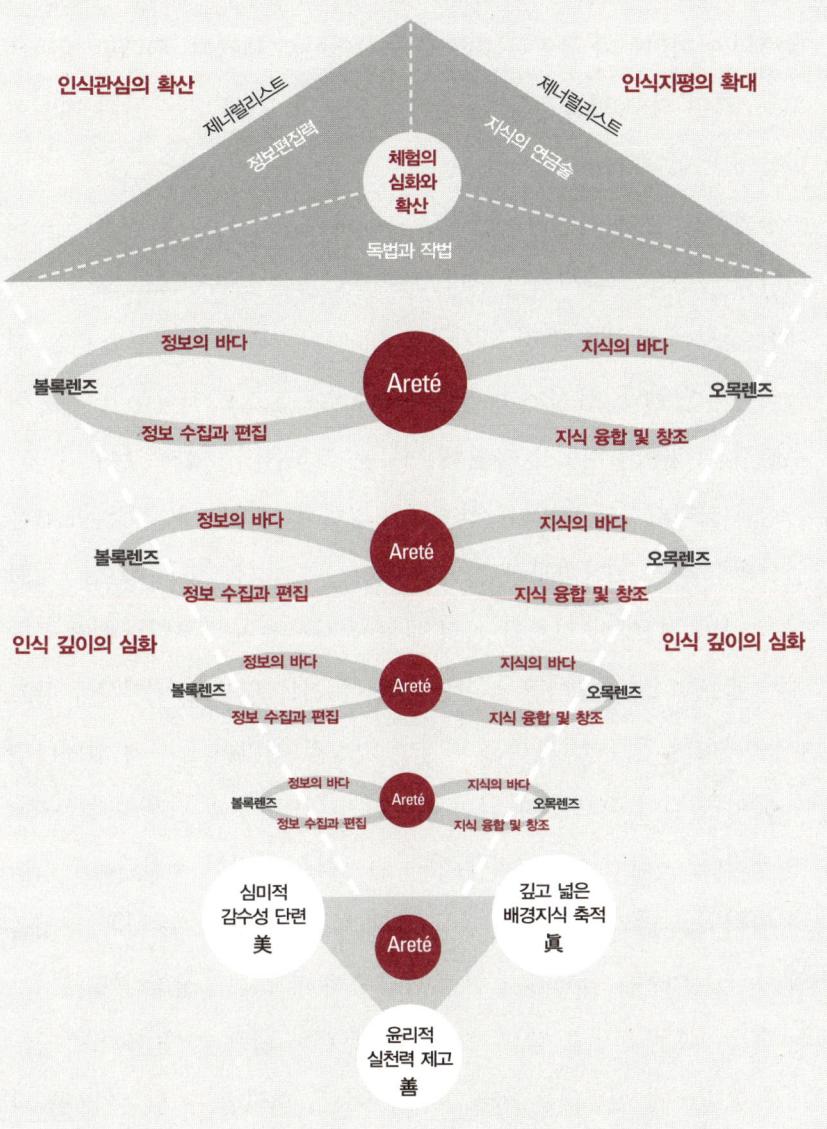

기록하는가? 혹시 기억에 맡기고 있지는 않은가? 도처에 산재한 정보를 내 것으로 만들기 위해 몸을 움직여 체화하려 노력하고 있는가? 찰나의 아이디어와 통찰은 손으로 붙잡아야 오래간다. 위대한 창작은 모두 '기억'의 파편을 조합한 결과가 아니라 '기록'하는 땀과 정성이 만들어낸 것이다.

평범함을 넘어 비범한 전문가extraordinary expert가 되려면 우선 정보의 바다에 자신을 노출시켜야 한다. 브리꼴레르는 볼록렌즈로 도처에 산재한 정보에 초점을 맞춰 자기 분야의 지식으로 녹여내는 노력을 게을리하지 않는다. 동시에 브리꼴레르는 오목렌즈로 지식의 바다를 비추면서 이질적인 지식을 융합해 새로운 지식을 창조함으로써 인식과 관심을 넓혀나간다. 다양한 정보를 편집하고 지식을 융합하는 노력은 일상의 체험적 통찰력과 연결되어야 당신만의 새로운 지식으로 체화될 수 있다. 다양한 정보와 지적 자극에 자신을 노출시킴으로써 길러지는 정보편집술, 색다른 분야의 지식에 접목해 새로운 지식을 창조하는 지식의 연금술, 그리고 다양한 일상적 체험이 동시에 일어나면서 분야를 깊이 파고들 때 남다른 논리적 설명력眞과 감성적 설득력美이 생긴다. 논리적 설명력과 감성적 설득력은 과감한 추진력善으로 더욱 강화되고 남과 나누는 공유를 통해 빛을 발한다. 즉 '나는 무엇을 알 수 있는가?'를 탐색하기 위해 과감하게 파고들어 철저하게 따져보는 진眞, '나는 무엇을 할 수 있는가?'에 대한 답을 찾아 옳다고 믿는 대로 용감하게 실천하는 선善, '나는 무엇을 희망할 수 있는가?'를 파악하고자 이해관계를 떠나 아름다움을 온몸으로 느끼는 미美의 지속적 심화를 통해 미덕을 갖춘 최고 경지의 전문성, 아레테 수준에 이르게 되는 것이다.

이 모델은 뫼비우스의 띠를 근간으로 개발되었다. 뫼비우스의 띠는 브리꼴레르의 전문성을 높이는 데 어떤 시사점을 줄 수 있을까?

첫째, 안과 밖, 앞과 뒤의 구분이 없어지고 끝이 없다는 점이다. 뫼비우스의 띠는 안에서 시작했지만 다시 밖으로 연결되고, 밖에서 시작했지만 다시 안으로 들어온다. 뫼비우스의 띠에는 시작과 끝이 구분되지 않는다. 마찬가지로 브리꼴레르가 되는 길에도 끝이 없다. 끝이 없다고 하니 절망스러운가? 그러나 끝이 없기 때문에 언제나 다시 시작하는 기분으로 출발할 수도 있다. 마치 우리말 '끄트머리'와도 같은 뉘앙스다. 끝에 머리가 있다는 이 말은 끝에서 다시 출발하는 시작을 동시에 내포하고 있다. 브리꼴레르는 지금까지 축적한 전문성의 깊이와 넓이에서 다시 파내려가면서 동시에 넓이로 뻗어나간다. 수직적 깊이를 심화시키면서 동시에 수평적 넓이를 확산시켜 나가는 부단한 탐구여정만이 존재할 뿐이다.

둘째, 분야 간의 경계가 모호해지고 구분이 불분명하다는 점이다. 수직적 깊이를 심화시켜나가는 브리꼴레르에게는 분명한 자기정체성이 있지만, 어디서 어디까지가 나의 분야인지 구분하기는 어렵다. 학문적 벽을 허물고 경계를 넘나들면서 부단히 새로운 가능성을 탐색해가기 때문이다. 브리꼴레르는 나의 전문성正으로 시작해서 내 분야와 대척되는反 입장도 수용하면서 정반합正反合을 추구한다. 무엇이 옳거나 상위라는 구분 없이 정正이 반反으로, 반反이 또 다른 정合으로 무한 변신하는 변증법적 변주곡이 연주될 뿐이다.

셋째, 뫼비우스 띠는 세상에 '당연한 것'이나 '원래 그런 것'은 없다는 점을 가르쳐준다. 단지 그렇게 보일 뿐이다. 상식이라는 건 인간이 인위적으로 만든 판단기준일 뿐, 언제든 부정될 수 있다고 생각하는 유연함이 필요하다. 브리꼴레르가 직면하는 부조리와 모순은 누군가의 가치판단 기준으로 구분해놓은 경계 때문에 발생하는 것이기에, 그 경계를 무너뜨린다면 부조리와 모순을 극복할 가능성을 얼마든지 모색할 수 있다.

《논어》〈옹야편雍也篇〉에 보면 "君子博學於文 約之以禮 亦可以不畔矣夫"라는 말이 나온다. '군자가 학문을 널리 배워 예로써 단속한다면 비로소 도道에 어긋나지 않을 것이다.' 학문을 탐구해 다양한 지식과 올바른 사고력을 기르고, 언행이 예禮에 어긋나지 않도록 교양의 중심을 잡는다면 도덕에 어긋날 리 없다는 뜻이다.

박학博學은 좋지만 근본이 없으면 자기중심을 잡지 못하고 바람에 흔들린다. 브리꼴레르가 되려면 깊이 있는 전문성과 예를 갖추어 전문가의 폐단을 극복하는 게 우선이다. 그런 다음 다른 분야와의 부단한 접목과 융합할 때, 어떤 문제에도 유연하게 대처할 수 있는 인재가 될 것이다.

당신만의
필살기를 가져라

단 한 사람의 가슴도 / 제대로 지피지 못했으면서
무성한 연기만 내고 있는 / 내 마음의 군불이여 / 꺼지려면 아직 멀었느냐

— 나희덕, 〈서시〉 중

깊이가
높이를 결정한다

　　　　　　　　　브리꼴레르가 되는 첫 단계는 깊이 있는 지식을 쌓기 위한 전문성 심화다. 우선 한 우물을 깊이 파라. 깊이 파야 물이 나오지 않겠는가?

　그런데 여기에는 역설이 숨어 있다. 한 우물을 깊이 파서 물을 만나려면 다양한 곳을 시추試錐해봐야 한다. 시추는 다양한 시도이고 색다른 도전이다. 운 좋게 처음 삽을 꽂은 곳에서 물줄기가 솟아오를 수도 있지만, 그런 행운은 기대하지 않는 게 좋다. 물줄기가 솟아오르는 우물을 만난다는 것은 내가 하면 신나는 욕망의 물줄기, 즉 재능을 만나

는 것이다. 브리꼴레르가 되려면 먼저 재능을 찾아야 한다. 재능을 발견하는 방법은 오직 하나, 이런저런 시도를 반복하는 수밖에 없다. 이전과 다른 분야에 도전하다 보면 내 한계를 알 수 있고 어떤 것이 재미있는지 온몸으로 느낄 수 있다.

반복되는 시도와 도전 끝에 느낌이 오는 순간을 만난다. "바로 이거야!"라는 탄성과 함께 내가 잘할 것 같은 느낌이 올 때가 있다. 그게 나의 재능일 확률이 높다. 누구에게나 자기만의 능력이 있다. 5시간이 마치 5분처럼 느껴지는 일, 내가 무엇을 하는지도 모르는 상태로 몰입하게 되는 일이다.

재능은 남과 비교해서는 결코 찾을 수 없다. 재능은 밖에 있지 않고 내 안에 잠자고 있기 때문이다. 재능이 무엇인지 쉽게 알 수 있는 방법이 있다. 동물학교에 입학한 오리와 토끼 그리고 참새의 교과목을 보면 된다. 동물학교의 첫날 교과목은 헤엄이다. 헤엄은 오리가 가장 잘 친다. 반면 토끼는 타고나기를 헤엄을 못 친다. 그러나 자녀교육에 열심인 토끼 엄마가 토끼를 데리고 괌으로 전지훈련을 다녀왔다. 그래도 토끼는 오리처럼 헤엄을 잘 칠 수 없다.

둘째 날 교과목은 눈 오는 날 산등성이를 올라가는 것이다. 이 과목을 가장 싫어하는 동물은 오리다. 이번에는 오리가 토끼처럼 산을 잘 타기 위해 알래스카로 전지훈련을 다녀왔다. 오리는 뼈를 깎는 각오로 훈련에 임했지만 남은 것은 물갈퀴가 얼고 찢어지는 부상뿐.

마지막 날 교과목은 노래다. 노래는 참새가 가장 잘한다. 오리도 노래를 할 수는 있지만 아름답다고 하기는 어렵다. 그나마 토끼는 아예 노래를 못한다. 토끼를 데려다 성대수술을 해도 토끼의 재능은 노래가 아니다.

자연에 있는 모든 생명체는 저마다의 개성과 재능을 발휘하면서 살아간다. 그런데 유독 사람만 자신의 내면에 잠자고 있는 재능을 발견하기보다 남과 비교해서 타인을 따라잡으려고 노력한다. '남보다' 잘하려고 하지 말고 '전보다' 잘하려고 노력하라.• 비교의 대상은 남이 아니라 내 안의 재능이다. 남과 비교하는 순간 불행이 시작된다. 행복한 삶은 내가 하면 신나는 일을 찾아 그 일을 재미있게 하면서 살아가는 것이다. 전문가가 되는 유일한 길도 재능을 찾아 재미있게 갈고 닦는 것이다. 그러다 보면 어느 순간 최고의 대열에 올라가게 된다. 최악의 순간을 경험하면서도 최고가 되는 길을 포기하지 않는 사람이 최고를 넘어 유일한 존재로 발전한다.

재능의 출발점은 '기능'이다. 기능은 반복적 연습을 통해 연마되고 단련되는 기술적 능력이다. 기능은 의도적으로 생각하면서 발휘되는 초보적인 전문성이다. 최고의 전문가는 재능을 찾아 꾸준히 연습해 예술적 기능의 수준으로 발전시킨다. 이쯤 되면 재능이 최고도로 발휘돼 자신도 모르는 사이에 무의식적으로 드러나게 된다.

• 유영만(2009). 《청춘 경영 : 지식생태학자 유영만 교수의 꿈과 현실을 이어주는 7가지 생각법》. 서울 : 명진출판사.

이 수준으로 발전했는지 아는 유일한 방법은 물아일체의 경험을 했는지 여부다. 우물을 파다 보면 느낌이 온다. 그 느낌은 말로 설명할 수 없고 남이 헤아릴 수도 없다. 측정하거나 평가하기 곤란한 암묵적 지식이 체화돼 다가오기에, 우리는 그저 온몸으로 느낌이 오는 순간까지 지루한 연습을 반복하는 수밖에 없다.

내가 이 우물을 계속 파야 할지 말아야 할지 몸으로 느껴지면 그 순간부터는 한 우물을 깊이 파고들어 물줄기를 만나야 한다. 물기가 감지되는 깊이까지 파고들어가기 전에 다른 우물을 찾아 떠돌면 영원히 물을 만날 수 없다.

마찬가지로 한 분야의 경지에 오르려면 깊이 빠져야 한다. 깊이 빠지지 않고 여기저기 집적거리면 영원히 경지에 이를 수 없다. 성장하는 '높이'는 아래로 뻗은 뿌리의 '깊이'가 좌우한다. 아래로 깊이 파고들지 않은 채 높이 오르기만 하다가는 어느 순간 그 높이를 지탱하지 못하고 쓰러져버린다. 빌딩을 올리기 전에 기반을 다지듯이, 아래로 뿌리를 내리는 노력이 위로 성장할 가능성을 결정한다. 잡초의 끈질긴 생명력은 비바람에도 견디는 줄기나 가지보다 비바람에도 뽑히지 않는 뿌리의 깊이에 있다.

물론 뿌리를 내리는 노력은 위로 줄기와 가지를 뻗어나가려는 노력보다 힘들고 어렵다. 그러나 힘들다고 포기한다면 성장의 가능성도 함께 포기해야 한다. 열매의 풍족함과 풍요로움은 뿌리의 깊음과 힘겨움을 버텨내는 노고에서 비롯된다. 안도현 시인의 말처럼 겉으로는 연잎도 '위로 밖으로' 향하고 있는 것처럼 보이지만 '아래로 안으로' 향하고 있다.

방황을 해봐야
방향을 잡을 수 있다

　재능을 발견하는 유일한 방법은 다양한 시도뿐이라고 했다. 이런저런 방황 끝에 방향을 잡을 때 비로소 그 누구도 걸어가지 않는 나만의 길my way을 갈 수 있다. 처음부터 자기 길을 찾아간 사람은 거의 없다. 다양한 시행착오와 우여곡절, 파란만장한 삶과 절치부심의 고뇌 끝에 자기 길을 찾은 것이다.

　가끔 보면 나의 길을 찾겠다며 되는 대로 방탕한 생활을 하는 사람들이 있다. 원칙도 기준도 맺고 끊는 맛도 없이 제멋대로 풀어져 생활하면서 입으로는 자신의 적성을 찾는다고 한다. 하지만 본질은 내일을 생각하지 않고 오로지 지금 이 순간의 욕망을 좇는 것뿐이다.

　방탕한 삶을 반성한 사람들은 그때부터 방랑의 길에 접어든다. 그러나 방랑에도 뚜렷한 목적의식은 없기에 결실이랄 게 없다. 때로는 갈 곳 몰라 방황하기도 하지만, 그래도 기존과 다른 생각과 행동을 할 수 있는 기회가 되기도 하고, 뜻하지 않은 기회를 만날 수 있다는 점에서는 긍정적이다.

　방황을 거듭하다 보면 스스로에게 질문을 던져보게 된다. 다방면의

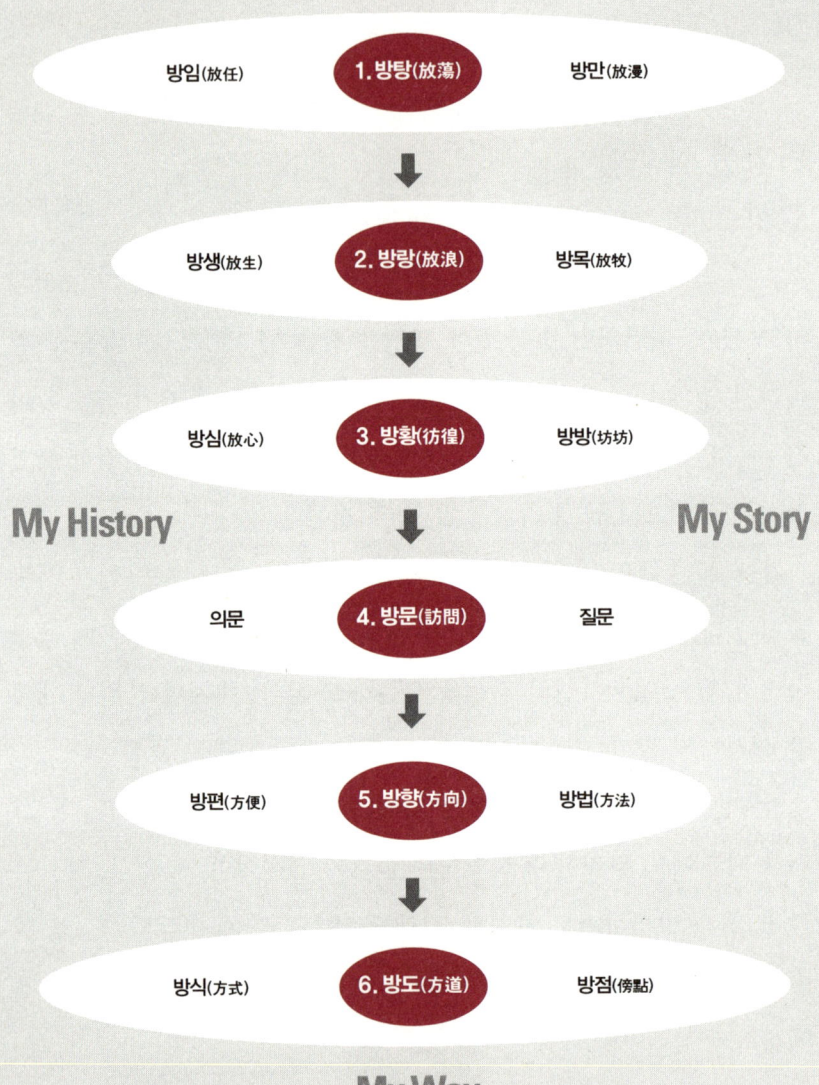

다양한 사람을 만나 의문을 품고 질문하다 보면 방향이 보이기 시작한다. 방향은 어제와 다른 의문을 품고 이제까지 던지지 않은 질문을 던지는 이들에게만 보이는 선물 같은 것이다. 방황하는 시간의 깊이와 굴곡, 그리고 질문의 성격과 수준이 흔들리지 않는 방향을 찾는 원동력이 된다. 곡선의 궤적과 고민을 담고 있는 방황과 질문에 비해 방향은 직선주로로 이어진다. 물음표의 곡선이 직선의 느낌표를 가져온다.

세상에는 곡선의 방황 없이 바로 직선의 방향을 찾으려는 사람이 많다. 그러나 방황과 질문 없는 방향은 방랑으로 이어질 뿐이다. 방황을 통해 방향을 찾은 사람만이 자기변신의 길과 무한한 가능성의 문을 발견할 수 있다. 방황하면서 겪은 아픔이 아름다움의 원동력이 되고, 질문하면서 깨달은 통찰력이 자기만의 방도方道를 찾는 디딤돌이 된다. 방도는 방향을 잡은 사람이 독창적인 방식과 방법을 통해 찾은 유일무이한 자기만의 길my way이다. 방도는 그 누구도 쉽게 모방할 수 없는 전대미문의 새로운 창작의 길이다. 그리고 방도를 찾기까지의 여정이 곧 내가 살아온 역사my history이자 남에게 들려줄 수 있는 나만의 이야기my story다.

나는 오늘 무엇을 파고들었는가? 파고들고 물고 늘어지기 전에 쉽게 다른 곳으로 옮겨가지는 않았는가? 아래로 안으로 파고들다 힘들고 어려워서 쉽게 옆으로 새지 않았는가? 성장의 가능성은 성숙의 깊이가 결정한다. 바쁠수록 급할수록 파고들자. 파고들어야 하나라도 무너뜨릴 수 있다. 성장은 성숙이 결정한다. 성숙의 깊이가 성장의 높이를 결정한다. 한 우물을 깊이 파고들어가는 과정에서 만나는 장애물은 수없이 많을 것이다. 그러나 수적천석水滴穿石, 하루도 쉬지 않고 계속해서 떨어지는 한 방울의 물이 바위를 뚫듯이 불굴의 의지와 집념을 품고 집요하게 파고들어야 물을 만날 수 있다. 한 우물을 파지 않으면 물을 만날 수 없다. 우주 만물 중에 우물 하나를 뚫으려면 당분간 깊게 파고들어가야 한다.

편집하지 않으면 편집당한다!

"어설픈 시인은 흉내 내고, 노련한 시인은 훔친다.
형편없는 시인들은 훔쳐온 것들을 훼손하지만
훌륭한 시인은 그것들로 훨씬 더 멋진 작품을,
적어도 전혀 다른 작품을 만들어낸다.
훌륭한 시인은 훔쳐온 것들을 결합해서 완전히 독창적인 느낌을 창조해내고
애초에 그가 어떤 것을 훔쳐왔는지도 모르게 완전히 다른 작품으로 탄생시킨다."
―T. S. 엘리엇

진리와 함께 기뻐하네.

학습은 모든 것 감싸주고

학습은 영원토록 변함이 없네.

믿음과 소망과 학습은

이 세상 끝까지 영원하며

믿음과 소망과 학습 가운데

그중에 제일은 학습이라.

눈치챘겠지만, 위의 인용구는 '사랑'이라는 말을 '학습'으로 바꾼 노랫말이다. 그럴듯하지 않은가? 이처럼 서로 다른 두 가지 생각이나 사

물을 색다른 방식으로 뒤섞을 때 새로운 개념이 생겨나고 창조가 일어난다.

학습은 오랜 기간의 내면적 성숙과정을 거쳐서 진행되며, 학습하면 할수록 겸손해지며, 더욱 더 남과 함께 결실을 나누고자 한다. 학습하는 사람일수록 타인과의 신뢰관계를 굳건하게 유지하고 더불어 살아가야 한다. 학습은 대상이나 사람과 관계 맺는 과정이며, 이를 통해 나의 인격과 개성, 능력과 자질이 자란다. 즉 한 개인의 모든 개성과 능력은 그 사람이 이제까지 성장해오면서 맺었던 모든 관계성의 역사적 투영물이라 할 수 있다.

기실 인간의 모든 창조활동은 자기 분야는 물론 다른 분야에서 이미 만들어놓은 토대 위에 상상을 전개하는 것이다. "엄밀히 말해서 모든 창작물은 모방이며 표절이다. 바이올린의 격렬한 현은 폭풍과 파도소리를 모방하고, 풍경화가의 유려한 붓은 들판과 숲을 표절한다."• 창작은 표절이지만 기존 창작물과의 '차이'를 드러내는 표절이라는 점에서 맹목적 표절과 다르다. 음악가는 누군가가 만들어놓은 음표를 조합해서 작곡을 하고, 미술가는 앞선 화가들의 화법을 근간으로 당대의 화풍을 넘어서는 예술활동을 펼친다. 나아가 음악가는 시에서 영감을 얻으며, 미술가는 자연에서 통찰을 얻는다. 이처럼 경계와 경계 사이를 오가면서 그 차이에서 창조의 단초를 발견하는 것이다. 함민복 시

• 남경태(2007), 《남경태의 스토리 철학 18》, 서울: 들녘.

인의 〈꽃〉이라는 시에 보면 "모든 경계에는 꽃이 핀다"라는 구절이 있다. "눈물이 메말라 / 달빛과 그림자의 경계로 서지 못하는 날 / 꽃철책이 시들고 / 나와 세계의 모든 경계가 무너지리라."

경계 안에 갇히면 마음에 물리적 장벽이 생기기 시작하고 근시안이 돼 경계 너머의 세계를 상상할 수 없게 된다. 경계와 경계 사이에서 차이를 발견하는 눈이야말로 상상과 창조의 시금석을 마련하는 일이다. "창작물을 독창적으로 만드는 것은 창작물에 내재한 그 무엇이 아니라 다른 창작물과의 관계, 즉 차이다. 한 창작물은 다른 창작물과 다르다는 점에서 독창적이다… 따라서 차이란 하나의 실체 안에 담겨진 성질이 아니라 실체와 실체를 비교할 때 생겨나는 성질이다. 그래서 차이는 실체적 개념이 아니라 관계적 개념이다."•

매시업 : 정보를 편집해서 새로운 지식을 창조하라!

우리는 앞에서 브리꼴레르가 되기 위한 첫 단계, 즉 자신만의 전문성을 키우는 과정을 알아보았다. 어느 분야에서든 일가—家를 이루었다면, 이제 지평을 확장할 차례다. 즉 무한한 정보의 바다에 산재한 다양한 정보를 볼록렌즈로 모아 편집해 색다른 전문지식

• 남경태(2007). 같은 책.

을 창조하는 단계다. 전문성을 심화하는 데 도움이 되는 다양한 정보를 보려면 볼록렌즈가 끼워진 망원경이 필요하다. 망원경은 밤하늘의 별처럼 무수히 떠돌아다니는 다양한 정보를 가까이 끌어다 보여준다. 돋보기로 종이 태워본 기억, 다들 한 번씩 있을 것이다. 볼록렌즈의 힘은 빛을 모으는 데서 나온다. 빛이 분산되면 힘이 없다. 아무리 강력한 빛이라도 한 곳에 초점을 맞추지 않으면 힘을 발휘하지 못한다.

시시각각 쏟아져 나오는 정보 또한 흩어져 있는 빛과 같다. 정보가 힘을 발휘하려면 일정한 구조와 체계로 정리돼야 한다. 정보에는 내 업과 직접 관련된 분야의 추세나 동향, 새로운 학술정보도 있지만 내 분야를 다른 관점으로 바라볼 수 있는 것들도 있다.

관계없어 보이는 정보나 다른 목적으로 누군가 가공한 정보도 나의 의도에 맞게 다시 조합하다 보면 새로운 지식이 탄생된다. 정보 사이에 존재하는 차이에 주목하면 새로운 관계를 맺는 지식이 만들어진다. 이름하야 매시업mash-up. 새로운 생각은 기존과 다른 방법으로 지식을 편집하는 가운데 발생한다. 오늘날의 지식창조 프로세스는 소수 전문가가 주도하는 브리태니커식 사전편찬complie 방식에서 누구나 새로운 지식을 창조하는 위키피디아의 지식편집edit 방식으로 변화되고 있다.

이어령 교수의 책 《젊음의 탄생》* 은 매시업의 기원을 음악에서 찾고 있다. 미국의 음악 프로듀서이자 가수인 데인저마우스가 비틀스의 화

● 이어령(2009), 《젊음의 탄생 : 젊음의 업그레이드를 약속하는 창조지성》, 서울 : 생각의나무.

170

이트 앨범The White Album에 실렸던 곡에 랩 가수인 제이지의 블랙 앨범The Black Album의 랩 일부를 붙여서 새로운 곡을 만든 다음, 아예 이름도 '그레이 앨범The Gray Album'이라 붙였다. 이어령 교수는 백인이 부른 화이트 곡에 흑인이 부른 블랙의 가사를 혼합해 그레이 잡곡雜曲을 낳은 것이야말로 매시업의 본보기라고 설명하고 있다.

흑백논리의 세계에서는 비난받기 일쑤인 회색지대. 그러나 이곳이야말로 창조의 진원지다. 우리말에 '희끄무리하다'는 표현이 있다. 흰색도 까만색도 아닌 중간색이 바로 희끄무리한 색이다. 흰색과 까만색의 접경지대에서 희끄무리한 색이 탄생한다. 숭늉은 뜨겁지도 차갑지도 않고 미지근하고, 막걸리는 투명하지도 불투명하지도 않은 반투명이다. 보이는 것 같으면서도 보이지 않는 보일락 말락한 세계에서 창조가 시작된다. 브리꼴레르는 이처럼 상극이나 모순돼 보이는 개념을 조합해 색다른 지식으로 탄생시키는 지식편집, 매시업의 귀재다. 누군가는 짬뽕을 먹고 싶은데 동시에 짜장면도 먹고 싶은 고객의 마음을 헤아려 '짬짜면'을 만들고, 팝송과 오페라를 동시에 듣고 싶은 사람들을 위해 '팝페라popera'를 고안했으며, 교육과 오락을 버무려 재미있게 노는 교육, 즉 '에듀테인먼트edutainment'를 창안했다. 무엇인가를 선택하기 위해서는 반드시 포기해야 한다는 양자택일의 서구적 논리에서는 나오기 힘든 발상이다. 포기하지 않고도 모순되는 대상들을 모두 포괄할 수 있다는 동양적 논리에서 우리는 창조의 새로운 원형을 볼 수 있다.

매시업이 새롭게 조명받는 이유는 새로운 지식이란 기존 지식을 남다른 방식으로 편집하는 과정에서 창조된다는 깨달음 때문이다. 지식이 폭증하면서 내가 하고 있는 고민을 누군가도 하고 있거나 해왔으며, 내가 창조하고 싶은 지식이 이미 어딘가에 존재할 것이라는 믿음이 일반화되고 있다. 다만 내가 모르고 있을 뿐. 다른 목적으로 창조된 지식일지라도 내게 맞게 재목적화하고, 그 과정에 필요한 지식을 기존과 다른 방식으로 편집하고 가공한다면 더 이상 맨땅에서 새로운 지식을 창조하겠다고 고집할 필요가 없다. 오늘날 매시업의 가치가 부각되는 이유다.

놀고 장난치며
질문을 던져라

그렇다면 문제는 '어떻게' 버무릴 것이냐. 똑같은 지식이라도 만들어진 배경이나 맥락을 바꾸고, 기존 지식을 남다른 방식으로 편집한다면 얼마든지 새롭고 독창적인 지식으로 창조할 수 있다. 이것이 곧 지식의 재목적화repurposing 또는 재조합remix이다.

태양 아래 새로운 것이 없으며, 세상에 관계없는 것이 없다. 남다른 방식으로 엮으면 익숙한 것도 새로워진다. 그러니 먼저 엮는 사람이 임자다. 관건은 무슨 목적으로 정보를 엮어서 지식을 창조하는가다. 분명한 목적의식이 있어야 남다른 문제의식이 생기고, 세상을 바라보고 해결책을 수소문하고 도전을 즐길 수 있다.

지식융합이 원활하게 이루어지려면 융합적 학습이 활발하게 일어나야 한다. 쉽게 말해 익숙하지 않은 분야의 전문가가 돼보는 것이다. 융합적 학습의 핵심은 부족한 것을 채우고 새로운 것을 '습득'하는 노력이라기보다, 익숙한 분야에서 벗어나 다른 삶으로 '이동'하는 것이다. 다른 분야의 전문가 입장으로 자신을 변신시키는 노력 없이는 융합적 학습도 지식융합도 불가능하다.

상상력은 전적으로 잡식성의 산물이다. 그래서 '딴짓'도 많이 해봐야 한다. 주류에서 벗어나 삐딱하게 보기를 일상화하고, 정해진 것, 익숙한 것에서 탈피해 다른 길을 다른 방법으로 가보려는 의지가 있어야 한다. 많이 보고, 읽고, 경험하고, 느낀 사람의 상상력 수준이 그렇지 않은 사람에 비해 월등히 높은 것은 당연지사. 그러나 여기저기서 모은 것들이 머릿속에 모래알처럼 산만하게 퍼져 있는 상태로는 상상력이 발동되기 어렵다. 상상력은 이질적인 대상이 결합, 통합, 융합되면서 스파크가 발생할 때 발동한다. 이질적인 두 가지 이상의 산만한 개념과 대상이 상상력의 도움을 받아 전혀 다른 그 무엇으로 새롭게 창출되며, 그 무엇은 또 다른 상상력의 원천이 된다.

창의적인 사람들은 불가능해 보이는 한계에 도전해서 전대미문의 새로운 업적을 만들어왔다. 오늘날 인류가 누리는 문명도 남과 다르게 생각하는 창의적인 사람들의 몰상식한 발상에서 비롯된 것이다. 창의적인 아이디어도 처음에는 종종 심한 저항과 비난, 조롱에 부딪힌다. 시대를 앞선 아이디어를 내놓으니 보통사람으로서는 받아들이기 어려운 것이 당연하기도 하다. 그러나 이처럼 몰상식한 발상을 하는 사람들이 점점 중시되고 있다. 다양한 가능성을 꿈꾸는 상상력, 남다른 생각으로 아이디어를 쏟아내는 창의력, 그리고 창의적인 아이디어를 현실로 구현해내는 창의성의 가치가 존중되는 세상이 됐다.

그런데 창의적 사고라 하면 머리 좋은 사람들만 발휘하는 능력이라고 생각하기 쉽다. 아마 창의력을 이제까지 존재하지 않은 새로운 것을 생각해내는 능력으로 정의하고 있기 때문인 듯하다. 그러나 창의적 사고는 결코 까다로운 것이 아니다. 두 가지 이질적 사물, 정보, 지식 등을 엮어서 새롭게 보여주는 것으로, 뒤섞고 재결합하는 매시업 정신이 있으면 얼마든지 가능하다.

예컨대 실내화와 걸레는 아무 관계 없는 일용품이지만, 실내화 밑바닥에 걸레를 붙여 실내화 걸레를 만들 수 있다. 신발에 센서를 부착해 사용자의 컨디션을 점검하고 음악과 목소리로 운동하는 사람을 독려하고 좋은 기록을 유도하는 나이키 신발은 어떤가. 스탠퍼드 대학의 김상배는 도마뱀의 발과 로봇을 결합해 어떤 벽이든 쉽게 올라갈 수 있는 도마뱀 로봇Stickybot을 만들었다. 이 로봇은 2006년 〈타임〉 지가 선정한 올해의 과학 발명품으로 뽑히기도 했다. 정수기에 물통 대신 소주병을 크게 제작해 꽂아놓으면 소주 정수기가 탄생한다. 이런 조합은 언뜻 장난처럼 보이지만, 본래 장난과 놀이가 창조적 충동을 불러일으키는 원동력이 되는 법이다.

낯선 것을 익숙하게 바꾸는 것이 '일'이라면, 익숙한 것을 낯선 것으로 바꾸는 행위는 '놀이'다. 놀이가 언제나 재미있고 기대되는 이유는 어제와 다른 방법으로 즐기는 즐거움 때문이다. 우리는 누군가가 놀고 있으면 '놀고 있네'라고 비아냥거리거나, 장난을 치면 '장난하냐?'고 핀잔을 주기 일쑤다. 그러나 잊지 말자. 재미있어야 의미 있고, 의미 있어야 재미가 따라온다. 재미와 의미 없이 몰입이 이루어지지 않으며, 몰입 없이 창조가 이루어지지 않는다.

매시업은 또한 물음표와 느낌표 사이에 살아간다. 물음표는 '틀 밖'의 사고에서 비롯된다. 틀 안에 갇혀 살면 세상의 모든 것이 당연하며 원래 그렇다고 생각한다. 틀 밖의 사고를 해야 뜻밖의 결과를 낳는다.

물음표를 뒤집으면 낚싯바늘 모양이 된다. 다른 고기를 잡으려면 낚싯바늘을 바꿔야 하는 것처럼, 지금까지와 다른 답을 구하려면 지금까지 하지 않은 질문을 던져야 한다. 질문의 성격과 방향이 내가 얻을 수 있는 답의 성격과 방향을 결정한다. 질문의 수준이 내가 얻을 수 있는 답의 수준을 결정한다. 비슷한 생각과 아이디어가 나오는 이유는 예전에 했던 질문을 반복해서 던지기 때문이다. "기도하면서 담배 피워도 되나요?"라고 묻는 사람은 담배를 피우지 못하지만 "담배 피울 때 기도해도 되나요?"라는 묻는 사람은 담배를 피울 수 있다. 창의적인 사고는 남다른 질문에서 생겨난다. 창의적 사고를 키우고 싶거든 남이 경험해보지 못한 색다른 경험을 하면서 이제까지와는 다른 질문을 던져야 한다. 절박한 질문이 대박 아이디어를 낳는다.

창조적인 생각을 방해하는 최대 걸림돌은 '경험 의존적 범주화'다. 뇌는 선천적으로 게으르고 효율을 추구하기 때문에 범주화를 통해 지름길을 택하는 경향이 있다. 웬만하면 머리를 쓰려 하지 않는다. 익숙한 자극이 입력되면 고정관념을 근간으로 일정한 단계와 절차로 프로그램화된 회로가 습관적으로 돌아간다. 이를 피하려면 이제까지와는 다른 질문을 의도적으로 뇌에 제공해야 한다.

뇌는 평소 때 습관적으로 움직이다가 우리 몸이 위험에 노출되거나 마음이 심각한 불편함을 느끼면 긴장모드로 전환된다. 이때 궁즉통窮卽通의 전환이 일어난다. 궁하면 통한다고, 뇌는 지금까지 시도해보지 않은 색다른 방식으로 이연연상을 추구하고 이종결합을 반복하다 어느 순간 묘안을 떠올린다. 세렌디피티serendipity, 즉 영감이 번개처럼 왔다가 지나가기를 반복한다. 우리는 흔히 '어느 날 갑자기' 아이디어가 떠올랐다고 하지만, 사실 갑자기 떠오른 아이디어는 없다. 그동안 고민에 고민을 거듭하고 온몸으로 고뇌하면서 참을 수 없는 고통을 체험한 끝에 창조적 스파크가 튄 것이다.

결국 남다른 아이디어를 내는 유일한 방법은 남다른 자극을 뇌에 끊임없이 제공하는 것밖에 없다. 뇌에 주는 자극이 달라야 반응이 달라진다. 다른 답을 얻고 싶으면 다른 자극으로 뇌에 주먹질을 하라. 일상이 지루하면 의도적으로 한계상황을 만들어 그 속으로 몸을 던져 돌파구를 찾아보라. 삶이 다이내믹해지고 드라마틱해진다.

사전편찬자가 아니라
정보편집자가 되어라

예전에는 자료 하나 찾으려면 도서관을 가든가 전문가를 찾아나서든가 신문 스크랩을 하는 등 수고와 정성을 다해야 했다. 그러나 지금은 내가 찾는 정보가 도처에 있고, 정보를 찾아주는 지능형 검색엔진도 있다. 그렇다면 우리에게 남은 영역은 무엇인가? 기존 정보를 내게 필요한 지식으로 편집하고 가공하는 것뿐 아니겠는가? 편집에 기반한 지식창출력을 갖고 있는지가 미래의 인재가 될 수 있는지를 결정한다.

과거에는 소수의 전문가가 지식을 생산하고 다수가 소비하는 경계가 뚜렷했다. 하지만 이제 마음만 먹으면 누구나 자신의 지식을 편집해서 공유할 수 있다. 브리태니커식 사전편찬 방식이 위키피디아의 지식편집 방식으로 변화된 것이다. 편찬에서 검색으로, 검색은 다시 편집으로 바뀌고 있다. 《지의 편집공학》[*]과 《만들어진 나라, 일본》[**]을 쓴 마쓰오카 세이고는 20세기는 '주제의 시대'였지만 21세기는 '방법의 시대'라 주장하면서, 수많은 중요한 주제나 문제들은 이미 많이 드러나서 어느 정도 정리됐지만 정작 해결방법은 정교화되지 않고 있다고 지적했다. 문제해결 방법의 정교화, 이것이 바로 편집이다.

- [*] 마쓰오카 세이고(지은이). 박광순(옮긴이)(2006). 《知의 편집공학: 지식세상을 움직이는 아름다운 사고혁명》. 서울: 지식의숲.
- [**] 마쓰오카 세이고(지은이). 이언숙(옮긴이)(2008). 《만들어진 나라, 일본: 세상을 편집한 일본이라는 방법》. 서울: 프로네시스.

편집이란 자르고 붙이는 일cut & paste 또는 복사해서 붙이는 일copy & paste 이다. 편집의 의미를 정확하게 이해하려면 편찬과의 차이를 알 필요가 있다. 세이고에 따르면 편찬은 개념이나 사항을 1대 1로 대응시키는 과정으로, 사전편찬이 가장 일반적인 예다. 이에 반해 편집은 편찬보다 자유롭게 요약하거나 적합하게 만들거나 유추하는 방법을 총칭한다. 편찬은 오로지 데이터만을 대상으로 삼는 데 반해 편집은 '캅타capta',• 즉 여러 가지로 해석할 수 있는 의미정보를 대상으로 한다. 말하자면 편집은 어떤 정보에 감춰진 이미지의 씨앗을 이미 알고 있는 다른 정보와 연결해 해석하는 과정이다. 예를 들어 '사과'는 에덴동산의 사과, 애플 컴퓨터의 사과, 뉴턴의 사과, 빌헬름 텔의 사과로 각각 편집하고 가공할 수 있다.

모든 지식은 결국 누군가에 의해 편집된 지식이다. 이 말대로라면 지식을 소비하는 사람은 편집자의 의도와 목적의식에 따라 편집당하고 있다는 뜻이 된다. 결국 내가 먼저 지식을 편집하지 않으면 누군가가 의도를 갖고 편집한 지식을 토대로 학습하는 수밖에 없다.

지식을 편집하는 과정은 외로운 창조활동일 수도 있지만 인식과 관심을 같이하는 사람들이 함께 만들어가는 협동의 창작과정이기도 하다. 지난 시대에는 지식을 개인의 고뇌와 체험을 바탕으로 외롭게 창조하는 것으로 생각해왔다. 그러나 시대가 바뀌었다. 이제는 위키피디아처

• 'capta'라는 말은 '자신과 타자', '분열된 자신'으로 유명한 미국의 심리학자 R. D. 레인이 만들어낸 조어다.

럼 누구나 식견과 관점을 토대로 자신의 주장을 추가할 수 있으며, 그것이 지식으로 자리 잡아가면서 하나의 집단지성을 만들어갈 수 있다.

미국 유학시절에 내 전공은 교육공학이었지만 인문사회과학 신간이나 정기학술지를 주기적으로 검색해서 찾아 읽곤 했다. 그때마다 내 전공에 다르게 접근하는 논리와 관점을 알게 되었다. 교육공학은 인간 학습자를 대상으로 어떻게 하면 즐겁게 학습활동에 몰입하게 할지, 그로써 자신에게 필요한 건강한 지식을 창조하게 할지 연구하는 학문이다. 즉 교육공학의 핵심은 학습과 지식이다. 학습의 본질을 제대로 알려면 사람을 대상으로 하는 심리학, 특히 학습심리학을 알아야 한다. 여기에 동물심리학을 함께 섭렵한다면 학습에 대한 새로운 관점을 터득할 수 있지 않을까? 나아가 철학의 인식론을 공부하면서 거시적 학습환경과 제도를, 그리고 문화와 시스템적 관점에서 학습을 연구하는 경영학적 학습이론을 이해한다면 미시적으로 접근하는 심리학적 학습이론의 문제와 한계를 극복할 수도 있다. 또한 결핍된 지식을 습득하는 과정으로서만이 아니라 공동체의 구성원이 되기 위해 거쳐야 할 관문으로서 학습을 연구한다면 남들이 상상할 수 없는 다양한 구상과 논리를 펼칠 수 있다.

예를 들어보자. 사과에 관심이 생겼다면 우선 역사 속의 사과 이야기를 수집할 수 있다. 역사에 얼마나 다양한 사과가 있는지 아는가? 가장 먼저 이브의 사과가 떠오른다. 먹지 말아야 할 사과를 따먹은

죄, 원죄와 도덕의 사과다. 둘째, 뉴턴의 사과가 있다. 사과가 위에서 밑으로 떨어지는 현상을 유심히 관찰한 뉴턴은 그걸 당연하다고 생각한 수많은 사람들과 달리 만유인력 법칙을 발견했다. 셋째, 세잔의 사과가 있다. 사과 하나로 세상을 깜짝 놀라게 하겠다며 두문불출한 세잔은 마침내 똑같은 사과라 할지라도 보는 사람에 따라 얼마든지 다르게 그려낼 수 있음을 작품으로 입증했다.

넷째, 트로이 전쟁을 일으킨 '황금 사과'가 있다. 그리스의 여신 테티스와 영웅 펠레우스의 결혼식에 초대받지 못한 불화의 여신 에리스는 혼인잔치가 한창 무르익어갈 때 나타나 '가장 아름다운 여신께'라는 글귀가 새겨진 황금 사과를 던졌다. 그러자 그 자리에 있던 세 여신, 헤라와 아프로디테, 아테나가 서로 자기 것이라 주장하면서 제우스에게 판결을 내려달라고 했다. 우여곡절 끝에 제우스로부터 판결을 떠맡은 양치기 청년 파리스가 아프로디테에게 사과를 주었고, 이것이 트로이 전쟁의 발단이 되었다.

다섯 번째 사과는 빌헬름 텔의 사과다. 이 사과는 혁명과 자유의 사과다. 스위스의 폭군 게슬러가 창끝에 자신의 모자를 걸어놓고는 사람들에게 그 앞에서 절을 하라고 명령했지만, 빌헬름 텔은 그 명을 따르지 않았을 뿐 아니라 모자를 조롱하기까지 했다. 이에 게슬러는 그를 없애려는 목적으로 빌헬름의 아들 머리 위에 사과를 올려놓고 맞히라고 했다. 이에 빌헬름 텔은 화살을 날려 명중시켰다.

여섯 번째, 마그리트의 사과가 가르쳐주는 것은 역발상이다. 초현실주의 화가 르네 마그리트는 크기도 위치도 생뚱맞은 낯선 사과를 그렸다. 그의 사과는 익숙한 일상에서 벗어나 기존의 세상을 부정하고 새로운 세상을 긍정하게 만든다. 일곱 번째는 스피노자의 사과다. "내일 지구의 종말이 온다 할지라도 오늘 나는 한 그루의 사과나무를 심겠다." 워낙 유명해서 정말 그가 말했는지가 오히려 미심쩍은 이 말은, 순간적 변화에 연연하지 않고 갈 길을 끝까지 가겠다는 겸허한 의지를 보여준다.

여덟 번째 사과는 나폴레옹의 희망의 사과다. 나폴레옹은 가난했던 소년사관학교 시절에 가게 할머니에게 사과를 얻어먹곤 했다. 그 후 30년의 세월이 흐른 뒤 나폴레옹은 여전히 그 자리에서 사과를 팔고 있는 할머니를 만났다. 아홉 번째는 백설공주의 미혹의 사과다. 열 번째는 스티브 잡스의 혁신의 사고다. 한 입 베어 문 애플의 사과 로고는 IT 업계에 새로운 변화와 혁신의 바람을 몰고 왔다. 열한 번째 사과는 이시카와 다쿠지의 기적의 사과다. 그는 살충제 없이는 사과를 재배할 수 없다는 통념을 딛고 시행착오와 우여곡절을 거듭한 끝에 세상에서 가장 자연적인 사과 재배에 성공했다. 마지막으로 내 생각에 뭐니 뭐니 해도 최고의 사과는 '공개사과'다. 익숙한 이미지인 공, 개, 사과를 낯선 방식으로 조합해 공개사과라는 메시지를 만든 것이다. 세상의 모든 창조는 무無에서 시작되지 않고 기존의 개념, 이미지, 아이디어를 남다른 방식으로 조합하거나 융합하는 가운데 일어난다는 점을 보여주는 사과다.

이렇게 사과 하나만으로도 얼마든지 새로운 지식을 창조할 수 있다. 사과를 전문적으로 공부하지 않은 사람이라도 사과를 농업적으로 생각할 수 있고 예술적으로 상상할 수도 있다. 문학 속의 사과, 역사 속의 사과, 그림 속의 사과, 비즈니스 속의 사과처럼 하나의 대상에 대한 정보를 편집해 다양한 관점과 상상력을 제공하는 새로운 지식을 창조할 수 있다. 볼록렌즈 안에서 사과는 단순히 하나의 과일이 아니라 자연 그 자체이며 역사요, 문학이자 예술이다. 사과는 하나의 우주라는 사실을 함민복 시인은 〈사과를 먹으며〉*라는 시에서 다음과 같이 표현하고 있다.

사과를 먹는다
사과나무의 일부를 먹는다
사과꽃에 눈부시던 햇살을 먹는다
사과를 더 푸르게 하던 장마비를 먹는다
사과를 흔들던 소슬바람을 먹는다
사과나무를 감싸던 눈송이를 먹는다
사과나무에 지나던 벌레의 기억을 먹는다
사과나무에서 울던 새소리를 먹는다
사과나무 잎새를 먹는다

* 함민복(지은이)(2010), 《우울씨의 일일》, 서울 : 세계사.

사과를 가꾼 사람의 땀방울을 먹는다

사과를 연구한 식물학자의 지식을 먹는다

사과에 수액을 공급하던 사과나무 가지를 먹는다

사과나무의 세월, 사과나무 나이테를 먹는다

사과를 지탱해온 사과나무 뿌리를 먹는다

사과의 씨앗을 먹는다

사과나무의 자양분 흙을 먹는다

사과나무의 흙을 붙잡고 있는 지구의 중력을 먹는다

사과나무가 존재할 수 있게 한 우주를 먹는다

흙으로 빚어진 사과를 먹는다

흙에서 멀리 도망쳐보려다

흙으로 돌아가고 마는

사과를 먹는다

사과가 나를 먹는다

세상의 모든 것은
편집할 수 있다

우리가 알고 있는 모든 지식은 일정한 편집과정을 통해 탄생한다. 지식은 다양한 정보를 실제 문제상황에 적용하면서 정립되며, 정보를 어떻게 편집하느냐에 따라 그 수준이 달라진다.

여기서 말하는 정보는 텍스트 정보뿐 아니라 이미지 정보, 동영상 정보도 포함된다. 텍스트 메시지와 이미지, 동영상을 교차편집해 다른 사람들은 생각하지 못했거나 의도하지 않았던 새로운 깨달음을 줄 수 있다.

텍스트 정보를 편집하는 방법은 '요약'과 '연상'이 있다.* 요약은 정보의 본질과 특징을 파고들어가서 버릴 정보와 취할 정보를 결정하는 일종의 간추리기나 개괄작업이다. 한 권의 책을 한 페이지로 요약할 수도 있고 한 장의 마인드맵으로 구조화할 수도 있다. 구조화나 도해를 잘하려면 텍스트 메시지의 핵심과 본질이 무엇인지 파악하는 능력이 중요하다. 요약은 핵심 메시지 간에 존재하는 관계의 본질을 드러내는 작업이다. 이런 점에서 모든 편집은 관계 발견적이라고 지적한 마쓰오카 세이고의 주장은 의미심장하다. 요약을 거듭하면서 요약하는 내용의 보이지 않는 관계가 서서히 드러나기 때문이다.

연상은 대상 정보와 관련된 속성이나 이미지를 확장하는 것으로, 바탕을 넓히고 형태를 바꾸는 편집에 해당된다. 연상은 일종의 하이퍼텍스트적 글 읽기와 비슷하다. 한 권의 책을 읽으면서 관련 주제와 비슷한 내용의 책을 연결해 읽은 다음 공통점과 차이점을 비교 분석하면서 나의 지식을 만들어갈 수 있다. 즉 연상은 이미 있는 것에서 꼬

* 마쓰오카 세이고(지은이), 변은숙(옮긴이)(2004). 《지식의 편집》. 서울: 이학사.

리를 물고 넘어가는 편집이다. 연상편집 과정에서 다른 것을 모방할 수도 있고 유추해서 해석할 수도 있다.

　기존 정보를 다른 형태로 변환하는 방법도 있다. 예를 들어 책 내용을 영화 시나리오로 각색하거나 〈지식채널e〉처럼 짧지만 통찰력을 주는 동영상에 담을 수 있다. 또는 반전과 역전을 통해 긴장감을 조성하고 재미를 주기 위해 사건 보도 기사나 TV 뉴스처럼 간결하게 간추리는 방법도 있다.

　편집은 개념놀이를 통해 새로운 지식을 창조하는 과정이다. 아무리 위대한 상상이라도 현실로 구현하려면 개념을 동원해 표현해야 한다. 보고 느끼고 경험한 내용이 아무리 많아도 표현할 수 없으면 무용지물. 그래서 특히 어휘력이 중요하다. 예컨대 나는 단어 뒤집기를 통해 의미심장함을 더하는 방법을 종종 사용한다. '역경逆境'을 뒤집으면 '경력經歷'이 된다. 남다른 경력을 쌓으려면 남다른 '역경'을 경험해야 한다. '교육敎育'을 뒤집으면 '육교陸橋'가 된다. '교육'은 지금 여기서 미래로 가는 '육교'를 세우는 업이다. 동음이의어를 연결시키는 것은 어떤가. 예컨대 '사색思索의 시간을 갖지 않으면 사색死色이 될 수 있다', '사고思考하지 않으면 심각한 사고事故가 난다' 같은 문장을 만들 수도 있을 것이다. 단어의 운을 맞춰 글에 운율을 줄 수도 있다. 모든 일은 '초심'으로 출발해서 '뒷심'으로 마무리된다. 그 중간에 '중심'이 흔들리면 '초심'도 '뒷심'도 없다. '중심'은 신념이다. 신념이 흔들리면 모든 게 흔들린다. '신념信念' 없는 '개념概念'은 '관념觀念'에 지나지 않는다.

메시지의 편집과 함께 이미지의 편집도 새로운 지식을 창조하는 중요한 방법으로 부각되고 있다. 요즘에는 이미지가 현실을 재현하는 수준을 넘어 어떤 것이 진짜 실재reality인지 구분하기 어려울 정도다. 당신이 창조했다고 생각하는 지식도 이미 누군가 창조한 지식의 편집본일 가능성이 높다. 내가 편집한 지식도 누군가의 목적과 의도대로 다시 편집돼 새로운 지식으로 가공될 것이다. 우리의 독창성도 따지고 보면 누군가의 독창성을 기반으로 새롭게 복제된 독창성이다.

이처럼 원본과 복제본을 구분하기 어려운 세계에 시뮬라크르simulacre라는 개념이 살고 있다. 시뮬라크르는 본래 '복제물의 복제물'을 뜻하는 말로 플라톤이 정의했지만, 프랑스의 철학자 들뢰즈는 전혀 다른 개념으로 재정의했다. 들뢰즈에 따르면 시뮬라크르는 원본의 성격을 부여받지 못한 복제물을 뜻하는 개념이다. 즉 최초의 모델에서 시작된 복제가 자꾸 거듭돼 나중에는 최초 모델과의 연관을 떠올릴 수 없을 정도로 뒤바뀐 복사물을 의미한다. 내 생각도 누군가의 생각을 복제하는 가운데 탄생한 시뮬라크라 할 것이다.

시뮬라크르는 영원히 원본과 동일성을 유지할 수 없다는 이유로 천대받았던 개념이지만 철학자 들뢰즈에 의해 그 개념이 새롭게 조명되고 있다. 들뢰즈의 시뮬라크르는 오리지널과 같아지려는 것이 아니라, 오리지널을 뛰어넘어 자신의 공간을 창조해가는 역동성과 자기정체성을 지니고 있다. 단순한 흉내나 가짜와는 확연히 구분되는 또 하나

■ 마그리트, 〈이미지의 배반〉

의 독창성을 띤 창조물인 셈.

시뮬라크르의 관점에서 보면 이미지의 복제물이 원본과 얼마나 똑같은지는 더 이상 중요하지 않다. 오히려 원본의 본질과 속성을 뛰어넘은 제3의 이미지로 변신할수록 각광받는다. 이러한 이미지 편집의 정수를 보여준 사람이 바로 초현실주의 거장 르네 마그리트다. 그가 개척한 데페이즈망 depaysement은 이미지를 다른 이미지와 중첩 또는 변형시켜 편집하는 대표적인 방법이다. 그는 늘 익숙하게 접했던 것을 낯설게 조합하거나 이제까지와는 다른 방법으로 결합함으로써 당혹감과 충격, 놀라움과 신비감을 준다. 미학자 진중권은 어떤 사물을 원래 있던 환경에서 떼어내 엉뚱한 곳에 갖다놓는 '고립', 사물이 가진 성질 가운데 하나를 바꾸는 '변경', 성채와 나무 밑동을 결합하는 식의 '사물의 잡종화', 작은 사물을 엄청난 크기로 확대하는 식의 '크기의 변화', 평소에는 만날 수 없는 두 사물을 나란히 붙여놓는 '이상한 만남', 두 사물을 하나의 이미지로 응축하는 '이미지의 중첩', 양립할 수 없는 두 개의 사물이 한 그림 안에 존재하는 '패러독스' 등으로 데페이즈망을 구현할 수 있다고 설명한다.

비단 거장들만 이미지 편집을 할 수 있는 것은 아니다. 인터넷에 올라와 있는 합성 이미지 중에는 놀라운 이미지 편집력을 보여주는 걸작(?)들이 많다. 일례로 '소주 정수기'와 '소주 가습기'가 있다. 정수기와 가습기에 소주를 꽂아놓은 형상이다. 이런 제품이 실제로 있을 리 없다. 이제는 복제본이 새로운 원본으로 작용하는 이미지 생산시대에 돌입한 것이다. 소주 가습기를 떠올려보자. 아예 공기 중에 소주를 풀어놓자는 상상력의 결과물이다. 술을 못 마시는 사람들은 남들이 그토록 즐겁게 마시는 소주를 쳐다만 봐야 한다. 누군가 이들의 아픔을 긍휼히 여겨 소주를 즐기는 방법은 없을까 궁리한다. 상상력을 발동해 궁리를 거듭한 끝에 소주를 기체 상태로 마실 수 있지 않을까 하는 생각에 이른다. 소주 가습기는 술은 액체 상태로 마셔야 한다는 고정관념을 깬 소주 시장의 블루오션일지도 모른다.

지금 당장은 웃자고 만든 실현 가능성 없는 이미지라 할지라도, 이런 행위 속에 새로운 개념과 지식이 만들어질 수 있다. 이미지는 상상력을 자극한다. 상상력은 생각한 바를 이미지로 그리거나 누군가 편집한 이미지를 해석할 수 있는 힘이다. 남다른 상상력은 남다른 이미지를 그리거나, 편집된 이미지를 남다르게 해석할 수 있는 힘에서 나온다.

우리에게 새로운 깨달음을 주는 지식은 동영상에서도 얻을 수 있다. 모바일과 소셜미디어가 대중화되면서 지식을 습득하는 원천이 전통적인 종이매체에서 유튜브나 테드TED 동영상으로 급격히 이전되고 있다. 소셜미디어에 익숙한 세대일수록 책보다 동영상 미디어를 통해 새로운 지적 통찰력을 더 많이 받고 있다. 매체의 특성상 더 잘 어울리는 정보나 통찰의 유형은 다르겠지만, 과거에 책에만 의존했던 지식 전달의 창구가 다변화된 것은 분명 사실이다. 또한 텍스트 메시지를 이해하는 데 이미지나 영상이 동반된다면 읽기의 효과가 배가될 수 있다. 침묵의 사색을 요하는 긴 글을 읽어내는 시간도 필요하지만 짧은 글이나 영상으로 통찰력을 얻는 시간도 중요해지고 있다. 세계적인 명사들이 18분 동안 강연한 동영상을 공유하는 테드닷컴TED.com은 동영상을 통해 지식을 공유하는 대표적인 플랫폼이다. 텍스트가 아닌 동영상의 최대 강점은 촌철살인의 통찰력이다. 18분이라는 짧은 시간이지만 대가들이 체험으로 깨달은 노하우를 집약해 전달하는 프레젠테이션에서 많은 것을 배우곤 한다. 지금은 손쉬운 동영상 편집 솔루션*이 개발돼 있어 이러한 영상을 자신의 의도대로 얼마든지 편집해 새로운 콘텐츠로 가공할 수 있다.

  동영상과 동영상을 편집하는 방법 이외에도 동영상과 이미지, 동영상과 텍스트 메시지를 편집할 수도 있다. 동영상 중간 중간에 동영상의 메시지를 효과적으로 전달하기 위해 이미지나 자막을 삽입하는 것이다. 이제 지식은 오감을 자극해 온몸으로 깨닫는 것이 되고 있다. 소리로 듣고, 이미지로 느끼고, 영상으로 보면서 내 생각과 의견을 손으로 메모하고, 메모된 아이디어를 실천하는 가운데 서서히 나의 지식으로 체화된다. 체험적 적용을 통해 깨달은 지식만이 나의 지식으로 전환된다.

  지금까지 알아본 텍스트 메시지, 이미지 그리고 동영상을 편집하는 방법을 하나로 융합해도 새로운 지식을 창조할 수 있다. 예를 들면 EBS의 〈지식채널e〉는 5분 이내의 짧은 동영상이지만 음악, 이미지, 텍스트 메시지가 절묘하게 조화를 이루면서 책 한 권 분량의 메시지를 시청자들에게 통찰력 있게 전달한다.

  각종 이미지 자료나 음악 편집도 중요하지만, 〈지식채널e〉에서 가장 중요한 것은 메시지 편집이다. 메시지의 반전과 역전을 통한 긴장감을 조성하고 이어질 메시지에 대한 호기심을 유발한다. 예컨대 "경

● 비디오쿠키 페이지(videocooki.com) 내에서 동영상을 검색하고 자신이 원하는 영상의 시작과 끝을 선택한다. 선택한 영상들을 오른쪽 매시업 박스에 드래그하면 새로운 하나의 영상이 완성된다. 예를 들어 특정 아이돌 멤버만 모은 뮤직비디오를 만들거나 박지성 골 모음 등을 별도의 편집 없이 몇 초 만에 만드는 것이다.

험이 안주인이다" 편에서는 "잡것들이 너나없이 책을 내려고 한다"는 키케로의 한탄이 나온다. 그러다 하이라이트 부분에서 '그러나'라는 접속사와 함께 강한 비트의 음악이 흐르면서 '잡것들… 작가들'이라는 반전의 메시지가 등장한다. "잡것들이 아니면 누가 작가가 되랴!" 아울러 "경험은 안주인이다"라는 메시지가 먼저 나온 후 그사이에 "글을 잘 쓰는 모든 이들의"를 추가해 "경험은 글을 잘 쓰는 모든 이들의 안주인이다"라는 메시지를 완성해 강렬함을 더한다.

모순을 편집해
조화의 묘미를 드러내라

오르락내리락, 오락가락, 오는 둥 마는 둥, 들락날락….

이들 단어는 어떤 행위를 나타내고 있는가? 올라가고 내려가고, 오는지 가는지, 들어가는지 나가는지를 한 단어에 동시에 표현하고 있다. 모순어법이다. 이중적 의미를 갖고 있는 전혀 다른 말이 한 단어에 모순된 어법으로 공존한다.

우리나라 말에는 이런 표현이 유독 많다. 엄마 어디 갔냐고 아이들에게 물어보면 '나들이' 갔다고 한다. 영어에서는 'She is out'이라 한다. 영어는 그저 나갔다고 하지만, 우리말에는 나갔다 들어오는 동작을 포함하는 '나들이'라는 말이 있다. '미닫이'와 '여닫이'는 각각 밀고 닫고와 열고 닫고를 동시에 지칭하는 말이다. 엇갈려 있지만 비슷하다는 말을 '엇비슷'하다는 말로 표현한다. 영어의 '엘리베이터'나 '에스컬레이터'는 '올라간다'는 의미밖에 없지만 실제로는 올라갔다 내려온다. 그래서 우리말에는 오르락내리락 하는 '승강기昇降機'라 부른다.

이처럼 모순적 속성이 이종결합된 것을 가리키는 말에 '패러데센스paradessence'가 있다. 패러독스paradox와 에센스essence를 합쳐 탄생한 단어로, 미국 소설가 알렉스 샤카Alex Shakar의 작품에서 유래된 말이다. 그 남자에게서 소년의 모습을 보았다, 그녀는 섹시하면서도 순진하다… 이처럼 유사한 개념을 결합하는 수준을 넘어, 양립할 수 없는 모순적 속성이 이종결합됨으로써 묘한 매력을 끄는 것을 패러데센스라고 한다.

패러데센스는 본래 마케팅 분야에 적용되면서 사람들에게 알려졌다. 마케팅은 고객들에게 제품의 본질적 속성을 감성적으로 설득하는 활동이지만, 고객의 마음을 훔치는 다양한 방법을 동원하는 과정이기도 하다. 패러데센스는 제품의 모순적 속성을 하나의 이미지나 메시지로 조합해 고객들의 마음을 뒤흔든다. 마케팅 관점에서 바라볼 때 패러데센스는 두 가지 상반된 소비자 욕망을 자극하는 상품의 본질적 속성을 지칭한다. 테마파크는 극도의 스릴과 한없는 즐거움을 동시에 선사한다. 자동차는 질주 본능을 자극하는 동시에 안락감과 안전함을 강조한다. "고객이 우리 제품을 핥아버리고 싶도록 만들라!"는 스티브 잡스의 디자인 철학은 어떤가. 극도의 미니멀리즘 속에 강렬한 느낌을 주는 패러데센스의 정수라 하겠다.

패러데센스는 이연연상과 이종결합으로 탄생하지만, 개체의 본질적 속성이 모순적이어야 한다. 예를 들어 커피는 자극적 중독성이 있지만 동시에 여유와 휴식이라는 가치를 준다. 이처럼 어울릴 것 같지 않은 상호배타적 속성을 하나의 유기적 통일체로 접목시킴으로써 두 얼굴의 사나이처럼 제품이나 사람의 양면성을 동시에 느낄 수 있게 만들어주는 것이다. "인류가 지성을 가졌느냐의 여부는 두 개의 상반된 생각을 동시에 마음속에 지닌 채, 아직도 제대로 기능할 수 있는 능력을 가지고 있느냐에 달려 있다." 영화 〈벤자민 버튼의 시간은 거꾸로 간다〉의 원작 소설을 쓴 스콧 피츠제럴드의 말이다.

무청 '쓰레기'에서 '시래기'를 만들어 먹는 한국인은 21세기를 살아가는 새로운 창조계급으로 거듭날 수 있는 충분한 자질과 능력을 겸비하고 있다. 영어에는 양자택일을 강요하는 말이 많지만, 우리말에는 어느 것 하나를 포기하지 못하고 모순되더라도 둘 다 포용하는 표현이 많다. 서구의 언어는 둘 중 하나를 선택하는 'either A or B'의 사고방식을 강조하지만, 우리말은 두 가지 모순이나 극단의 언어를 하나의 언어로 끌어안는 'both A and B'의 사고방식을 따르는 경우가 많다. 그런 점에서 우리말은 패러데센스적인 언어 아닐까.

섞일 것 같지 않지만, 섞으면 새로워진다. 관계없는 것처럼 보이지만, 엮으면 새로운 관계가 형성된다. 이질적 문명이 교차하는 지점에서 인류 문명의 꽃이 피었듯이, 이질적 문화가 만나는 교차지점에서 새로운 문화의 꽃이 핀다. 비슷한 경험과 배경을 갖고 있는 사람이 만나 대화를 하면 주고받는 대화도 비슷하다. 대화를 의미하는 영어 'dialog'는 각자의 언어나 논리log가 서로에게 통한다dia는 의미다. 그런데 비슷한 사람이 만나 대화를 주고받으면 쉽게 통하지만 새로운 깨달음을 얻기는 어렵다. 반면 경험과 배경이 서로 다른 사람들이 만나 대화를 하면 상대에게 전하는 다른 메시지log가 마음속을 관통dia함으로써 생각지도 못한 통찰력을 얻을 수 있다.

브리꼴레르는 두말할 것 없이 패러데센스의 신봉자다. 남다른 해결 대안을 제시하려면 남다른 방식으로 생각하고 행동해야 한다. 그뿐 아니라 남다른 방식으로 지식을 융합해 다른 사람은 도저히 할 수 없는 경이로운 통찰력을 제공해야 한다. 색다른 창조는 다른 사람의 기대를 망가뜨리는 의외의 낯선 조합에서 비롯된다. 모순을 재해석해 어울릴 것 같지 않은 이질적 정보를 결합함으로써 색다른 창조를 일으키는 과정의 중심에 패러데센스가 있다. 모순처럼 보이는 융합대상의 본질을 녹여내는 융합과정에서 생각지도 못한 색다른 지식이 창조될 수 있다.

상극相剋을 상생相生의 관계로 탈바꿈시키는 비법, 경쟁하지만 공생할 수 있는 방법, 모순적이지만 조화되는 전략 속에서 경이로운 깨달음이 일어나고 전대미문의 창조가 용솟음친다. 지성적이지만 야성적이고, 야성적이지만 숨어 있는 연약함이 드러나 보이는 양면성이 한 가지만으로 호소하는 전략보다 사람의 마음을 더 쉽게, 더 많이 움직일 수 있다.

우물에서 벗어나
바다로 흘러들어라

당신이 한 사람의 저자에게서 훔치면 표절이 되지만,
많은 저자에게서 훔치면 그것은 연구가 된다.
— 윌슨 미즈너 Wilson Mizner, 극작가

한 우물은 '하나의 우물'일 뿐이다. 우주 만물은 한 우물에 있지 않다. 어느 정도 경지에 이르러 더 이상 파고들어가지 않아도 물이 계속 솟아오를 정도가 되었다면, 이제 넓이를 추구할 차례다. 우물 주위에는 수많은 물줄기가 있다. 그 다양한 물길을 만나야 한 우물에서 우주 만물을 만날 수 있다.

말콤 글래드웰의 저서 《아웃라이어》*에 나오는 1만 시간의 법칙처럼, 한 분야에서 위업을 달성하려면 적어도 10년은 파고들어야 한다. 내 경험을 떠올려봐도, 대학교수가 된 후 하루도 빠짐없이 글을 써보니 글

● 말콤 글래드웰(지은이). 노정태(옮긴이). 최인철(감수)(2009). 《아웃라이어 : 성공의 기회를 발견한 사람들》. 서울 : 김영사.

감이 보이고 글발이 나오는 듯한 느낌이 들었다. 전문분야를 매일 3시간씩 10년을 파면서 관련 글을 읽고 논문을 쓰다 보면 해당 전공의 역사와 철학에 대해 어느 정도 감을 잡을 수 있다. 그렇게 되면 다른 분야와 어떻게 접목해야 시너지 효과를 거둘 수 있는지도 생각하게 되고, 그렇게 10년간 지식융합을 하다 보면 새로운 분야를 정립할 가능성이 보이기 시작한다. 지식생태학이나 지식산부인과학처럼 지식과 생태학의 접목이나 지식과 산부인과학의 접목 가능성도 그렇게 찾게 됐다.

사람들은 흔히 한 우물만 깊이 파는 것을 전문가의 미덕으로 생각하지만, 한 우물을 파는 것은 인재가 되는 필요조건이지 충분조건은 아니다. 예전에는 자기 분야에 대한 깊이 있는 지식을 습득하는 것이 전문가가 되는 유일한 길이었다. 그러나 지금은 그뿐 아니라 인접 분야에 대한 폭넓은 식견과 안목을 갖추지 않으면 지식의 소통은 물론 현장의 다양한 현실적 요구를 충족시키는 데 한계가 있다. 내가 알고 있는 지식이 언제든 도전받을 수 있고 상식과 편견의 울타리에 갇힐 수 있다는 긴장감이 없으면, 우리는 영원히 생각의 감옥에서 벗어날 수 없게 된다.

그렇다면 어떻게 지식의 영역을 넓혀갈까? 우선 오목렌즈로 인식지평을 확장시켜야 한다. 앞서 정보를 편집해 새로운 지식으로 가공하는 단계를 거쳤다면, 이것을 다양한 전문분야와 융합해 인식지평을 확대해나가는 것이다. 이를테면 '지식의 연금술'이라 할 수 있다. 일정 수

준 이상 파고들어갔다면 옆을 조금만 파도 다양한 물길에서 솟구치는 물줄기를 만날 수 있다. 옆에서 솟구치는 물줄기는 내 본류本流와 합쳐져 금방 큰물을 이룰 것이다. 하지만 깊이 파지도 않은 채 옆으로 파기 시작하면 물줄기를 영원히 만날 수 없다.

이처럼 스페셜리스트가 일반적 정보와 일반적 지식 그리고 인접분야와 지식융합을 해서 자신만의 전문성을 연마해나갈 때 브리꼴레르가 될 수 있다. 이는 곧 전문성의 깊이를 기반으로 다양한 정보를 수집하면서 새로운 지식을 창조함과 동시에 인식지평을 확장해나가는 작업이다. 마치 한꺼번에 많은 비가 내려 물이 넘쳐 범람원이 만들어지는 것과 같다. 범람원이 생기려면 큰 강으로 흐르는 수많은 물줄기들이 흐르면서 더 큰 물줄기를 만들어내야 한다. 도랑에서 시작한 물이 큰 가람에 이르기까지 수많은 지류들이 합쳐져 하나의 거대한 본류를 형성하면 물의 양도 많아질 뿐 아니라 물의 힘도 거세진다. 새로운 지식창조와 관련해 이화여대 강호정 교수는 범람원의 비유를 들어 이렇게 설명한다.

"우리가 지향해야 할 지식융합은 이런 큰 강의 범람원과 같다고 생각한다. 지류는 본류의 흐름에 영향을 받기는 하지만 근본적으로 환원될 수 있는 내용은 아니다. 동시에 하나의 물 분자는 이리저리 물의 흐름을 넘나들며 때로는 습지에 갇혀 있기도 하고 때로는 깊이 들어가 지하수가 되기도 한다."•

지식융합은 도랑에서 바다로 흘러가는 아름다운 곡선의 궤적에서도 발견할 수 있다. 가파른 뫼에 내린 비가 골짜기로 모여 내려오면 그것을 '도랑'이라 한다. 도랑이 흘러서 저들끼리 모여 부쩍 자라면 그것을 '개울'이라고 한다. 개울이 부지런히 흘러 여럿이 모이면 '개천'이 된다. 개울은 한 걸음에 바로 개천이 되는 것이 아니다. 일단 '실개천'이 되어 몸을 키워야 한다. 그런 다음 개천은 늠름하게 흘러 '시내'가 되고 '내'가 된다. 그다음에는 사람들이 사는 마을에서 멀리 떨어져 들판으로 나와 다른 고장을 거쳐서 모여든 여러 벗들과 만나 '가람'을 이룬다. 가람은 크고 작은 배들을 실어나르며 마침내 '바다'로 흘러간다.

이렇게 비에서 바다에 이르기까지 물이 흘러가는 길에 붙이는 이름은 도랑에서 개울, 개울에서 실개천, 실개천에서 개천, 개천에서 시내, 시내에서 내, 내에서 가람, 가람에서 바다로 이르게 된다. 마치 수많은 분과학문이 점차 융합돼 개별 인간으로는 상상할 수 없는 인식의 바다를 이루는 모양과 비슷하다. 처음에는 보잘것없는 관심사로 시작했지만 점차 중심을 잡아 학문적 물줄기를 형성하는 것이다. 개천에서 용이 나오려면 우선 바닥을 기어야 한다. 기다 보면 걸을 수 있고, 걷게 되면 달리는 능력이 생긴다. 존재 자체도 몰랐던 도랑이 가람의 큰 물줄기를 만들어내는 것처럼, 작은 호기심에서 출발해 다양한 분야를 섭렵하는 과정에서 마침내 세상을 바꾸는 새로운 분야가 형성되

- 강호정(2007). "환원주의를 극복하려는 생물학". 최재천·주일우(엮은이). 《지식의 통섭: 학문의 경계를 넘다》(pp.157-176). 서울: 이음.

는 것이다.

'해불양수海不讓水'라는 사자성어가 있다. 바다는 어떠한 물도 마다하지 않고 받아들여 거대한 대양을 이룬다는 뜻이다. 모든 사람을 차별 않고 포용할 수 있는 큰 인물됨을 비유한 말이다. 지식융합을 통해 깊고 넓은 인식의 바다를 이룬 학문분야는 인식과 관심의 다름을 '틀림'으로 간주하지 않고 열린 마음으로 받아들여 새로운 가능성을 꿈꾼다. 흐르지 않는 웅덩이의 물은 썩어버리는 것처럼, 세상 돌아가는 물정을 모르고 자기 분야에만 갇혀 있다가는 자신도 모르게 부패될 수 있다. 지식융합은 편견과 선입견, 아집과 고정관념에 휩싸여 자기 분야의 우월성을 주장하거나 특정 학문과의 접목만을 고집하지 않는다. 세상의 모든 분야를 열린 마음으로 받아들이면서 혼자 힘으로 해낼 수 없는 가능성의 꿈을 잉태한다.

지식융합은 또한 고욤나무에 감나무 가지를 접목하는 과정과 유사하다. 고욤나무는 감처럼 큰 열매를 맺을 수 없지만, 감나무를 접목하면 가능하다. 단, 그러려면 고욤나무의 가지를 완전히 잘라내고 그 자리에 감나무 가지를 덧붙여야 한다. 고욤나무가 큰 열매를 얻으려면 가진 것을 버리고 감나무 가지를 몸 안으로 받아들여야 한다. 뿌리와 커다란 줄기는 그대로 간직한 채 감나무 가지를 내면에 심는 고통을 이겨내야 한다. 마치 조개 안으로 들어온 이물질이 조개의 속살에 상처를 내고 아무는 과정을 통해 진주가 탄생하는 것과 유사하다. 그런 아픔을 거칠 때 새로운 가치가 만들어진다.

  융합도 마찬가지다. 지식의 연금술은 다른 분야의 정보나 지식을 융합해서 자신에게 필요한 지식으로 재탄생시키는 방법이다. 매시업이 다양한 정보를 뒤섞고 버무려서 새로운 지식을 창조하는 지식의 편집술이었다면 지식의 연금술은 나의 전문분야와 다른 전문분야의 개념이나 지식을 융합하는 것이다. 지식의 편집술이 물리적 혼합이라면 지식의 연금술은 이종결합 또는 이종교배를 통해 새로운 개념이나 지식을 재창조하는 화학적 융합과정이다. 남다른 지식을 잉태하려면 자신의 전문분야에서 벗어나 다른 분야의 지식을 끊임없이 흡수하고, 다양한 지식융합을 통해 기존 지식을 새롭게 재탄생시켜야 한다.

  고욤나무에 감나무를 접목시키는 과정은 전혀 다른 이질적 나무가 접목을 통해 새로운 열매를 맺는 과정이다. 마찬가지로 지식융합도 동일한 지식 간 융합보다 전혀 다른 이질적 전공분야가 만나 이루어지는 융합이 색다른 지식을 만들어낼 가능성을 높인다. 한 우물 안에서도 지식융합은 가능하다. 그러나 이는 일종의 순혈교배다. 한 우물에서만 놀면 다른 우물이 주는 색다름을 체험할 수 없으며, 결과적으로 순혈주의와 배타적 고립에 빠져 새로운 융합을 시도할 가능성조차 상실할 수 있다. 제주도 조랑말은 고려시대에 몽골 초원을 누비던 최우량종을 도입했으나 외부와 단절된 상태에서 오랜 기간 동종교배를 계속하다 보니 현재의 조랑말로 퇴화되었다. 순혈이 아니라 잡종교배를 하라. 잡종교배는 대를 이어갈수록 강해지지만 순혈교배는 반대로 본래의 종족 유전자보다 약화되기 쉽다.

  개별분야 사이의 간극과 골이 점점 깊어지는 시점에서 경계를 넘어 다른 학문분야로 들어가는 것 자체가 대단히 위험하고 조심해야 할 시도인 것은 사실이다. 하지만 우리는 다양한 분야 간의 이종교배를 시도함으로써 모두가 승리하는 지식융합의 가능성에 희망을 걸어야 한다. 동양과 서양, 이성과 감성, 직선과 곡선, 희망과 절망, 안과 밖, 시작과 끝 사이에 존재하는 벽을 넘어 제3의 신세계를 개척할 수 있는 가능성은 그 어느 때보다 높아지고 있다. 이질적인 사람들이 소셜 네트워크에서 만나 같은 꿈을 꾸면서 불가능을 가능으로 바꿔가고 있다. 서로 다른 의견과 주장이 잡종교배되는 가운데 오리지널 아이디어보다 훨씬 강력한 새로운 아이디어 유전자가 태어나고 있다. 이질적 지식이 만나 갈등과 긴장, 충돌과 마찰을 겪으면서 이전에는 꿈도 꾸지 못했던 색다른 지식이 잉태되는 지식 생태계가 조성되고 있다. 흑과 백만 있는 것이 아니라 제3의 문화적 접경지대가 얼마든지 있다는 신념, 경계와 경계, 벽과 벽 사이에도 생각지 못했던 차이가 살아가고 있다는 확신, 접경지대와 경계에서 과거에 없었던 문명의 꽃이 필 수 있다는 생각을 포기하지 않는다면 지식융합의 가능성은 그 어느 때보다 높다고 하겠다. 과거로부터 답습해온 전통을 새롭게 만들어나가면서 기성 시스템과 제도를 창조적으로 파괴하려는 융합의 물결이 거세게 밀려오고 있다.

1+1=3 :
운명을 바꾸는 개념 출산

'1+1=3'이라고 대답한 학생이 있었다. 어떻게 3이 되냐고 선생님이 묻자 학생이 대답하기를, 자기 누나가 결혼해서 집에 올 때 3이 되어 왔다는 것이다.

남자와 여자가 결혼해서 아이를 낳으면 3이 된다. 3이 되어야 비로소 남자와 여자는 온전한 부부로 거듭날 수 있다. 지식융합도 마찬가지다. 하나의 개념에 또 다른 개념이 합쳐지면 제3의 개념이 새롭게 탄생된다. 개념과 개념이 결혼해서 개념의 자식을 낳은 것이다. 색다른 전공분야가 만나 새로운 지식을 창조하는 과정은 낯선 남녀가 만나 연애를 하고 결혼해 아이를 출산하는 과정과 흡사하다. 서로가 모르는 상태에서 처음부터 결혼하자고 덤비지 않는 것처럼, 서로 모르는 분야가 만나 통섭하자고 주장한들 먹혀들 리 없다. 오랜 기간 서로의 관심사와 가치관을 공유하면서 공감대를 형성한 후에 비로소 결혼에 골인하는 것처럼, 두 분야가 만나 허심탄회하게 대화해 공통의 관심사가 무엇이고 문제의 해결방안이 무엇인지 다각도로 모색하다 보면 혼자서는 찾을 수 없었던 대안을 만날 수 있다. 사고방식이 서로 다른 남녀가 만나 연애를 하면서 가치관을 공유하고 목표를 정하며 행복을 추구하듯이, 이질적인 전문분야가 만나 오랜 탐색기간을 거쳐 새로운 접목 가능성을 모색하고 마침내 분야 간 융합이 이루어져 제3의 새로운 지식이 탄생한다.

또한 결혼은 두 남녀가 만나는 것이 아니라 그들의 가족과 가족이 만나는 것이다. 가족은 오랜 기간 형성되어온 문화적 공동체여서 가족마다 옳다고 믿는 신념체계가 있으며 가치판단의 기준이 있다. 남녀가 만나 결혼에 이르는 과정은 문화적 행동양식을 내면화한 사람과 사람이 만나는 과정이다. 결국 남녀가 만나는 과정은 각자의 문화적 양식을 공유하면서 대화와 타협을 통해 갈등하는 가치관을 합의해나가는 과정이다. 지식의 만남도 마찬가지다. 분야가 다르면 진리를 판단하는 기준과 탐구방법론도 다르다. 진리를 설명하고 이해하는 언어도 다르다. 이렇게 다른 전문분야들이 하루아침에 어느 한 분야를 중심으로 통섭하는 것은 불가능하다.

지식융합으로 새로운 지식이 창조되기 위해서는 우선 다양한 지식을 구성하는 개념 간 접선과 접촉이 빈번하게 이루어져야 한다. 융합이 잘될 수 있을지 궁합을 맞춰볼 필요도 있다. 두 개념 사이의 끌림이 얼마나 강도 높게 유지되고 있는지 보는 것이다. 서로의 개념이 탄생한 배경과 문제의식을 이해하고 해당 개념을 통해 무엇을 설명하고 이해하려는지 알아야 한다.

개념 사이의 교감이 빈번하게 일어나고 공감대가 형성되면 개념결혼에 이르게 된다. 결혼식을 올린 직후부터 2세 계획을 세우는 커플도 있지만, 살다 보면 우연히 새로운 개념이 잉태되기도 한다. 잉태에는 순혈교배와 잡종교배가 있는데, 분야가 다른 개념이 잡종교배를 할 때 획을 긋는 개념이 나타날 수 있다. 새로운 개념이 태어나면 세상에서 빛을 보기까지 양육하고 발전시켜야 한다. 그렇게 서서히 세상에 이름을 알리는 개념은 많은 사람들의 일상어로 정착되면서 또 다른 개념 2세들이 태어날 기틀이 된다.

다르게 살고 싶은가?
색다른 개념을 창조하라!

세상은 개념 창조의 역사다. 철학사의 발전도 개념 창조의 역사다. 이전의 철학적 개념으로 설명이 되지 않거나 문제가 있을 경우 새로운 개념을 창조해서 자신의 철학적 사유체계를 설명하고 새로운 현상을 바라보는 안목을 제시한다. 니체는 '영원회귀'라는 새로운 개념으로 삶의 무한 반복을 강조했다. 프랑스의 철학자 데리다는 영어의 차이difference로 설명되지 않는 지점을 설명하기 위해 차연differance이라는 개념을 만들어 차이를 시간적으로 연기하고 공간적으로 구분하자고 제안했다. 이처럼 위대한 철학자들은 기존의 철학 체계에 반기를 들거나 설명력의 한계를 느낄 때 독창적인 개념을 창조하고 자기 고유의 철학으로 정립해왔다. 개념은 곧 이념이자 신념의 표현이다. 개념의 창조가 곧 세계를 다르게 창조하는 지름길이자 원동력이다.

다른 개념을 갖는다는 것은 다르게 생각하고 행동하며 다르게 살아간다는 것을 의미한다. 철학자 고병권은 《생각한다는 것》이라는 책에서 "새로운 개념을 창조하지 않는 한 우리는 결국 어렸을 때 형성한 낡은 개념 아래서, 그리고 그것이 구축한 낡은 세계 안에서 평생을 어릿광대로 놀아날 것"이고 경고한다. 5년 전에 내가 사용했던 개념의 세계와 지금 사용하고 있는 개념의 세계가 비슷하다면 내 생각의 수준은 바뀌지 않은 것이다. 운동을 주기적으로 하지 않으면 몸에 군살이 생기는 것처럼, 감각이나 생각도 자꾸 색다르게 쓰지 않으면 군살이 생긴다. 생각의 군살은 타성을 불러오고 고정관념을 만들어 낯선 생각을 방해한다. 연료를 넣지 않으면 차가 갈 수 없듯이, 개념이나 지식을 주기적으로 습득하지 않는 사람은 개념 없이 살 수밖에 없다. 생각 없이 산다는 말이다. 생각은 자신이 습득한 개념으로 하기 때문이다.

  당신을 더욱 빛나게 만드는 개념을 계발하기 위해, 당신은 지금 어떤 책을 읽고 있는가? 독서는 개념을 계발하는 가장 파워풀한 방법이다. 상상력이 없다고 불평하지 말고 창조가 어렵다고 하소연하지 말고 다양한 책을 때와 장소를 가리지 말고 읽어보라. 내가 가진 개념의 다양성이 내가 생각할 수 있는 사고의 다양성을 결정한다. 남다르게 사고하려면 남다른 개념을 습득해야 한다. 가슴에 손을 얹고 생각해보자. 나는 지금도 여전히 예전의 개념을 그대로 사용하고 있는지. 그렇다면 당신은 개념 없이 살아가는 것이다.

● 고병권(지은이), 정지혜, 정문주(그림)(2010), 《생각한다는 것 : 고병권 선생님의 철학 이야기》, 서울 : 너머학교.

세상의 수많은 개념에는 나름의 사연과 아픔이 있다. 개념에는 그 사물의 본질이 담겨 있다. 자신이 포착한 사물이나 대상의 본질이 개념을 통해 다시 살아나는 것이다. 따라서 우리가 '개념'을 배우는 것은 사물이나 대상의 본질, 나아가 세상과 우주의 원리를 이해하는 원료를 확보하는 것이다. 또한 나 자신을 표현하는 길을 배우는 것이다. 내가 구사할 수 있는 개념의 숫자는 내가 상상할 수 있는 세계의 한계를 규정한다.

위대한 개념은 이제까지 던지지 않았던 질문으로 만들어지기 시작한다. 위대한 질문은 위대한 상상력을 불러일으킨다. 일상에서 정상적인 방법으로는 찾을 수 없는 답을 상상을 통해서는 찾을 수 있다. 융합의 성과는 위대한 질문과 이 질문의 답을 찾으려는 인간의 위대한 상상력에서 비롯된다. 묻지 않으면 묻혀버린다. 색다른 질문을 던질 때 색다른 가능성이 부각된다. 자기 분야 내부에서 던지는 질문도 중요하지만 학문적 경계를 넘어서는 질문, 다른 학문 분야 밖에서 안으로 던지는 질문일수록 이전에 들도 보도 못한 질문일 수 있다.

나아가 남의 개념이 나의 개념으로 전환되려면 나의 '신념'이 추가되어야 한다. 신념 없는 개념은 설득력이 없다. 반대로 개념 없는 신념은 부실하다. 자신의 철학과 혼, 열정과 체험이 사라진 개념은 떠돌아다니는 관념의 파편에 지나지 않는다. 남의 개념이 나의 개념이 되는 유일한 방법은 앞서 말한 재개념화를 통해서다. 나는 오늘 나의 개념을 창조하기 위해 어떤 노력을 기울이고 있는가?

브리꼴레르,
'END'에서 'AND'를 만드는 사람

브리꼴레르로 거듭나는 2단계 과정은 차례로 일어날 수도 있지만 여러 과정이 한꺼번에 진행될 수도 있다. 일정한 단계와 절차를 거치는 선형적 사고방식에 익숙한 서구인들에 비해 한국인들은 동시에 처리하는 면형적 사고방식에 익숙하다. 양쪽 모두 나름의 장단점이 있지만, 브리꼴레르가 되는 데는 우리 방식이 더 유리하지 않나 싶다.

이것도 하면서 저것도 하다 보면 우연히 찾아오는 영감이나 통찰을 얻기가 쉽다. 어떤 일을 시작하기 전에는 예상하지 못했지만 이것저것 하다 보면 우연히 찾아오는 생각지도 못한 깨달음에 '와!' 하고 놀랄 때가 있지 않은가.

철학자 들뢰즈는 우발적 인연이 필연적 사건을 만든다고 믿는다. 그래서 그의 철학을 '~와and ~와wow'로 표현한다. 공부를 하다 보면 다양한 학문분야에서 색다른 통찰력을 주는 아이디어를 만날 수 있다. 또한 그런 아이디어를 갖고 있는 다양한 전문가를 만나 인연을 만들기도 한다. 살면서 누구와 만나느냐에 따라 인생의 전환점을 맞을 수 있듯이, 우연히 접한 색다른 분야의 특정한 관점이 내 생각을 송두리째 바꿔놓을 수도 있다.

정리해보자.

볼록렌즈로 다양한 정보를 편집해 새로운 지식을 창조하고, 오목렌즈로는 기존의 학문분야와 부단히 접속해 지식융합을 이루어나가는 과정의 중심에는 자신의 전문영역에 대한 이해가 단단히 자리하고 있다. 자기 분야를 깊이 파고들어가는 내공 없이는 세상의 온갖 정보가 모두 쓰레기이며, 다른 분야의 지식도 그림의 떡일 뿐이다. 보잘것없는 지식으로 허풍을 떨거나 헛된 지식으로 평지풍파를 일으키다가는 다시는 복구할 수 없을 정도로 풍비박산날 수 있다. 한곳에 집중해 몰입하지 않으면 역풍이나 태풍에 쉽게 무너질 수 있다. 역풍에도 흔들리지 않고 순풍으로 바꾸는 내공이 있어야 세상에 나만의 세계를 구축할 수 있다.

추운 겨울에도 푸르름을 잃지 않는 연구실의 나무와 화초에서 언제 어디서나 푸르름을 유지하는 꿈을 배운다. 오늘도 푸른 꿈을 갖고 찾고 또 찾으면서 search and search 연구 research 중이다. 연구자가 원하는 답은 한두 번의 시도만으로는 찾을 수 없다. 부단한 탐구과정에서 어느 날 우연히 찾는 경우가 많다. 때로는 깊이 파고들고 때로는 다른 물줄기가 있는지 옆으로 찾아 나서기를 반복하다 보면 언젠가는 당신이 원하는 꿈의 목적지 site를 찾아 그곳에서 생각지도 못한 통찰력 insight을 얻게 될 것이다.

인사이트는 그렇게 사이트를 찾고 또 찾아보려는 수많은 'AND'가 만들어간다. 끝 end이라고 생각해서 포기하지 말고 그 끝에서 다시 시작해보자. 한계라고 생각되는 때가 바로 새로운 도전을 감행할 수 있는 절호의 찬스다. 도전하기도 전에 한계선을 긋지 말고 남들이 한계라고 생각한 바로 그 지점에서 도전을 감행해보자. 가능성은 내 한계를 능가하는 도전에서 비롯된다.

남다르게 읽고
색다르게 써라

쓰지 않으면 죽을 수밖에 없는지
스스로에게 물어보라!
―릴케

브리꼴레르는 주변에 산재한 다양한 정보를 편집 가공해 새로운 지식을 창조할 뿐 아니라, 자신의 지식에 다른 지식을 융합해 인식의 지평을 끊임없이 넓혀가는 지식의 연금술사다.

지식의 연금술사가 되기 위해서는 많이 읽고多讀**, 많이 쓰고**多作**, 많이 생각해야**多商量 **한다.** 융합능력은 전적으로 '재료'가 얼마나 풍부한가에 달려 있다. 뒤섞고 합칠 대상이 많아야 조합할 가짓수가 많아지지 않겠는가? 지식융합 수준도 다양한 지식을 얼마나 많이 가지고 있느냐에 따라 결정된다. 남다른 지식융합은 색다른 지식습득에 달려 있다. 지식습득의 가장 강력한 원천이 바로 다독, 다상량, 다작이다. 당나라 시인 두보는 '독서파만권讀書破萬卷 하필여유신下筆如有神', 즉 책 만

권을 읽고 붓을 들면 신들린 듯 글을 쓸 수 있다고 했다. 그만큼 방대한 독서량은 다양한 글을 쓰는 원동력이 되는 셈이다. 여기서는 다양한 글을 읽으면서 정보를 편집하고 지식을 융합하기 위해, 남다르게 읽고 쓰는 독법讀法과 작법作法을 생각해보려고 한다.

내가 많은 글을 쓸 수 있었던 비결 중 하나는 책이나 영화 등을 통해 글의 재료를 끊임없이 확보해왔기 때문이다. 책을 읽는 이유는 여러 가지가 있겠지만, 글 쓰는 입장에서는 글 쓰는 방법을 배우기 위해 읽는다. 좋은 글을 많이 읽고 흉내 내다 보면 점점 자신의 글쓰기 방식으로 체화돼간다.

우리는 모두 감옥생활을 하고 있다. 우리의 눈과 귀가 보고 들을 수 있는 세계는 지극히 좁기 때문이다. 그런데 이 감옥에는 창이 하나 나 있다. 이 창으로 우리는 어떤 세계와도 만날 수 있다. 바로 '책'이라는 이름의 창이다. 스페인의 어느 작가가 한 말이다. 1주일에 책을 한 권 읽는 사람은 1주일마다 세상을 다르게 볼 수 있는 창을 하나씩 마련하는 것이다. 1년에 한 권 읽는 사람에게는 1년에 고작 한 번 새로운 세상이 열릴 뿐이다.

책은 세상을 다르게 보는 시각과 안목을 제공할 뿐 아니라 문제를 바라보는 관점과 방식도 다르게 바꿔준다. 책에서 얻은 통찰력으로 같은 문제라도 남다르게 접근하고 정의할 수 있다. 창의력의 핵심은 두 가지 이상을 연결시켜 상상력을 발휘하는 이연연상=連聯想인데, 이것이 일어나려면 연결시킬 만한 재료가 풍부해야 한다. 그 재료가 바로 책을 통해 깨달은 간접체험이다. 다양한 책을 많이 읽은 사람일수록 다양한 상상력을 발휘할 수 있다. 문제에 직면해서도 색다른 아이디어를 제시하고 창의적인 문제해결 방법을 다양하게 구사할 수 있는 여력이 생긴다.

그 사람이 지금까지 읽은 책과 만난 사람을 알아보면 그 사람이 어떤 사람인지 가늠할 수 있다. 그때까지 읽은 책이 바로 나다. 그러니 나를 바꾸고 싶으면 읽는 책을 바꿔야 한다. 그리고 만나는 사람들을 바꿔야 한다. 만나서 불편한 사람, 만나면 남다른 생각의 단서를 주는 사람을 만나라. 늘 틀에 박힌 얘기만 하거나 한탄만 일삼는 사람을 만나면 나도 한심해진다. 나에게 길을 알려주고 위로하고 격려해주며 나의 숨은 재능을 찾을 수 있도록 기회와 무대를 알려주는 사람을 만나야 내가 바뀐다.

사람의 인성과 능력은 진공 속에서 생기지 않는다. 인간人間은 시간時間과 공간空間의 산물이다. 인간과 인간, 인간과 시간, 인간과 공간 사이間에서 인격이 형성되고 능력이 개발된다. 인생은 내가 살아오면서 경험했던 시련과 역경의 역사이자, 책과 사람을 만나면서 체득한 깨달음의 역사다.

읽지 않으면
읽힌다

유학 시절 만끽했던 즐거움 중 하나는 도서관 신간코너에서 분야를 가리지 않고 이 책 저 책 들춰보면서 제목이 끌리거나 목차가 마음에 들면 무조건 복사하는 것이었다. 가난한 유학생이 신간을 사보는 것은 엄두도 못 낼 일이니 통째로 복사해서 읽은 것이다. 전공서적은 물론 문사철文史哲을 비롯해 예술서적도 가리지 않았다. 엄청난 책을 감당하려면 때와 장소를 가리지 않고 읽어야 했다. 하얀 종이위에 담긴 저자의 숨결을 따라 읽으면서 지적 희열을 느끼고, 거기서 얻은 깨달음을 다른 책에서 얻은 아이디어와 연결시키던 추억은 지금도 눈에 선하다. 복사한 책을 도서관의 조용한 서가에 앉아 읽으면 밤 깊어가는 줄 몰랐고, 도서관이 문을 닫으면 읽던 책을 싸들고 연구실로 가서 새벽을 맞았던 적도 많았다.

단행본과 함께 새로 들어온 학술지도 부지런히 탐독했다. 한 편의 논문을 읽다 보면 저자가 인용한 자료들이 거미줄처럼 이끌려 나온다. 일종의 하이퍼텍스트hypertext적 글 읽기다. 인터넷에서 기사나 논문을 읽다 보면 관련기사나 참고문헌이 하이퍼링크로 연결돼 있지 않은가? 그 부분을 클릭해서 읽다 보면 또 다른 하이퍼링크가 등장하고… 그렇게 무한한 지식의 바다를 탐험하다 보면 처음에 펼쳤던 논문에서 기대하지 못했던 지식의 광맥을 만나는 경우가 많다. 도서관을 헤매며 뜻밖의 논문이나 책을 발견하는 즐거움이야말로 끊을 수 없는 공부의 즐거움이었다.

　논문을 쓸 때도 독서는 필수다. 가장 최근에 발표된 관련 논문을 충분히 읽고 각각의 논문이 간과한 점이 무엇인지, 한계점이나 치명적인 약점이 무엇인지 파고들어 대안을 내놓는다. 학술지의 논문 한 편을 제대로 쓰려면 수십 편의 논문과 수십 권의 책, 많게는 수백 편의 논문과 수백 권의 책을 읽어야 한다. 읽어내는 사람만이 상대를 읽을 수 있고 세상의 흐름을 읽을 수 있다. 읽지 않은 채 글을 쓰는 행위는 참을 수 없는 인식의 가벼움만 자랑하는 꼴이다.

　물론 글을 읽어가다 보면 예상치 못한 인식의 깊이와 넓이에 부딪혀 좌절을 맛보기도 한다. 이 많은 글을 언제 다 읽을 것이며, 설혹 그걸 다 읽는다 해도 얼마나 이해하고 소화할 수 있을지 의문이 든다. 새로운 지식을 접하는 즐거움과 함께 다가오는 중압감, 그리고 지적 수준의 현격한 차이에서 느끼는 좌절감이 시도 때도 없이 밀려오곤 했다.

　그러나 어쩌겠는가. 읽지 않으면 지식의 바다 언저리에도 다가가지 못한다는 두려움이 앞서서 그냥 무조건 읽었다. 어떻게 이렇게 좋은 글을 쓸 수 있는지, 나는 언제나 이렇게 방대한 지식의 바다에서 유영遊泳할 수 있는지, 대가들과 어깨를 나란히 하고 지식의 향연을 즐길 수 있을지, 공부하는 사람으로서 그저 암담하고 답답하기만 했다. 그래도 잔머리 굴려서 해결될 문제가 아니지 않은가. 그래서 공부는 엉덩이로 하는 것이라는 말이 나왔나 보다.

책을 읽으며 먼동이 터오는 새벽을 맞이해본 적 있는가? 바쁘다는 핑계로 책을 읽지 않으면 다른 사람은커녕 내 한 몸도 책임질 수 없게 된다. 바빠서 책을 못 읽는 게 아니라 읽지 않고 다른 일을 해서 바쁜 것이다. 하루 세 끼 음식은 꼭 챙겨먹으면서 하루 세 끼 두뇌에 주는 지식은 챙기지 않는다. 책은 정신의 음식이다. 주기적으로 음식을 위장에 집어넣지 않으면 배고픔을 느끼지만, 주기적으로 뇌에 지식을 집어넣지 않아도 뇌고픔을 느끼지 않는다. 지식 없이도 움직이는 데 익숙해진 것이다. 뇌는 이제 지식도 없이 정신없이 돌아가기 시작한다. 정신없이 돌아가는 뇌를 사용하는 사람은 자주 정신이 나간다. 밖으로 나간 정신이 때가 되면 다시 돌아와야 하는데 그렇지 못한다. 밖으로 나간 정신들이 집단으로 모여 정신 나간 짓을 하기 시작한다. 내 뇌는 얼마 남지 않은 정신으로 근근이 연명한다. 이런 사람들이 모여서 열심히 일한다고 제대로 일이 될까?

정신이 살아나려면 뇌에 주기적으로 지식을 공급해야 한다. "책 한 권 읽은 사람은 두 권 읽은 사람의 지도를 받게 돼 있다." 링컨의 말이다. 다른 글을 이해할 수 있는 능력은 내가 그동안 얼마나 많은 글을 읽었는지에 달려 있다. 그러므로 우리는 평생 읽어야 한다. 책을 읽어야 사람을 읽을 수 있고, 세상을 읽을 수 있다. 읽지 않으면 당신이 누군가에게 읽힌다.

읽다 보면 저자의 고민이 보이고 문제의식이 살아 숨쉬며 저자의 생각 속으로 빨려들어간다. 가끔 책장을 덮고 예전에 읽었던 다른 책과 비교해보기도 하고 지금 고민하고 있는 문제와 연결시켜 단서를 찾아보기도 한다. 저자와 함께 읽고 있지만 때로는 저자의 텍스트에서 벗어나 나를 읽고 세상을 읽어야 내 지식이 된다.

어둔 골목길을 걸어가다 한 줄기 섬광을 만나는 것처럼, 읽다 보면 어느 순간 경이로운 깨달음이 죽비처럼 뇌리를 때리는 경우가 있다. 그 순간을 놓치지 않고 적어둬야 한다. 아이디어가 떠오르기까지는 오랜 시간이 걸리지만 찾아온 아이디어는 쥐도 새도 모르게 순식간에 도망간다. '그분'이 오시면 그분이 말씀하시는 내용을 필사적으로 받아 적어야 한다. 책을 통해 깨달음이 축적되면 복잡한 문제가 한 번에 해결되는 경이를 체험할 수 있다. 읽지 않으면 일거수일투족이 읽힌다. 읽지 않으면 잃는다. 읽지 못하면 안목과 식견이 생기지 않고 나를 잃고 만다.

자신과 책, 자신과 저자 사이를 읽어라

그렇다면 어떻게 읽어야 하는가?

신영복 교수는 독서를 가리켜 '삼독三讀'이라 했다. 먼저 텍스트를 읽고, 그다음 저자를 읽어야 한다. 그리고 마지막으로 그 책을 읽고 있는 자기를 읽어야 한다는 것이다. 저자가 주장하는 핵심 메시지의 주장과 의도를 읽어야 하고 다른 이들과 차별화되는 독창적인 스타일이나 컬러를 읽어야 한다. 이것을 이해하면 저자의 삶을 읽을 수 있다. 저서를 읽은 다음에는 저자를 읽어야 한다. 저자의 문제의식과 그가 겪은 시련, 책을 쓰게 된 배경을 이해함으로써 저자의 슬픔과 아픔이 담긴 삶을 읽는다. 저자의 삶을 온전히 이해하지 않고서는 그의 책들에 일이관지一以貫之하는 저자만의 철학을 받아들이는 과정에서 오류를 범할 수 있다.

제자 자공이 어느 날 공자에게 "스승님은 매일 새로운 것을 배우시면서 어떻게 다 기억하십니까?" 하고 물었더니 공자가 답했다. "자공아, 나는 다 기억하는 것이 아니라 단지 하나의 이치로 모든 사물을 꿰뚫어볼 뿐이다." 마찬가지로 저자가 책을 쓰게 된 문제의식과 독자에게 말하고 싶은 핵심 메시지를 근간으로 책 전면에 흐르는 저자의 의도를 간파하는 노력이 중요하다.

마지막으로 저서와 저자를 읽은 후에는 글을 읽는 자신을 읽어야 한다. 자신을 어떻게 읽는단 말인가? 자신의 현재 생활을 반성해보고 새롭게 다짐도 해보는 것이다. 책의 핵심 메시지에 비추어 나는 어떻게 생각하고 실천하고 있는지, 저자의 주장을 나의 생각과 주장에 비추어보고 내 삶을 성찰해보는 추체험追體驗을 할 때 비로소 저자의 저서가 온전히 나의 삶으로 녹아들게 된다. 자신이 책의 주인공이라면 어떻게 생각하고 판단했을지 상상해보고, 나의 마음으로 저자의 뜻을 이해한다는 이의역지以意逆志 방법을 차용하자. 이의역지는 맹자가 제자 함구몽의 시 해석법이 옳지 않음을 지적하면서 내놓은 방법이다. 이의역지 독서법은 저자의 뜻이 나에게 스스로 찾아오게 하고, 그 뜻을 수용하고 내면화해 마침내 그것이 나의 내면에 이미 존재함을 깨닫는 것이다. 저자의 주장과 나의 체험적 깨달음이 융합돼 제3의 깨달음으로 나아가는 책 읽기가 동반될 때, 독서는 단순히 책 읽기에 머물지 않고 삶 읽기가 된다.

이처럼 브리꼴레르는 자신과 책, 자신과 저자 '사이'를 읽는다. 내 생각과 저자의 생각, 나의 삶과 저자의 삶 사이에 존재하는 간극을 읽고 주장의 공통점과 차이를 읽는다. 브리꼴레르는 저자의 삶과 메시지에 비추어본 내 삶, 내 삶에 비추어본 저자의 삶과 메시지를 읽으면서 끊임없이 새로운 깨달음을 얻는 사람이다.

사이를 읽기 위해서는 입체적으로 읽어야 한다. 예전에 읽었던 책의 내용과 지금 읽고 있는 책 내용 사이의 공통점과 차이점을 읽고, 각각의 메시지 사이에 흐르는 중요한 의미를 포착한다. 예를 들어 나는 지금 이 책을 쓰기 위해 다른 책 몇 권을 동시에 읽으면서 그 내용을 편집해 새로운 개념도를 제시하고 있다. 브리꼴레르라는 개념은 《야생의 사고》*라는 책에서 처음으로 접했다. '손재주꾼'이라는 우리말로 풀 수도 있지만, 그것으로는 브리꼴레르의 뉘앙스를 온전히 포착하지 못한다는 생각이 들었다. 그러던 차에 리처드 세넷의 《장인》**을 접했다. 이 책의 한국어판 부제는 '현대 문명이 잃어버린 생각하는

• 클로드 레비 스트로스(지은이), 안정남(옮긴이)(1996), 《야생의 사고》, 서울 : 한길사.
•• 리처드 세넷(지은이), 김홍식(옮긴이)(2010), 《장인 : 현대문명이 잃어버린 생각하는 손》, 서울 : 21세기북스.

손'이다. 이를 통해 브리꼴레르가 지향해야 할 전문가의 진정한 모습과 전문성의 본질을 파악하게 됐다. 전문가는 기술과 기교로 무장한 재주꾼이라기보다 오랜 시간과 노력을 통해 깨달은 노하우를 체화시킨 장인匠人이다. 나아가 브리꼴레르는 자기 분야에 대한 깊이 있는 안목과 식견을 갖춘 사람이자 다른 분야와의 부단한 접목을 통해 인식의 지평을 넓혀가는 사람이라는 점을 생물학자 윌슨의 《통섭》[*]을 읽으면서 알게 됐다. 이처럼 한 권의 책을 읽더라도 그 책이 주장하는 핵심 메시지와 원리를 이전의 책 또는 지금 관심을 갖고 있는 분야나 주제와 부단히 연결시켜 새로운 관계맺음을 시도할 때 새로운 통찰이 생긴다.

새로운 통찰을 하려면 간절해야 한다. 얼마 전에 미팅을 기다리면서 우연히 신문을 봤다. 〈경향신문〉의 '오늘의 사색'에 들뢰즈의 '차이와 반복'에 관한 내용이 소개돼 있었다.[**] 브리꼴레르의 덕목인 '실천적 지혜'의 핵심을 정확하게 설명하고 있는 짧은 글이었다. 눈이 번쩍 뜨였다. 예전에 들뢰즈의 책을 읽을 때는 눈에 들어오지 않았는데, 역시 문제의식과 관심을 갖고 책을 봐야 내 것으로 빨려든다는 사실을 다시 한 번 깨달았다.

세상의 모든 것으로부터 배우는 과정, 그리고 때와 장소를 가리지

• 에드워드 윌슨(지은이), 최재천·장대익(옮긴이)(2005), 《통섭: 지식의 대통합》, 서울: 사이언스북스.
•• 이동연(2013), "차이와 반복", 경향신문, 2013.1.22.

않고 화두의 단서를 잡으려는 집요한 노력이 바로 우리가 만들어가는 삶이고 익혀야 할 앎이지 않을까. 거룩한 문제의식으로 무장한 사람, 평온한 삶 속에서도 현실에 안주하지 않고 언제나 새로운 돌파구를 찾아 떠나는 사람, 위기의식을 갖고 대안을 찾아 꾸준히 공부하는 사람에게는 밤길을 밝히는 빛줄기를 만나듯 언젠가 해결의 실마리가 찾아온다. 초고를 탈고한 뒤에도 뭔가 아쉬움이 남아 있던 차에 우연히 발견한 들뢰즈의 배움과 가르침에 대한 메시지. 전문성을 배우고 가르치는 문제에 대해 고심하던 내게 그 글이 문제풀이의 핵심을 전해줄 줄 누가 알았을까. 생각지 못한 통찰력은 생각지 못한 순간에 갑자기 다가온다. 주어진 문제를 끌어안고 온몸으로 고심하는 사람에게만 기회의 문이 열리기 때문이다. 그 기회는 어둔 밤길을 걸어가던 사람이 오랜 기다림 끝에 만나는 서광瑞光과 같다.

색다른 개념이 없으면
남다른 글을 쓸 수 없다

내가 책을 읽는 목적 중 하나는 남다른 글을 쓰기 위해서다. 글을 쓰기 위해서는 다양한 아이디어가 필요하다. 책은 무궁무진한 아이디어의 보고다. 옛사람들의 독서법에 초서鈔書와 질서疾書가 있다. 초서는 책을 읽다가 중요한 부분에 밑줄을 긋고 그것도 모자라 베껴 쓰는 방법이고, 질서는 책을 읽다가 그때그때 떠오른 생각을 메모해두는 비망록 방식의 독서법이다. 초서는 엄두가 안 난다면 질서라도 해야 책 내용이 비로소 내 지식으로 변환된다.

　석사과정 시절, 영어 논문을 번역하는 연습을 하면서 노트 10권 정도를 만든 적이 있다. 눈으로 읽는 것과 직접 한 문장씩 통째로 번역해보는 것의 차이는 실로 엄청나다. 눈으로 읽었을 때는 이해되는 것 같았던 내용도 막상 말하거나 적어보면 관념의 파편들이 체계 없이 여기저기 뭉텅이로 쌓여 있음을 느낀다. 단어 하나하나의 의미는 알지만 그것이 일정한 문장으로 연결돼 특정한 문맥에 놓일 때 어떤 의미로 해석해야 할지 막막한 경우도 많다. 동일한 단어라도 문맥에 따라 전혀 다른 의미로 해석되곤 하지 않은가. 그래서 저자의 의미를 제대로 읽어내려면 번역도 해보고 다양하게 의미를 반추해봐야 한다. 문맥을 읽고 저자의 의도를 가늠하고 적절한 우리말 단어를 선택하는 지루했던 작업이 영어 읽기에 눈뜨게 된 계기인 것 같다.

　우리말 책 읽기도 마찬가지다. 그냥 눈으로 읽고 넘어가지 말고 기억하고 싶은 문장은 최소한 손으로 메모해둬야 한다. 문장과 문장 사이에 저자의 호흡을 따라가는 한편 예전에 읽었던 내용과의 관계성도 생각하면서 내 생각을 적어둘 필요도 있다. 책 한 권을 그렇게 통째로 씹어 먹으면서 소화해야 비로소 내 지식이 된다. 주마간산 격으로 넘어간 글은 기억나지도 않고 필요할 때 쓸 수 있는 지식도 되지 못한다.

　나는 글을 많이 쓰는 편이다. 그 많은 글감을 만들기 위해서는 특별한 노력을 기울여야 한다. 읽은 만큼 쓰기 위해 내가 일상에서 실천하는 노력 12가지를 소개하면 다음과 같다.

첫 번째, 순간적으로 떠오르는 아이디어를 순간적으로 포착한다. 떠오름은 순간이지만 사라짐은 영원하다. 그러므로 영원히 사라지기 전에 순간적으로 포착, 메모해놔야 한다.

두 번째, 동시에 몇 권의 책을 읽으면서 그중 한 권은 집중적으로 정독한다. 빨려들어가는 책은 손에서 놓기 전에 다 읽어버리고, 정보나 아이디어를 얻기 위해 읽는 책은 시간 날 때마다 여러 권을 비교해가면서 읽는다.

세 번째, 읽은 책과 읽고 있는 책의 문제의식을 비교하고 주요 키워드를 이리저리 조합해보고 잡종교배해본다. 그 과정에서 예상치 못했던 새로운 생각이 나오곤 한다.

네 번째, 읽고 있는 책과 비슷한 책들에 공통적으로 나타나는 문제의식과 차이점을 발견하고, 저자가 무엇을 놓치고 있는지 찾아두었다가 나의 글을 쓸 때 활용한다.

다섯 번째, 신문, 잡지 등 정기간행물을 주기적으로 속독하면서 나의 관심주제와 연결시켜본다. 의외로 예상하지 않은 곳에서 문제해결의 단서가 발견될 수 있다.

여섯 번째, 일상의 사물 및 자연에 대해 어린아이 같은 호기심으로 관찰하고 사물의 입장이 되어 이야기를 나눠본다. 우리가 아는 시詩는 대부분 대상의 입장에서 대상이 말하고 싶은 바를 의인화한 것이다.

일곱 번째, 다양한 사례, 에피소드, 예화, 비유법을 주기적으로 수집해서 주제별로 정리해본다. 글쓰기는 구조와 뼈대를 잡은 다음 살을 붙이는 과정이다. 사례나 에피소드, 예화나 비유법은 살을 붙일 때 유용하다.

여덟 번째, 국어 실력을 키운다. 우리말의 미묘한 차이와 그 안에 담긴 의미심장함을 수시로 메모해놓는다. 예를 들면 방망이와 몽둥이의 차이, 엉덩이와 궁둥이의 차이 같은 것들이다.

아홉 번째, 트위터, 페이스북, 블로그 등 SNS를 활용해 고민 중인 아이디어를 공개하고 다른 사람의 의견을 활용하는 집단창조 활동을 한다. 다양한 사람들이 함께 생각하면 혼자서는 꿈도 못 꿀 좋은 아이디어를 얻을 수 있다.

열 번째, 일상의 단상과 메모를 블로그, 트위터, 페이스북에 공개하고 해당 글에 대한 독자들의 반응을 살펴본다. 어떤 글이 호응을 얻는지 알면 독자들의 최근 심리상태를 읽을 수 있다.

열한 번째, 생각하면서 쓰고, 쓰면서 생각하기를 일상화한다. 완벽한 글이 준비되면 쓰겠다는 생각은 결코 글을 쓰지 않겠다는 말과 다름없다. 무조건 생각나는 대로 써라. 설령 글의 완성도는 떨어질지 몰라도 쓰지 않은 채 생각만 하는 것보다 훨씬 많은 아이디어를 끌어낼 수 있다.

마지막으로 글을 읽다가 기억하고 싶은 문구나 글이 있으면 닥치는 대로 적어둔다. 글은 내 생각과 다른 사람의 생각을 조합하면서 내 주장을 펼치는 과정에서 탄생한다. 적절한 인용과 사실적 근거로 뒷받침되는 글이라야 글맛이 난다.

개인적으로 글쓰기가 생활에 밴 것은 직장생활을 정리하고 안동대학교로 자리를 옮기면서부터다. 업業을 바꾸면서 나는 스스로에게 몇 가지 질문을 던졌다. 가르친다는 것의 본질은 무엇인가? 스승으로서의 교수는 과연 누구인가? 교수가 가져야 할 마음자세와 가야 할 길이 무엇인지 묻고 또 물었다. 그러고는 삼성에서 그동안 실험했던 다양한 아이디어를 정리해보기로 했다. 체험은 글로 정리될 때 비로소 나의 지식으로 체화된다. 이때가 내 인생에서 가장 치열하게 책을 읽고 글을 썼던 기간이 아니었나 싶다. 밤 12시까지 연구실에 틀어박혀 있다가 운동복으로 갈아입고 대운동장을 달리기도 했다. 샤워를 하고 다시 책상에 앉아서 닥치는 대로 읽고 무조건 하루에 A4 한 장 이상의 글을 써서 홈페이지에 올리는 생활을 반복했다. 어둠이 내리기 시작하면 집중이 잘되고 신기할 정도로 거침없이 글이 써졌다. 쓰지 않으면 쓰러진다는 각오로 책을 읽다 키워드나 특정 내용이 내 경험과 오버랩되면 무조건 썼다.

그렇게 쓴 글을 묶어서 책을 서너 권 내고 나면서부터 본격적인 저술 작업을 시작했다. 책 한 권도 첫 한 줄부터 시작된다. 일단 무조건 첫 줄을 써놓고 고민해야 그다음 글이 이어진다. 쓰고 고쳐야 글이 완성된다. 쓰지 않고 고민만 해서는 절대로 글을 쓸 수 없다. 대작大作과

명작名作도 실패작으로 시작했다. 그렇게 하루도 쉬지 않고 글쓰기를 진지하게 반복하면 '글발'이 생기고 '말발'이 서며, 더불어 '끗발'이 생긴다. 쓰지 않으면 쓰임도 없다. 그리고 쓰면 쓰임도 달라진다.

풀리지 않는 고민이 꼬리에 꼬리를 물면 문을 박차고 나가 그냥 걷고 또 걸었다. 책에서 찾을 수 없는 답이 산책에서는 보인다. 책이 문제해결의 단서를 던져준다면, 산책은 그 단서를 어떻게 적용할 것인지를 가르쳐준다. 산책은 책으로 얻은 깨달음을 내 몸에 아로새기는 또 다른 책 읽기다. 창문이 사색과 명상의 세계로 연결하는 틈이라면 문은 결단과 실행의 출발점이다. 창문 없는 집이 없고, 문 없는 집이 없다. 마찬가지로 사색과 명상 없는 결단과 실천은 무모하고, 결단과 실천 없는 사색과 명상은 무료하다.

주위를 둘러보면 도전정신이라는 미명 하에 무모한 행동을 버젓이 하는 이들이 적지 않다. 무모한 행동과 실천이 흔해지는 이유는 뼈를 깎는 반성과 성찰이 증발됐기 때문이다. 반대로 무료한 사색과 명상만 거듭하는 이들도 많다. 사색의 결과를 행동과 실천으로 옮기겠다는 결연한 각오와 다짐이 실종됐기 때문이다. 변화는 머리로 고민할 때가 아니라 손발로 실행할 때 일어난다. 그래서 머리 좋은 사람이 아니라 진지한 실천을 반복하는 우직한 사람이 세상을 바꾼다. 관조와 성찰은 어떤 변화를 추진할지, 그리고 뜻대로 되지 않았다면 무엇 때문인지를 반성할 때 필요하다.

마지막으로 글을 쓸 때 잊지 말아야 할 한 가지 사실을 짚고 넘어가고 싶다. 그동안 내가 갈고닦은 실력은 내가 가진 능력이지만, 그 능력을 쌓기까지 수많은 사람들의 보이지 않는 노력의 손길이 닿아 있으며, 베풂의 미덕이 잠자고 있음을 잊어서는 안 된다. 나의 보잘것없는 실력은 내 사유재산이 아니라 내가 헌신할 삶의 파트너들이 공동으로 보유하고 있는 공공재公共財다. 그러기에 얼마 안 되는 지식이라도 나의 입신양명과 출세를 위해 사용할 수단이 아니라 나에게 음으로 양으로 행복을 주는 모든 사람들을 위해 소중하게 써야 할 값진 관계적 재산으로 활용해야 한다. 관계 속에서 깨달은 작은 것들이라도 늘 남과 나눠 갖는 베풂의 미덕을 잊지 말자. 언제나 초심자로 살아가도록 마음을 채찍질하자. 그리고 알면 알수록 머리 숙여 겸손해지고 알면 알수록 모르는 것이 더 많음을 인정하고 앎을 향한 여정에 고삐를 늦추지 말자. 그런 마음이 있을 때, 당신의 숱한 경험은 놀라운 걸작으로 재탄생될 것이다.

일상에서 비상할 수 있는 기적을 찾아라

세상살이에 관한 지식은 세상과 벗했을 때 얻어지는 것이지,
책상 앞에서 얻을 수 있는 것이 아니다.
—체스터필드 경

지금까지 브리꼴레르가 되기 위해 갖춰야 할 것들을 선각자들의 이론과 나의 체험적 지식을 토대로 소개했다. 여기서는 일상에서 놓치지 말아야 할 브리꼴레르의 자세와 습관을 소개하겠다. 브리꼴레르에게는 세상의 모든 사람이 스승이고 일상은 배움의 터전이다. 내게 직장은 돈 받고 다니는 최고의 비즈니스 스쿨이다. 브리꼴레르에게 직장은 자기연마의 장이며 인격수양의 무대다. 일상은 브리꼴레르에게 가장 소중한 배움의 무대이며 익힘의 연습장이다. 익숙한 일상, 하찮은 일상이라고 생각하지만 관심을 갖고 주의 깊게 관찰해보면 일상은 경이로운 기적의 집합장소이자 감동의 무대다.

일상에서 경이를 만나는
10가지 습관

아래에 제시되는 10가지 실천지침은 브리꼴레르가 의도적으로 반복해서 실천하는 리추얼ritual이다. 리추얼은 반복되는 습관이 아니라 의도적으로 의미를 부여하면서 자기 스스로 행복을 느끼는 행동패턴이다. 삶이 무료하고 재미없는 이유는 가슴 뛰는 리추얼이 없기 때문이다. 매일 아침 일어나서 화장실에 가거나 양치질하는 것을 리추얼이라 하지는 않는다. 우리 삶에 의미를 부여할 수 없으면 리추얼이 아니다. 리추얼은 브리꼴레르가 되기 위해 갖추어야 할 폭넓은 배경지식, 예술적 경지에 이른 기예, 그리고 이를 반복해서 실천하면서 최고 경지에 이를 수 있도록 완성하는 의도적 습관이다.

❶ **물음표도 던지지 않고 답부터 찾기보다**
색다른 의문을 던지고 감동의 느낌표를 찾아라

어제와 다른 물음으로 하루를 시작하라. 어제와 다른 물음을 던져야 어제와 다른 답을 얻을 수 있다. 질문이 바뀌지 않으면 답이 바뀌지 않으며, 답이 바뀌지 않으면 내 삶도 바뀌지 않는다.

의심이 아니라 의문을 품고 집요하게 질문을 던지자. 세상은 정답을 찾는 사람보다 질문을 던지는 사람, 문제를 일으키는 사람이 이끌어간다. 어제와 비슷한 질문을 던지면서 어제와 다른 답을 기대하고 있지는 않은가? 어제와 다른 질문을 던져 색다른 답을 모색하고 있는가?

❷ '상식'에 젖어 '식상'하게 살아가는 사람보다
'상식'에 시비를 걸어 '몰상식'하게 살아가는 사람이 되어라

세상은 상식에 시비를 거는 몰상식한 사람, 정상에 문제제기하는 비정상적인 사람, 합리성에 의문을 품는 비합리적인 사람이 이끌어간다. 몰상식한 사람의 시비, 비정상적인 사람의 문제제기, 비합리적인 사람의 의문에 귀를 기울이자. 정상에 올라간 사람치고 정상인 사람 보았는가? 그런데도 정상을 정상적인 방법으로 올라가려고 하고 있지는 않은가?

❸ 전공에만 관심을 두고 경계 안에 매몰되기보다
전체를 아우르면서 경계 사이를 넘나들어라

메디치 효과Medici effect라고 들어보았는가? 서로 관련 없을 것 같은 이종 간의 다양한 분야가 교류하고 융합해 독창적인 아이디어가 나오고 새로운 시너지 효과를 창출할 수 있다는 경영이론이다. 다른 것들이 섞여야 썩지 않는다. 강물과 바닷물이 만나는 곳에 기수역汽水域이 있다. 바닷물과 섞이지 않으면 강물은 썩는다. 당신은 경계 사이에서 차이를 발견해 경지에 이르고자 노력하고 있는가?

❹ 전대미문의 새로운 아이디어를 찾느라 시간을 허비하지 말고
관계없는 것을 관계 있는 것으로 엮고 뒤섞으며 창조를 즐겨라

아이디어는 무無에서 유有를 만드는 게 아니다. 오히려 이미 있는 것

들을 남다른 방식으로 엮고 버무리고 뒤섞는 과정에서 새로운 유有가 나온다. 태양 아래 새로운 것은 없다. 다만 어제와 다른 방법으로 편집돼 새로워 보일 뿐이다. 그러니 전대미문의 새로운 아이디어를 내느라 쓸데없는 시간과 노력을 낭비하지 말고 먼저 편집하라. 그렇지 않으면 편집당한다. 당신은 지금 어제와 다른 방법으로 익숙한 것을 남다른 방식으로 엮어보고 있는가?

❺ **이것과 저것 중에서 양자택일하지 말고 이것저것 모두 끌어안아라**
삶은 무수한 선택의 연속이며, 때로는 어느 것 하나 포기할 수 없는 딜레마에 빠지기도 한다. 어느 것도 버릴 수 없을 때 우리는 어떻게 해야 할까? 둘 중 하나를 선택하는 양자택일이 아니라 둘 다 끌어안고 모순을 인내하며 새로움을 창조하는 양단불락兩端不落의 사고가 필요하다. 내다버리되 또한 내버려둬야 한다. 내버리되 그대로 둬야 '쓰레기'에서 '쓸 이야기'를 찾을 수 있다. 지금 어쩔 수 없는 모순을 끌어안고 딜레마를 벗어나기 위해 궁리를 거듭하고 있는가?

❻ **자기 생각만 떠벌이면서 호통치지 말고 다른 의견도 수용하면서 소통하라**
비난의 화살만 날리는 차가운 사람보다 다른 의견도 수용하면서 비판의 빵을 나눠 먹는 따뜻한 사람이 되자. 자기 변화를 전제하지 않고 호통치고 분통을 터뜨리면서 소통하고 있다고 착각해서는 안 된다. 어려운 때일수록 따뜻한 밥 한 끼 나눠 먹으며 그 사람의 아픔을 가슴

으로 이해하자. 이해는 머리로 하는 것이 아니라 그 사람의 입장이 되어보고 가슴으로 느끼는 것이다. 가슴으로 느껴봐야 그 사람의 아픔과 슬픔을 몸으로 이해할 수 있다. 지금 차가운 머리로 생각하고 있는가, 아니면 따뜻한 가슴으로 생각하고 있는가?

❼ 사심邪心을 품고 환심을 사기보다 초심을 잃지 않고 뒷심을 발휘하라
목적이 순수하지 않으면 목적을 달성해도 오래가지 못한다. 사심을 품고 환심을 사려고 하기보다 초심을 잃지 말고 진심으로 노력해보라. 진선진미盡善盡美, 목적과 목적에 이르는 과정이 모두 진정성을 바탕으로 전개돼야 한다. 그리고 마지막이라 생각할 때 포기하지 말고 한 번 더 뒷심을 발휘해야 한다. 당신은 지금 상대에게 환심을 사겠다는 사심을 품고 있는가, 아니면 진심으로 대하고 있는가?

❽ 도전에 한계를 두고 도망가지 말고 한계에 도전해 도약하라
불가능은 사실이 아니라 하나의 의견에 불과하다. 도전에 한계를 두지 않고 한계에 도전하는 사람이 문명을 창조해왔다. 안 되는 이유 10가지를 만드는 사람보다 되는 방법 10가지를 궁리하는 사람이 위업을 달성한다. 궁리에 궁리를 거듭하다 어느 날 갑자기 묘안이 떠오르고 위기를 탈출할 수 있는 생각의 지도가 펼쳐진다. 색다른 도전만이 생각지도 못한 도약을 약속하는 법. 색다른 도전은 색다른 실패를 부를 수 있지만, 색다른 실패야말로 색다른 실력을 쌓는 밑천이다. 색다른

실력을 쌓으려거든 색다른 도전을 즐겨라. 당신은 도전하기도 전에 한계를 긋고 있는가, 아니면 한계에 도전하고 있는가?

❾ 요리조리 머리 굴리며 고민만 하지 말고 이리저리 시도하면서 고통체험을 즐겨라

세상은 잔머리 굴리며 고민하는 사람보다 행동으로 옮기면서 고통체험하는 사람이 바꿔나간다. 이리저리 실천하다 보면 시행착오를 피할 수 없지만 소중한 교훈이 남는다. 머리만 굴려서는 하는 일도 없고 되는 일도 없다. 이리저리 행동하고 실천해봐야 묘수가 떠오르고 영감이 찾아든다. 당신은 지금 책상에 앉아서 해결책이 떠오를 때까지 머리만 굴리고 있는가, 아니면 대안이 부족하더라도 일상에서 실행과 실험을 시도해보고 있는가?

❿ 기존 관행을 답습하는 룰 팔로워 rule follower 보다 딴 길에서 딴 세상을 만나는 룰 브레이커 rule breaker 가 되어라

남들이 걸어간 길에는 두근거림이 없다. 남의 길을 따라가는 사람은 결코 남을 따라잡을 수 없다. 성공하는 사람의 습관은 남의 뒤를 따라가지 않는 것이다. 길 밖으로 벗어나봐야 지금의 나를 벗어날 수 있다. 고정관념과 타성, 습관과 상식의 옷을 벗어던져야 지금 여기서 벗어날 수 있다. 길이 없으면 만들어가면 된다. 내가 가는 발자취가 곧 길 아니겠는가! 딴 길로 새봐야 딴 세상을 만날 수 있다. 딴 세상을 만나야 딴 생각을 할 수 있다. 당신은 누군가의 길을 뒤쫓는 사람인가, 아니면 가슴이 시키는 일을 찾아 나의 길을 가는 사람인가?

일상은 비상함의 보고이자
비상할 수 있는 상상력의 텃밭이다

맥가이버처럼 기발하게 생각하고 다빈치처럼 지식의 경계를 넘나들기가 말처럼 쉬운 것은 아니다. 그러나 아침부터 밤까지 남들과 똑같은 스펙을 쌓기 위해 열을 올리느니, 그 노력을 브리꼴레르가 되는 데 쏟는다 생각하고 도전한다면 이루지 못할 것도 없다. 우선 다음과 같은 작은 습관에서부터 시작해보자. 새로움을 추구하기 위해, 새로운 가능성을 만나기 위해 당신은 이렇게 해본 적 있는가? 아직 없다면, 더 늦기 전에 시도해보자. 지금 당장.

❶ **15분 이상 몰입할 수 있는가?**

공부는 머리로 하는 것이 아니라 엉덩이로 한다는 말이 있다. IQ보다는 끈기와 인내심 perseverance and patience 을 갖고 집요하게 파고드는 근성이 있어야 공부가 된다. 그런데 우리는 몰입에 약하다. 한 가지 일에 15분 이상 집중하지 못하는 현대인의 가벼움을 가리켜 '쿼터리즘 quarterism'이라 한다. 그만큼 현대인들은 침묵과 고독 속에서 자신과 대화하는 시간을 잃어가고 있다. 사방에서 쏟아지는 강한 정보에 시시각각 반응하느라 우리 뇌는 현실의 느린 자극에는 응답하지 않는 팝콘 브레인popcorn brain이 되어가고 있다.

구글의 에릭 슈미트 회장은 보스턴 대학 졸업식 축사에서 "하루에 1시간씩 스마트폰과 인터넷을 끄고 사랑하는 사람의 눈을 들여다보며 진짜 대화를 나누라"고 당부했다. 스마트폰과 인터넷에 빠질수록 몰입하고 집중할 수 있는 뇌기능은 없어진다. 두꺼운 인문고전을 붙잡고 진득하게 읽어 내려가는 인내심이 있어야 고전에 담긴 지혜의 향연에 참여할 수 있다. 마음을 가라앉히고 차분히 앉아 책장을 넘기면서 저자와 침묵의 대화를 나눠보자.

❷ 불편함과 동거해본 적이 있는가?

편리함에 익숙해질수록 사람의 몸은 편안함의 늪에 빠진다. 편리와 편안함이 편안하게 자신을 죽인다고 생각해본 적은 없는가? 불편한 사람을 만나야 배움이 있고, 마음이 편안하지 않은 책을 읽어야 뇌가 긴장하고 다른 방법으로 이해하려고 발버둥치게 된다. 편리를 추구하는 인간의 욕망이 종국엔 인간적 삶의 조건을 불리하게 만든다는 것을 명심하자. 지금 당장은 안락하지만 그것이 우리를 안락사로 인도할 수 있다. 미꾸라지 어항에 메기 한 마리를 집어넣으면 미꾸라지는 불편하다. 그런데 불편한 메기가 있어야 미꾸라지가 건강하게 더 오래 살 수 있다. 진주 속으로 들어온 불편한 모래알이 결국은 영롱하게 빛나는 진주를 만들어낸다. 낯선 분야, 편하지 않은 사람, 뇌리에 주먹질을 해대는 책으로부터 받는 불편한 자극이 삶을 살아 숨 쉬게 만든다.

❸ 맨발로 땅을 밟아본 적이 언제인가?

"철학의 첫 스승은 우리의 발이다." 철학자 루소의 말이다. 걷기의 중요성을 설파한 최초의 철학자인 아리스토텔레스는 틈만 나면 제자들과 함께 걸으며 토론하며 철학을 가르친 것으로 유명하다. 걸으면서 평소에 간과했던 자연과 세상의 변화를 몸으로 느끼는 감각이 되살아난다고 믿었기 때문이다. 걸으면서 발을 자극하면 뇌신경을 건드려 색다른 생각을 할 수 있고, 사고와 철학의 깊이가 더해진다고 믿었다. 그래서 아리스토텔레스학파를 페리파토스학파, 즉 산책학파 또는 소요학파逍遙學派라 불렀다.

　일본의 한 유치원에서는 아침에 아이들이 오면 맨발로 달리기를 시킨다고 한다. 발바닥을 자극해 생각의 발로를 새롭게 일으키기 위해서다. 남다른 족적을 남기려거든 두 발로 걸어가는 역사를 다시 써라. 이력서도 내 두 발履이 걸어온 역사歷의 기록書이 아닌가.

❹ 빈둥거리고 어슬렁거려본 적이 있는가?

이유 없이 빈둥거리는 시간을 많이 가져야 한다. 빈둥거려봐야 생각이 새롭게 떠오른다. 어슬렁거려봐야 평소에 바쁘게 스쳐 지나간 일상의 뒤편이 내게로 다가온다. 《게으름에 대한 찬양》*에서 버트런드 러셀은 "노는 시간은 '발효와 숙성의 시간'이다. 그래야 세상 뒤편을

응시할 수 있다"는 말을 남겼다. 러셀은 열심히 일해야 한다는 사회적 통념과 달리 인간의 진정한 자유와 주체성 확립을 위해서는 여가가 필요하다고 주장했다. 러셀은 자신의 무능과 게으름에서 불행의 원인을 찾는 현대인들에게 '행복하려면 게을러지라'는 처방을 내린다. 인간의 진정한 자유는 스스로를 옭아맨 수많은 회의와 편견들에 저항함으로써 얻을 수 있다는 것이다. 그는 하루에 4시간만 일하고 나머지 시간을 빈둥거리고 어슬렁거려야 더 창의적인 생각과 행동을 할 수 있다고까지 주장했다.

❺ 무심코 아무 역에서나 내린 적 있는가?

여행을 떠나는 방법에는 두 가지가 있다. 첫째는 사전에 철저하게 계획을 세워서 한 치의 오차도 없이 다니는 것이고, 둘째는 대강 떠날 준비가 되면 떠나고 보는 것이다. 낯선 마주침은 생각지도 못한 일이 발생할 때 일어난다. 생각지도 못한 생각은 생각지도 못한 일을 당해봐야 할 수 있다.

계획에는 없었지만 왠지 마음이 끌리는 곳, 며칠간 쉬어갔으면 좋겠다는 생각이 드는 낯선 곳에 무심코 내려보자. 생각지도 못한 경이로운 체험을 할 수도 있고 기대하지 않은 깨달음을 얻을 수도 있다. 모든 것을 계획대로 추진하려는 근성은 사람을 피곤하게 만든다. 계

● 버트런드 러셀(지은이). 송은경(옮긴이)(2005). 《게으름에 대한 찬양(개정판)》. 서울 : 사회평론.

획대로 안 되면 잠시 짐을 내려놓자. 생각보다 불안하지 않고 마음이 평온해진다. 그때부터 낯선 생각이 꿈틀거리기 시작할 것이다.

❻ 언제 마지막으로 놀아보았는가?

브리꼴레르는 익숙한 것을 낯설게 바꾸고, 낯선 것을 익숙하게 보여주는 예술가다. 또한 주변에 널려 있는 하찮은 것들을 모아 재미있게 노는 아이들이다. 아이들에게는 세상의 모든 것이 장난감이다. 그들은 익숙한 것을 낯설게 바꾸어 신나게 논다. 창작이란 본디 충분하지 못한 재료와 시간, 완벽하지 않은 환경과 여건을 무릅쓰고 그걸 즐기는 과정에서 일어난다. 신나게 놀아야 나중에 눈물 흘리며 억지로 놀지 않는다. 노는 사람은 삶의 숙제를 축제로 바꾼다. 새로운 것은 지성이 아니라 놀이 충동에서 잉태된다. 역사상 최고의 성현에 공자와 맹자도 있지만 '놀자'와 '웃자'도 있다. 기억하라. 어린아이처럼 놀면서 웃는 천진난만함과 순진무구함이 세상을 바꾼다.

천의 얼굴을 하고
천 개의 길을 가라

"대장간 망치질, 유리 불기, 못 만들기, 통 만들기, 양철 지붕 만들기, 지붕널 덮기, 배 만들기, 부두 건설하기, 생선 절이기, 보도에 포석 깔기, 펌프, 말뚝 박는 기계, 기중기, 석탄 가마, 벽돌 가마, 탄광과 저 아래 있는 그 모든 것, 어둠 속의 램프, 메아리, 노래, 그리고 깊은 생각들…."

— 월트 휘트먼, 〈직업의 노래〉 중

한 가지 분야에 정통한 지식과 식견, 경험과 노하우를 갖고 있는 사람을 전문가專門家라 한다. 엄밀히 말해 브리꼴레르는 전문가보다는 다문가多門家에 가깝다. 다문가는 레오나르도 다빈치처럼 다양한 분야의 문제를 해결하기 위해 부단히 변신을 거듭하는 전문가다. 한마디로 니체처럼 천 가지 얼굴을 갖고 천 가지 철학을 공부하면서 천 가지 길을 가는 사람이다. 브리꼴레르의 즉흥적 판단력과 임기응변력, 색다른 정보편집력과 지식융합력은 체험에서 비롯된다. 체험은 브리꼴레르의 아이디어 뱅크이자 창의력의 데이터베이스 역할을 한다. 아이디어는 이미 내 안에 있는 체험적 소산을 이전과 다른 방법으로 조합하는 것이기 때문이다.

나 스스로 브리꼴레르라 자임하기는 아직 부족한 점이 너무 많다. 그러나 시기마다 삶의 궤적을 바꿔온 나이기에, 다문가多門家를 지향한다고는 말할 수 있을 듯하다. 전문가가 되기 위해 그동안 나는 다양한 얼굴과 정체성으로 변신을 거듭했다. 그 모습을 통해 다문가로 변신하는 궤적을 가늠해보자. 웃는 셈치고 들어주시면 좋겠다.

야생화로 살며 야망을 꽃피우다

온실 속에서 지나친 보호를 받고 자란 '화초'보다 자연이 주는 시련과 역경을 견디고 살아가는 들판의 '잡초'가 아름다운 생명력을 지닌다. 혹한의 추위를 이겨내고 얼었다 녹았다 하는 인고의 세월을 이겨낸 황태가 그냥 얼린 동태보다 맛있다. 자연이 준 시련과 역경을 이겨낸 뒤 보여주는 '앓음다움'의 맛이다. 아름다움은 '앓음다움'에서 나왔다. 아픔을 견뎌내고 보여주는 사람다움에서 아름다움을 느낄 수 있다. 화분 속에 안주하는 삶을 선택하기보다 거친 비바람이 몰아치는 야생에서 견뎌야 야성이 길러진다. 길들여진 생각과 행동에서는 야심찬 열정과 도전의식이 꿈틀거리지 않는다. 야생화의 야성이 야망을 꽃피운다. 고 정주영 회장은 가난한 농부의 아들로 태어나 맨주먹으로 사업을 일구고 과감한 역발상과 강인한 도전정신으로 세계가 인정하는 기업가가 되었다. 그 원동력은 무엇이었을까? 시골에서 자란 야생화적 기질 덕분이라고 생각한다.

가난한 시골아이이기는 나도 마찬가지였다. 초등학교를 졸업하고 가정형편 때문에 바로 중학교에 진학하지 못한 채 1년 동안 농사를 지어야 했다. 하지만 우리 형제들은 그래도 행복하게 지냈다. 초등학교 축구선수였던 나는 매일 4km 이상 구보를 하고 한겨울에도 반팔과 반바지 차림으로 운동을 했다. 아직까지도 건강하게 글을 쓰고 강연할 수 있는 원동력은 어렸을 때 닦았던 기초체력 덕분인 것 같다.

무엇보다도 그때의 추억은 보잘것없는 생태학적 상상력을 발휘하는 데 많은 도움을 주었다. 논농사 밭농사 가릴 것 없이 이것저것 다 해보면서 농사와 농업, 그리고 농부의 천성을 배웠다. 눈이 오면 뒷산에서 토끼를 사냥하고, 계절이 바뀌면 고사리, 더덕, 잔대, 산도라지, 칡뿌리, 마 등을 캐 먹으면서 자연이 준 선물을 만끽했다. 오늘날 내가 생태학적 상상력으로 글을 쓸 수 있는 원동력은 바로 어린 시절에 자연을 벗 삼아 지냈던 경험 덕분이라 생각한다.

인동초로 살며 봄을 준비하다

인동초란 이름 그대로 엷은 잎 몇 개로 모진 추위에도 말라죽지 않고 겨울을 이겨내는 식물이다. 그래서 인동초는 강인한 생명력을 상징한다.

고등학교에서 대학에 진학하기까지 직장생활을 포함한 5년여 기간은 앞을 알 수 없는 회색빛 청춘시절이었다. 공고에서 3년간 용접을 하고 한전에서 무수한 우여곡절 끝에 잡은 방향이 오늘의 나를 만들었다. 우여곡절과 파란만장한 삶, 절치부심 끝에 간신히 대학 입학에 성공하기까지 부딪힌 삶의 밑바닥 체험으로부터 좌절해도 절망하지 않고 실패해도 포기하지 않는 인내와 근성을 배웠다. 실패, 좌절, 절망, 슬픔과 아픔으로 생긴 상처와 얼룩이었지만, 지나고 나서 보면 모두 아름다운 추억으로 내 삶의 한 페이지를 장식하고 있다. 얼룩이 있어야 무늬가 더 아름다워 보인다. 인동초처럼 견디다 보니 그 견딤이 오늘의 나를 쓰임으로 만든 원동력이 되지 않았을까. 지금 생각하면 전혀 관계없을 것 같은 용접공 생활은 이제 철판이 아닌 이질적 정보를 융합해 새로운 지식을 창조하는 원리를 터득하는 체험적 계기가 되었다. 자기계발 전문가인 브라이언 트레이시, 세계적인 미래학자 앨빈 토플러도 기능공 시절을 거쳐 오늘날의 대가가 되었다. 갖은 옥고를 치르면서도 마침내 대통령의 꿈을 이룬 고 김대중 전 대통령의 별칭은 바로 인동초. 참고 견디는 기간 없이는 쓰임도 없다. 브리꼴레르도 최악의 조건에서도 포기하지 않고 최고를 꿈꾸는 가운데 탄생한 인동초다.

문외한으로 살며 전문가를 꿈꾸다

문외한은 어떤 일에 직접 관계없는 사람 또는 어떤 일에 전문적 지식이나 조예가 없는 사람을 지칭한다. 박사는 해당 분야에 대한 해박한 식견과 혜안을 갖고 있어야 마땅하다. 그러나 현실이 어디 그런가? 자기 전공만 벗어나면 그야말로 문외한이다. 박사학위를 거머쥐려면 하나의 주제를 깊이 파고들어 몰랐던 사실을 밝혀냄으로써 진실을 규명해내야 한다. 그러나 이 진실도 잠시 동안만 진리일 뿐, 순식간에 또 다른 진실로 대체될 수 있다. 그런 아픔을 각오하고 기꺼이 받아들여야 한다.

박사학위를 받고 삼성에서 5년간 인력개발 업무를 담당했다. 사람들은 박사라면 다양한 분야를 많이 알고 있을 거라 생각하지만, 천만의 말씀. 실험실에서 연구한 창백한 지식밖에 없던 나에게 현실은 너무나 복잡하고 불확실하며 모호했다. 교실에서 배운 지식이 관념의 파편일 수 있으며, 현실 변화에 도움이 되지 못할 수 있다는 뼈아픈 사실을 깨닫는 데는 오래 걸리지 않았다.

문제를 타개하기 위해 그룹 차원의 리더십 능력개발을 추진하고 HRD 전문가를 어떻게 육성할지에 대한 체계도를 그리고 교육과정을 개발해 운영해보았다. 그러나 리더십도 격전의 현장에서 복잡한 변수들 간의 역동적인 상호작용 속에 개발되는 것이지, 진공관 같은 실험실에서는 완성되지 않는다. 실제 교육과정은 책에 나와 있는 이론과 모델의 논리와 다르며, 이상적이고 합리적으로 운영되지 않는 경우가 비일비재하다. 아무리 훌륭한 사상이라도 내 몸을 움직여 체험해보고 터득하지 않으면 내 생각으로 체화되지 않는다. 사상은 지붕 위에서 날리는 종이비행기가 아니다. 신영복 교수의 말씀이다. 내 몸으로 실천된 것만 내 생각이다. 내 생각의 진위 여부를 판별할 수 있는 방법은 책상에서 결정되지 않고, 오직 일상에서 내 몸을 움직여 해보는 수밖에 없다. 몸이 따르지 않는 생각은 관념일 뿐이다.

선문답을 던지며 현답을 찾다

선문답이란 참선하는 사람들끼리 진리를 찾기 위해 주고받는 대화를 의미한다. 선문답에는 정답이 없다. 쉽게 답을 찾을 수 없는 삶의 본질에 대한 질문을 제기하고 현답賢答을 찾기 위해 스승과 제자가 머리를 맞대고 함께 모색하고 탐험하는 여정의 중심에 선문답이 있다. 스승은 정답을 가르치는 사람이라기보다 현답을 찾을 수 있는 가능성의 문으로 이끄는 사람이다. 이때는 정답보다 문제가 중요하다. 어제와 다른 문제를 던질 때 어제와 다른 세상이 열린다. 교수는 학생에게 어제와 다른 질문을 던지는 사람이지, 어제와 다른 새로운 지식을 전달하는 사람이 아니다. 영국 옥스퍼드 대학 입학시험에서 "자신을 문학작품에 비유하면, 자네는 시인가 소설인가?"라는 질문을 던진다고 한다. 쉽게 대답할 수 없는 질문이지만 질문을 받는 순간 많은 생각을 하게 만든다. 낯선 질문 없이 색다른 답도 기대하기 어렵다.

많은 사람들이 나를 '유영만 교수'라 부른다. 그러나 교수는 나를 대변하는 하나의 직위에 불과하다. 나는 대학교수라는 자리에 평범하게 머물고 싶지 않다. 실천현장과 연계된 살아 있는 지식을 함께 만들고 공유하면서 우리 시대가 필요로 하는 사람과 지식이 무엇인지 진지하게 성찰하는 교수가 되고 싶다. 가장 강력한 이론은 척박한 현실에서 온몸으로 체화한 것이라는 점을 부각시키고 싶다. 그래서 가장 이론적인 사람이 가장 실천적인 사람이며, 가장 실천적인 사람이 가장 이론적인 사람이라는 사실을 입증하고 싶다.

'삼매경三魅鏡'으로 글을 쓴다

이 밖에 나는 내가 이루고 싶은 모습, 나를 상징적으로 드러내는 표현을 몇 가지 만들어봤다. 첫 번째는 '삼매경三魅鏡'이다. 삼성경제연구소에서 발간된 《삼매경》에서 따온 말로, 망원경, 현미경, 만화경으로 대변되는 세 가지 매력적인 거울에 비추어 세상의 이면을 보여준다는 뜻이다.

이 세 가지 거울로 나는 글을 쓴다. 망원경으로 멀리 있는 것을 정확하게 관측하고, 현미경으로 가까이 있는 것을 구체적으로 관찰한다. 즉 망원경을 통해 미래의 변화추세를 알려주는 글을 쓰고, 현미경을 통해 우리 현실이 겪는 아픔을 어루만지는 글을 쓴다. 만화경은 매번 형형색색 다른 그림을 보여주는 거울이다. 세상의 요지경을 만화경으로 비춰보면서 차가운 과학의 잣대로 세상을 이해하는 글과 함께 포근하게 세상을 감싸 안는 글을 쓰려고 노력한다.

교수로서 학술논문을 쓸 때는 심사위원도 이해하기 어렵도록 난해하게 쓰지만, 일반 단행본을 쓸 때는 누구든 쉽게 공감할 수 있는 책을 쓴다. 작가이자 번역가인 유영만은 이 시대의 흐름을 읽되, 평범한 사람들의 아픔을 어루만지고 슬픔을 달래줄 수 있는 공감각적 글을 쓰고 번역하는 데 주력한다. 위대한 창작은 모두 망원경으로 미래를 내다보고, 현미경으로 구체적인 현실을 들여다보며, 만화경으로 본 세상의 변화무쌍함을 자기만의 색깔로 녹여낸 작품이다. 세 가지 거울에 비추어보면서 삼매경에 빠질 때 전대미문의 창작이 이루어진다.

'궁즉통窮則通'의 정신으로 가능성을 탐색한다

두 번째는 '궁즉통窮則通'이다. 궁즉통의 세계관은 난관이 있어도 주저앉지 않고 새 길을 찾고자 혼신의 힘을 기울이면 변신할 수 있는 새로운 가능성의 문이 열린다는 의미를 담고 있다. 한의학적으로 건강하다는 이야기는 기가 막힘이 없이 통한다는 의미다. 통하지 않고 막히면 병이 생긴다. 마찬가지로 어떻게 하면 배우고 익히는 과정이 막힘없이 통하게 만들 것인가가 '학습건강전문의사'의 핵심적인 문제의식이다. 그런 점에서 '학습건강전문의사'는 한의사다. 인간의 신체를 전체로 보고 기의 흐름을 총체적으로 연구하면서 건강성에 대한 근원적인 예방과 처방을 수행하는 한의학적 기반을 두고 학습건강을 연구한다.

나는 학습학이라는 분야와 한의학적 건강 개념을 기반으로 학습질환 예방 및 진단과 처방을 업으로 하는 학습건강전문의사를 창안했다. 즐거운 학습, 신명나는 학습, 무언가를 배우는 과정에 흥미진진한 기운이 감도는 학습이 학습건강전문의사가 추구하는 학습관이다. 배움은 무조건 즐거워야 한다. 지금 당장 힘들고 어렵지만 힘들고 어려운 단계를 넘어서면 깨달음의 희열이 올 것이라는 기대와 희망이 있다. 고통스러운 학습 여정 끝에 감동의 도가니가 있다. 그 도가니에 흠뻑 빠져보려는 강렬한 욕망이 학습이다.

'상창교想創敎'로 건강한 지식출산을 돕는다

상상은 의지와 함께 현실 속에 존재한다. 상상이 의지와 만나지 않으면 공상이나 환상이나 망상으로 전락한다. 상상을 창의나 창조로 연결하는 다리가 바로 상창교想創橋다.* 또한 상상력과 창의력을 가르치는 교육想創敎을 의미하기도 한다. 나아가 상상력과 창의력만이 인류를 구원할 수 있는 가장 확실한 종교라는 의미도 담고 있다.

인류의 한계는 기술의 한계가 아니라 상상력과 창의력의 한계다. 상상할 수 있는 힘, 상상력이 자유롭게 때로는 무모하게 발동돼야 전대미문의 창조로 연결될 수 있다. 여기에 상상한 것을 반드시 현실로 구현시키겠다는 불굴의 의지, 창의를 작품으로 탄생시키는 한계 돌파력과 실험정신을 지녀야 한다. 내가 경험하지 못한 타인의 아픔을 치유하기 위한 상상력을 기반으로, 세상을 따뜻하게 만드는 창의적 지식이 탄생한다.

그러나 아날로그 사회가 디지털 사회로 변화되면서 디지털화된 정보를 자기 지식으로 체화시키는 숙성의 시간을 갖지 못한 채 쌓아두기만 하다 체증이 생기는 경우가 많다. 이 시대에 나는 지식산부인과의사로서 지식산부인과학을 기반으로 건강한 지식출산과정을 연구한다. 건강한 지식출산은 전적으로 지식임신의 주체인 지식산모에게 달려 있지만, 지식산모 한 사람만의 노력으로는 역부족이다. 한 사람의 건강은 그 사

● 유영만(2008). 《상상하여? 창조하라! : 지식생태학자 유영만의 생각혁신 프로젝트》. 서울: 위즈덤하우스.

람이 먹는 음식, 그 사람이 관계 맺고 있는 사람, 그 사람이 살아가는 환경이 상호의존적으로 만들어가는 관계성의 건강에 달려 있다.

'체인지體仁知' 정신으로 지식생태계를 조성한다

진정한 의미의 변화가 일어나기 위해서는 우선 몸의 고통체험이 필요하다. 고통을 체험하는 가운데 지적 고뇌의 작용으로 새로운 지식이 쌓인다. 나의 고통체험體으로 깨달은 지식, 세상을 파악하는 따뜻한 마음과 타인의 아픔에 공감하는 애틋한 마음仁이 가미된 지식知이라야 본인은 물론 다른 사람과 주변 환경을 바꿀change 수 있다.* 이것이 지식생태학자로서 내가 추구하는 체인지體仁知 정신이다. 가장 소중한 깨달음은 체험적 깨달음이다. 체험하지 않고도 머리로 알 수는 있지만, 체험하지 않고는 느낄 수 없다.

오늘날 정보는 범람하고 있지만 지식은 심각한 가뭄에 허덕이고 있다. 범람하는 정보 속에 지식가뭄 현상이 나타나는 이유는 잡다한 정보를 나의 지식으로 체화하려는 수고와 정성, 땀과 노력이 부족하기 때문이다.

지식생태학에서 말하는 지식은 지식관리 시스템에 저장되는 정적 상태(명사)가 아니라, 사람과 사람 사이에서 부단히 움직이는 역동적 흐름(동사)이다.** 지식을 어떻게 바라보느냐에 따라 지식의 창조와

• 유영만(2012), 《체인지體仁知 : '경계'를 넘어 '경지'에 이르는 지식의 보물지도》, 서울 : 위너스북.
•• 유영만(2006), 《지식생태학 : 지식기반사회를 위한 포스트 지식경영》, 서울 : 삼성경제연구소.

공유 및 활용과정에 대한 접근방법이 달라진다. 지식생태학자는 지식나무가 무럭무럭 자라서 숲을 이루고 지식 숲이 유지되고 발전될 수 있는 생태학적 조건과 제도, 문화와 시스템을 조성하는 데 힘을 쏟는다. 지식생태계에서 선순환되는 지식은 외부의 강제적 수단과 압력에 의하기보다는 지식창조 주체가 신나게 학습하고 체득한 지식을 다른 구성원과 자유롭게 나누는 가운데 창조되고 공유된다.

'시이오詩理悟'의 감수성을 삼행시로 단련한다

시에는 인생과 자연, 우주 삼라만상의 묘미가 들어 있다. CEO는 시인처럼 일상을 관찰하고 상상하며 다르게 생각해야 한다. 시인은 사물을 육안肉眼으로 보지 않고 마음의 눈, 심안心眼으로 읽는다. 심지어 시인은 모래알 속에서도 우주를 보고 사과 씨앗 속에서도 사과나무를 보는 영혼의 눈, 영안靈眼을 갖고 있다. 보이는 대로 보지 않고 보이지 않는 이면을 본다. 사물을 꿰뚫어보고 뚫어질 때까지 관찰하면서 통찰력을 얻는다. 혁신적 CEO의 상징인 스티브 잡스는 시 읽기를 강조하는 CEO로도 유명했다. 그는 한때 윌리엄 블레이크의 시에 깊이 빠졌다고 했다. 이처럼 CEO는 시에 담긴 사물과 우주의 이치와 원리를 깨닫고 이를 경영에 접목하는 최고경영자다. CEO가 되려거든 시적 상상력으로 단련해야 한다.

시는 익숙한 것을 낯선 호기심으로 바라볼 때 태어난다. 내가 관심 갖고 있는 시적 대상은 '3'이라는 숫자다. 세 글자로 이루어진 사물과 사람 이름, 현상과 사태 모두가 삼행시의 대상이다. 자기 이름은 쉽게 바꿀 수 없지만, 이름 세 글자에 자신의 꿈과 비전, 신념과 가치관을 담아 자기를 얼마든지 다른 나로 재탄생시킬 수는 있다. 나는 세 글자로 구성된 모든 단어의 본질적 속성을 삼행시로 재탄생시킴으로써 어휘력은 물론 상상력과 창의력을 높이는 방안을 연구한다. 다양한 어휘, 어휘 간 조합과 결합을 통한 재창조, 촌철살인의 깨달음을 줄 수 있는 세 줄의 시를 짓기 위해 지우고 또 지우면서 운율을 맞추고 의미를 부여하는 작업을 부단히 반복한다. 그렇게 해서 깊어가는 밤, 다가오는 새벽녘에 한 편의 삼행시가 탄생한다.

어린 시절부터 지금까지 나의 자화상을 살펴보았다. 나아가 '학습건강전문의사', '지식산부인과 의사', '지식생태학자'로 변신을 거듭하고, 마침내 '삼행시 전문 시인'으로의 또 다른 변신을 꿈꾸는 여정을 살펴보았다. 다양한 변신을 거듭하며 오늘에 이르렀지만 미래의 내가 무엇이 될지는 잘 모르겠다. 오히려 불확실한 미래, 결정되지 않은 내일이라서 어제와 다른 방법으로 가슴 뛰는 삶을 살아가는지 모르겠다.

사람은 자기 위치에서 자기 자리를 지켜야 한다고들 말한다. 단순히 자리에 목숨 걸라는 말이 아니다. 그 자리가 요구하는 역할과 책임을 다하기 위해 목숨 걸어야 한다는 말일 것이다. 그러나 늘 그 자리에만 머물러 있다면 지루하지 않을까. 이 자리에서 저 자리로, 그 자리에서 이 자리로 위치를 옮겨보아야 정체되지 않는다. 오늘은 시인으로 살아가면서 익숙한 사물에 말을 걸어보고 감정을 이입해본다. 내일은 철학자로 살아가면서 상식에 시비를 걸어보고 당연한 것에 물음을 던져본다. 하루는 소크라테스가 돼 스스로 질문을 던지고 답하는 방식으로 살아보고, 다음 날은 차라투스트라가 돼 초인超人으로의 변신을 거듭하는 삶을 살아본다. 또 하루는 들뢰즈가 돼 미지의 세계로 끊임없이 이동하는 노마디스트로 살아보는 것이다. 하루가 너무 짧으면 1주일이나 한 달, 아니 몇 달을 그런 식으로 살아보는 것이다. 또 어떤 날은 디자이너 입장이나 마케터 입장이 돼본다.

단순히 자리만 바꾸는 게 아니라 바뀐 자리가 요구하는 입장에서 생각해보고 행동해보자. 자신의 분야를 기존과 다른 방식으로 추구하기 위해서는 다른 분야의 방식 관찰하기를 게을리하지 말아야 한다. 밖에서 안으로 예전과 다르게 들여다볼 때, 안에서 밖으로 다르게 내다볼 수 있는 눈도 생긴다. 이것이 곧 화가 르네 마그리트가 창안한 일종의 전치법轉置法, 데페이즈망이다. 동일한 이미지라도 어떤 자리에 존재하느냐와 다른 이미지와 어떤 관계 하에 그 자리를 차지하느냐에 따라 전혀 다른 이미지로 다가온다. 오늘의 나에 대한 이미지는 내일로 가는 여정에서 새로운 이미지를 만나 이전과 전혀 다르게 변신할 것이다. 지금의 정체성도 내일이면 다른 정체성으로 탈바꿈될 것이다. 우리는 끊임없이 어제의 정체성을 버리고 다른 정체성으로 변신을 거듭한다. 마치 니체의 초인이 매 순간 다른 모습으로 변신을 거듭하듯이. 그때마다 브리꼴레르의 모습에 한걸음 다가가게 되리라 기대한다. 당신도 그렇지 않겠는가? 그래서 우리를 대변하는 표현은 영원히 '미완성美完成'이다. '미완성未完成'의 결핍과 아픔은 완성으로 향하는 여정에서 '미완성美完成'으로 다시 태어난다. 비록 지금은 보여줄 게 별로 없지만, 그래도 완성을 향해 묵묵히 걸어가는 모습이야말로 가장 아름답지 않겠는가. 실패에서 겪는 좌절과 절망, 미완성작에서 느끼는 미련과 아쉬움을 달래가며 다시 시작하는 기분으로 출발을 거듭할 때 어느 순간 위대한 작품이 탄생한다.

오늘의 '완성'은 내일이면 '미완성'으로 남는다. 완성됐다고 생각하는 시점이 지나면 또 다른 미완성으로 남는다. 그 미완성은 새로운 완성을 위한 교두보이고 디딤돌이다.

변방에서, 바닥에서부터
변화를 다져나가라*

나는 기회가 되면 택시 운전을 해보고 싶다. 한때의 경험이나 치기에서 나온 발상은 아니다. 택시 운전기사의 아픔이 무엇인지, 그리고 택시에서 만나는 사람들의 살아가는 사연을 듣고 싶어서다. 그리고 그들에게 무엇이 절실하게 필요하고 어떤 정책적 대안을 모색해야 사람들이 행복하게 살아가는 사회가 될 수 있을지 담

• 변방과 변화에 대한 아이디어는 다음 책을 참조했음을 밝혀둔다. 신영복(2012), 《변방을 찾아서》, 서울 : 돌베개.

담히 써내려가고 싶다.

한 사회의 획을 긋는 혁명적인 변화는 중심보다 '변방'에서 일어난다. 중심부는 변화보다 동화同化하는 데 중점을 준다. 중심부에는 이미 잘 짜인 시스템과 제도적 틀이 있어서 다름과 다양성을 쉽게 수용하기 어렵다. 그러나 변방은 어떤 변화도 자유롭게 추구할 수 있으며, 정해진 틀에 끼워맞출 필요 없이 자기만의 독창적인 스타일을 얼마든지 창조할 수 있다.

기업경영도 마찬가지다. 이미 시장을 지배하고 있는 대기업은 경영의 각 부문별로 시스템화된 프로세스나 제도적 틀이 있어서 색다른 도전을 하기가 쉽지 않다. 야생의 색다른 아이디어가 다단계 의사결정 과정을 거치면서 독창성을 잃고 누구에게나 통용되는 밋밋한 아이디어로 전락하는 경우도 많다. 반면 신생 벤처기업이나 중소기업은 지금 만드는 것이 곧 길이요, 제도이자 시스템이다. 그만큼 변화를 추구하고 색다른 변화를 일으키기가 쉽다.

《우리가 아는 모든 것은 틀렸다》라는 책을 쓴 스웨덴의 미래학자 매그너스 린드비스트Magnus Lindkvist는 가장 흥미로운 사업 아이디어들의 절대다수가 사회 주변부에서 발견된다고 했다. 사회에 잘 적응하지 못하는 괴짜들, 도시화에 물들지 않은 촌놈들에게서 창의적인 아이디어가 나온다는 것이다. 하워드 가드너는 '교육받지 않은 마음unschooled mind'이라는 용어를 쓰면서 창의적인 생각은 길들여지지 않은 야생의 마음에서 나온다고 했다. 비슷한 맥락에서 신영복 교수는 16세까지

교조적 성리학에 무지했던 연암 박지원이 역사상 최고의 사상가, 문 필가가 된 원동력은 바로 중심부 문체에 물들지 않고 변방에서 자기 만의 독창적인 문체를 개발했기 때문이라고 한다.

변방은 이처럼 변화의 진원지다. 변방이 변방으로 머무르지 않고 새 로운 중심이 되는 것은 그곳이 변화의 공간이자 창조의 공간이고 생 명의 공간이기 때문이다. 인류 문명의 역사도 처음에는 변방에서 시 작됐다. 그러니 지금 중심에서 비켜나 있고 일류가 아닌 사람들은 오 히려 좋아해야 한다. 변방과 주변에 머무르는 시간을 경험해야 중심 과 핵심이 간과하고 있는 한계와 문제점을 볼 수 있다. 나아가 변방에 있어야 중심부에 물들지 않고 자기만의 독창적인 스타일을 연마하고 창조할 수 있다.

이때 한 가지 조건이 있다. 변방이 창조공간으로 변화되기 위해서 는 콤플렉스와 열등감이 없어야 한다. 중심부에 대한 허망한 환상과 콤플렉스를 청산하지 못하는 한, 변방은 중심부보다 더욱 완고한 교 조적 틀에 갇히게 된다. 콤플렉스와 열등감은 주어지는 것이 아니라 스스로 만들어놓은 걸림돌이자 장애물이다. 어쩔 수 없다는 숙명론적 사고방식, 해봐야 안 된다는 자괴감 등이 스스로를 나락으로 추락시 키는 장본인이다. 중심부가 주류 담론에 휩싸여 보지 못하는 것을 보 고, 느끼지 못하는 느끼고, 듣지 못하는 것을 듣고, 생각하지 못하는 것을 생각하면서 새로운 변화의 추동력으로 일어설 수 있는 곳이 바 로 변방이다. 밖에 있어봐야 안을 들여다볼 수 있고, 주변부에 있어봐야 중심부가 부패하는지 볼 수 있다.

변방은 주로 밑바닥이다. 변방은 아무것도 없는 맨바닥이다. 새롭게 시작하기 위해서는 '바닥'으로 내려가야 한다. 늑대도 사냥에 실패하면 대충 중간 지점에서 시작하지 않고 원점으로 돌아가 다시 시작한다. '바닥'은 지금과는 다른 방법으로 다시 출발하기 위한 원점이다. 삶의 진정한 자유를 누리기 위해서는 내가 살아가는 이유를 바닥에서 다시 성찰해야 한다. 중심부의 담론에 휩쓸려 우왕좌왕하고 한때의 유행에 빠져 정신없는 소비 욕망에 물들기 이전에 변방에서 나를 닦고 밖을 다스리는 성숙의 시간을 가져야 한다. 성숙해지는 길은 나를 지탱하고 있는 바닥을 흔드는 것이다. 바닥은 신념이다. 바닥의 신념을 흔들어야 내가 바뀐다.

밑바닥에서 지낸 역경은 고난을 이겨내는 힘을 길러주고 남다른 경력을 만들어준다. 무일푼으로 시작해 성공한 재일교포 사업가, 손정의는 만성간염이라는 사형선고를 받지만 좌절하지 않고 병상에서 사력을 다해 관련 논문을 읽고 서적 3,000권을 독파했다. 그리고 변방에 있는 무명의 대체의학자를 만나 기사회생했다. 목숨을 걸면 생명은 연장되고 성장할 수 있다. 가슴에 손을 얹고 생각해보자. 나의 전부를 걸고 도전해본 적이 있는가?

"질퍽질퍽한 진창에서 어떻게든 몸이라도 일으켜보려고 버둥거리는 내 자신이 처참하게 느껴질 때 흐르는 뜨거운 눈물, 이 눈물이 피눈물이다. 자수성가한 이들의 이야기가 가슴 절절한 것은 그들의 가슴에 아직 피눈물이 고여 있기 때문이다. 그들은 그 피눈물을 잊지 않는다. 그 피눈물이 그들을 만들었기 때문이다." 서광원의 《시작하라 그들처럼》의 한 구절이다. 피눈물을 흘려본 사람은 다시 피눈물을 흘리지 않기 위해 피나는 노력을 한다. 피눈물은 슬픈 눈물이지만 뜨거운 삶의 욕구가 꿈틀거리는 눈물이다. 서러움에 복받쳐 나오는 눈물이지만 미래를 지향하는 의지의 눈물이다.

밑바닥에 있다고 좌절하고 있는가? 바닥은 좌절한 사람들이 불평불만을 터트리는 피신처가 아니다. 오히려 바닥은 도전하다가 실패한 사람들이 새로운 가능성과 희망의 싹을 틔울 수 있는 터전이다. 달릴 수 있는 기초체력은 철저하게 바닥에서 구르면서 연마된다. 바닥에서 축적한 생존의 지혜는 어느 순간 상상하기 어려운 비약적인 발전을 가져올 수 있는 원동력이 된다. 자신도 모르게 축적된 실력이 한순간에 빛을 발하는 순간은 언젠가 온다. 다만 시기의 문제일 뿐이다. 그날은 철저하게 바닥을 기어본 이들만이 잡을 수 있다.

브리꼴레르가 도달하고 싶은 꿈의 경지, 아레테

"목표의 올바름을 선善이라 하고 목표에 이르는 과정의 올바름을 미美라 합니다. 목표와 과정이 함께 올바를 때 진선진미盡善盡美라 합니다. 목표가 바르지 않고 그 과정이 바를 수 없으며, 반대로 그 과정이 바르지 않고 그 목표가 바르지 못합니다. 목표와 과정은 하나입니다."

― 신영복, 《처음처럼》 중

즉흥적으로 상황에 맞는 해법을 모색하려면, 무엇보다도 정확한 판단력이 필요하다. 브리꼴레르가 변변찮은 자원으로 짧은 시간 내에 놀라운 결과물을 만들어낼 수 있는 것 또한 발군의 판단력 덕분이다.

그런데 브리꼴레르의 판단력에는 특별한 점이 있다. '윤리적 목적'을 기준으로 한다는 것. 일찍이 아리스토텔레스는 《니코마코스 윤리학》•에서 전문가가 갖춰야 할 최고의 덕목으로 프로네시스phronesis, 즉 실천적 지혜를 꼽았다. 그리고 실천적 지혜를 가진 사람을 프로니모스phronimos라 지칭했다. 그에 따르면 프로니모스는 자신에게 선한 일이나 이익이 되

• 아리스토텔레스(지은이), 김재홍·강상진·이창우(옮긴이)(2011), 《니코마코스 윤리학》, 서울: 도서출판 길.

는 것에 대해서 부분적으로 생각하지 않고, 전체적으로 어떤 일이 잘 사는 것(행복)에 도움이 되는가에 대해 곰곰이 숙고하는 능력을 소유한 사람이라고 한다. 도덕철학자인 매킨타이어Alasdair Macintyre는 《덕의 상실》*에서 아리스토텔레스의 실천적 지혜의 핵심주장을 그대로 전승하면서 미덕과 탁월성을 동시에 지닌 최고의 전문가가 되기 위한 조건을 규명하고자 했다. 매킨타이어가 말하는 실천은 그 활동에 내적인 가치가 들어 있으며, 탁월성의 기준을 포함하고 있는 활동이다. 예를 들어 여름날 호숫가에 앉아 무심코 돌을 던지는 행위는 실천이 아니다. 이 행위에는 내적인 가치가 들어 있지 않으며 탁월성을 갖추기 위한 노력이 없기 때문이다. 반면 투수가 전심전력을 다해 공을 던지는 행위는 당연히 실천이다.

이처럼 매킨타이어는 실천을 각각의 행위에 맞는 목적을 세우고 추구한다는 뜻으로 해석했다. 환자의 아픔을 없애고 건강을 증진시키는 일은 의료행위의 목적이지만 명성과 부를 추구하는 것은 부차적인 것이다. 실천의 본래 목적을 상실하고 다른 목적을 위한 실천이 반복될 때 덕을 상실하고 어리석음을 범하게 된다. 그는 명예와 부, 지위와 신분상승을 목적으로 의료행위를 하는 의사는 아무리 훌륭한 성과를 낸다 해도 실천가가 아니라고 단언했다.

브리꼴레르는 지식을 머리에 축적하는 사람이 아니라 따뜻한 가슴

•알래스데어 매킨타이어(지은이), 이진우(옮긴이)(1997), 《덕의 상실》, 서울 : 문예출판사.

으로 포용하는 지성인이며, 다른 사람의 아픔을 가슴으로 사랑하는 지혜의 소유자다. 지금까지 우리가 생각해왔던 인재상은 차가운 머리, 객관적 분석과 논리적 이성으로 세상의 모든 문제를 해결하려 하는 차가운 전문가였다. 브리꼴레르는 논리적 이성 못지않게 따뜻한 감성으로 세상의 아픔과 슬픔, 불편함과 불안감을 사랑하는 사람이다. 가슴이 동반되지 않은 채 머리로만 아는 것은 진정한 앎이 아니다. 따뜻한 감성을 기반으로 이성적 깨달음이 동반될 때 비로소 세상의 아픔과 슬픔을 치유할 수 있는 전문성으로 거듭날 수 있다. 사랑을 잃어버린 전문가는 기능적 기술자에 지나지 않는다.

일찍이 아리스토텔레스는 탁월한 전문성은 타인의 아픔을 마치 나의 아픔처럼 생각하는 공감능력과 옳은 일을 올바른 방법으로 추진하기 위해 애쓰는 도덕적 판단력을 겸비할 때 비로소 완성된다고 했다. 전문지식과 기술의 탁월성과 윤리적 자세, 그리고 전문성을 활용하는 도덕적인 행위가 이상적으로 조화를 이루는 상태를 아리스토텔레스는 '아레테'라 했다. 즉 전문지식의 탁월성과 덕德을 겸비한 상태로, 미덕을 갖춘 최고 경지의 전문성을 지칭한다. 아레테를 겸비한 브리꼴레르라야 1부에서 논의한 멍청한 전문가, 답답한 전문가, 무늬만 전문가, 그리고 무엇보다도 재수 없는 전문가가 범하는 오류에 빠지지 않을 수 있다.

지금까지 우리는 브리꼴레르가 어떤 인재인지, 어떻게 해야 브리꼴레르가 될 수 있는지 살펴보았다. 여기에 '도덕적 판단력'이 더해질 때, 어떤 상황에서도 옳은 방향으로 대안을 내놓는 아름다운 전문가가 될 수 있다. 아름다움은 기본기가 탄탄한 상태에서 자신에게 어울리는 일을 즐겁고 신나게 할 때 저절로 드러나는 자기다움이다. 그렇다면 도덕적 판단력은 어떻게 길러지는가? 5가지 미덕을 중심으로 살펴보면서 브리꼴레르가 되는 길을 정리하고자 한다. 저절로 될 때까지 갈고닦는 절차탁마, 소통으로 능통에 이르는 이심전심, 견딤의 시간을 통해 쓰임새를 결정하는 백절불굴, 자기중심적 가방에서 타자 중심적 보자기를 지향하는 화이부동, 희생정신으로 미덕을 꽃피우는 살신성인, 그리고 탁월함에 덕을 더해 완성되는 아레테다.

절차탁마 :
저절로 될 때까지 제대로 갈고닦아라

언변과 재기가 뛰어난 자공이 어느 날 스승 공자에게 이렇게 물었다. "《시경》에 '선명하고 아름다운 군자는 뼈나 상아를 잘라서 줄로 간 것切磋처럼, 또한 옥이나 돌을 쪼아서 모래로 닦은 것研磨처럼 밝게 빛난다'고 하였는데, 이는 스승님이 말씀하신 '수양에 수양을 쌓아야 한다'는 것을 이르는 것인지요?"

공자는 이렇게 대답했다. "사賜(자공의 이름)야, 이제 너와 함께 《시경》을 말할 수 있게 되었구나. 과거의 것을 알려주면 미래의 것을 안다고 했듯이, 너야말로 하나를 듣고 둘을 알 수 있는 인물이로다."

《대학》에 "자르듯 하고 쓸듯 함은 학문을 말하는 것이요, 쪼듯 하고 갈듯 함은 스스로 닦는 일이다 如切如磋者 道學也 如琢如磨者 自修也"라고 했다. 여기서 '절차'는 학문을 뜻하고 '탁마'는 수양을 뜻한다. 절切은 옥을 처음에 자르는 것, 차磋는 그 형태를 더욱 고르게 다듬는 것, 탁琢은 돌을 쪼아 형태를 만드는 것, 마磨는 그것을 닦아서 마무리하는 것을 이른다.

한 분야에서 위대한 성취를 이루려면 기본부터 철저히 익힌 다음 쉬지 않고 단련하고 연마하며 수양을 거듭해야 한다. 공제의 제자였던 자공과 자로는 촌사람이었지만 열심히 공부해 최고의 선비가 됐다. 마찬가지로 한 분야에서 위업을 달성하려면 쉬지 않고 기본기를 연마하고 단련해서 어떤 난관이 닥쳐와도 능히 극복할 수 있는 내공을 쌓아야 한다.

한 분야의 전문가가 되는 길은 멀고도 험하다. 검도에서는 전문가에 이르는 단계를 수파리守破離 3단계로 설명한다.

첫째, 수守는 기본과 원칙을 연마하는 단계다. 내가 몸담고 있는 터의 본질을 올바르게 파악하면 어려운 일도 쉽게 극복할 수 있다. 다중지능의 주창자인 하워드 가드너와 《아웃라이어》의 저자 말콤 글래드웰은 어려울수록 기본을 고수하는 사람이 더 오랫동안 생존할 수 있다고 지적한다. 한 분야에서 위업을 달성하려면 적어도 1만 시간을 투자해야 한다. 이 시간은 바닥에서 힘든 여정을 보내는 가운데 언젠가 웅비할 날개를 준비하는 과정이다.

둘째, 파破는 기본기를 근간으로 자기만의 고유한 기술을 창조하는 단계다. 살아가는 데 필요한 자기만의 독창적인 생존기술을 '필살기'라 한다. 상대를 한순간에 무너뜨릴 수 있는 '한 방'이나 '한 칼'이다. 기존 이론을 철저하게 익히지 않고서 더 뛰어난 대안을 제시할 수 없는 것과 마찬가지로, 기본기 없이는 아무것도 만들 수 없다.

아무것도 아닌 존재가 되는 경우는 두 가지다. 첫째, 나만의 필살기가 없으면 나의 경쟁력은 제로다. 내 일을 누군가가 대체할 수 있으면 나는 아무것도 아니다. 둘째, 남달라지는 데는 성공했지만 나의 남다름을 남이 인정해주지 않으면 아무것도 아니다. 남의 인정을 받으려면 남을 설득해야 한다. 설득에 실패하면 남다름도 사장된다. 파 단계는 자신의 전문성을 다른 분야와 접목해 전혀 새로운 전문성을 창조하고 남이 인정할 수밖에 없는 남다름으로 승화시키는 단계로, 이때부터 브리꼴레르의 자기 정체성이 드러난다.

셋째, 리離는 기절초풍할 기운으로 훨훨 날아가는 단계다. 수단계의 기基와 파단계의 기技가 합쳐져 기氣로 승화된다고 할 수 있다. 기氣가 흐르면 세상도 자기편이 된다. 무의식적으로 자연스럽게 물 흐르듯이 생존기술인 필살기를 발휘할 때 나의 기가 세상으로 퍼져나간다. 스승으로부터 배운 기본기를 근간으로 자기만의 독창적인 필살기를 연마했으면 스승의 그늘을 벗어나 세상에 기여하는 단계로 발전해야 한다. 이런 점에서 리단계는 이른바 청출어람靑出於藍의 단계다.

　의식적으로 연마한 지식과 기술이 무의식적으로 자연스럽게 발휘될 때 비로소 리단계에 접어들었다는 느낌이 온다. '행함으로써 습득'한 전문성이 '느낌으로써 체득'되는 단계에 이르면 몸과 기술이 혼연일체가 돼 기능이 예능으로 발전한다. 물아일체의 법열을 체감하고, 질적 비약을 통해 도통할 수 있다. 매사가 물 흐르듯이 '저절로' 이루어지는 단계다.

이심전심 :
소통해야 능통한다

　"과학계에서의 공적은 처음 아이디어를 낸 자가 아니라 세상을 납득시킨 자에게 돌아간다." 찰스 다윈의 아들, 프랜시스 다윈의 말이다.

　다빈치는 세상의 모든 것이 궁금했던 사람이다. 남들은 공상이나 망상이라 놀렸겠지만 그는 엉뚱한 상상력을 발휘하고, 자신이 꿈꾸는 이상을 위해 절치부심하고 기회를 엿보며 이런저런 시도를 수없이 반복했다. 이 와중에 다빈치는 보통 사람이 넘보기 어려운 폭넓은 식견을 갖게 됐다.

　그러나 다빈치가 살았던 르네상스 시대와 비교해볼 때 세상은 너무나 복잡해졌고, 세상을 이해하는 데 필요한 지식도 방대해졌다. 특히 전문분야와 분야별 지식이 폭증하는 오늘날에는 르네상스 시대의 다빈치나 미켈란젤로처럼 한 사람이 방대한 분야를 섭렵하기가 현실적으로 어렵다. 더욱이 한 사람의 주관은 선입견과 편견에 사로잡힐 수밖에 없다. 다른 사람의 주관과 만나야 상호주관적인 의견이 만들어지고 객관적인 의견이 나올 수 있다. 간주관성은 머리로 분석하고 평가하는 것에서 벗어나 다양한 사회적 환경과 조건 속에서 다른 사람과 몸으로 직접 부딪치면서 체득한 사실이나 지식을 공유하는 과정에서 생긴다. 철학자 메를로 퐁티Maurice Merleau Ponty는 상대와 인간적으로 마주보면서 (정신이나 의식보다) 신체적 공감이 이루어지는 순간 간신체성이 형성된다고 했다. 인간은 타인과 신체적으로 시공간을 공유하고 접촉함으로써 상대의 입장을 이해하고, 좀 더 큰 상호주관성 또는 간주관성을 만들어낼 수 있다.•

  객관성은 주관적인 인간이 결코 도달할 수 없는 신화다. 객관성은 오로지 인간의 주관적인 의견과 의식을 공유하는 간주관성과, 주관적인 인간들의 신체적 공감으로 이루어지는 간신체성을 통해 만들어질 뿐이다. 또한 한 사람이 모든 분야에 능통할 수는 없지만, 모든 사람과 소통할 수는 있다. 그러니 혼자 모든 분야를 섭렵하려 헛되이 노력하지 말고, 다른 사람들을 만나라. 소통채널을 다변화해 다양한 사람들과 의도적으로 만나서 내가 모르는 다양한 분야의 추세와 동향을

• 노나카 이쿠지로·가쓰미 아키라(지은이), 양영철(옮긴이)(2012), 《생각을 뛰게 하라》, 서울 : 흐름출판.

듣고, 그것이 내 분야와 어떤 관계와 시사점이 있는지 생각하라. 다른 분야와의 소통은 내 전문성을 높이는 동시에 사고의 편협함을 깨는 데 도움을 준다.

소통에서는 논리적 설명보다 감성적 설득이 위력을 발휘한다. 마음을 움직이지 못하면 그 어떤 소통도 실패할 수밖에 없다. 그런데 실상은 어떤가? '설득'보다 '설명'이 난무하는 경우가 많지 않은가? 훌륭한 논리적 설명은 이성을 움직이지만 판단과 의사결정을 하는 감성을 움직이지 못한다. 'together'의 의미가 'to+get+her'라는 분석도 있다. '그녀'를 얻기 위해 그녀를 도와준다는 의미다. 그녀의 마음을 사로잡으려면 그녀의 마음을 읽고 훔쳐야 한다. 여기서 '그녀'는 기업 입장에서 보면 '고객'이다. 고객을 얻으려면 고객의 마음부터 얻어야 한다. 머리를 움직이는 '논리적 설명' 이전에 마음을 움직이는 '감성적 설득'이 앞서야 한다. 느낌이 와야 논리가 따라갈 수 있고, 마침내 교감이 이루어지면서 활력 있는 소통이 가능해진다.

반면 말하는 사람 입장에서 무조건 자신을 따르라고 강요하는 '호통'은 듣는 사람의 마음을 움직이지 못한다. 소통 없는 호통은 불통不通의 장본인이다. '호통경영'을 주장하는 《일본전산 이야기》*라는 책도 있는데, 이는 호통 뒤에 숨은 리더의 관심과 배려와 애정이 있을

* 김성호(지은이)(2009), 《일본전산 이야기 : 불황기 10배 성장, 손대는 분야마다 세계 1위, 신화가 된 회사》. 파주 : 쌤앤파커스.

때만 진가를 발휘한다. 호통이 소통으로 연결되려면 호통을 듣는 상대방의 소박한 일상에 귀를 기울여야 한다. 상대에 대한 믿음을 전제로 이루어지는 호통이라야 소통의 끈으로 연결될 수 있다. 반면 왜 호통을 치는지 모르는 상태에서 이루어지는 화풀이식 호통은 서로 간에 감정의 골만 깊게 만들 수 있다.

창의성은 개인의 외로운 노력으로 발휘되는 독창성이 전제되지만, 한 시대의 흐름을 바꾸는 전대미문의 창조는 독창이 독재로 흐르지 않도록 서로 나누고 협력하는 협창성協創性에서 발현된다. 나는 미처 생각하지 못한 아이디어가 다른 사람과 소통하는 가운데 우연히 떠오르는 경우가 많다. 아이디어는 지금까지 내가 갖고 있는 지식과 경험 수준을 넘어설 수 없다. 나와 다른 지식과 경험을 가진 사람들과의 소통은 서로의 지식융합과 경험의 통합을 통해 제3의 아이디어를 잉태시키는 중요한 촉진제이자 원동력이다. 아이디어는 이미 있는 기존의 지식과 경험을 색다른 방식으로 조합하거나 의외의 방식으로 결합하는 가운데 나온다.

소통을 통한 창조는 자가당착적 편견의 함정에서 빠져나오게 할 뿐 아니라 새로운 아이디어가 사회적 설득력을 가질 수 있는지 판단하는 중요한 채널을 제공한다. 독창적인 아이디어라도 대중이 알아주지 않으면 무용지물이다. 내가 보기에는 새로운 아이디어지만 이미 어딘가에 있을 수도 있고, 내 생각만큼 참신한 발상이 아닐 수도 있다. 대중이 받아들이기에 지나치게 난해한 아이디어일 수도 있다. 남달라지는 가장 확실한 방법은 최초로 시도하는 것이다. 물론 최초가 반드시 최고가 되는 것은 아니지만, 최고는 언제나 남다른 최초를 시도한다. 처음이기 때문에 일반 대중에게는 낯설고 이해가 되지 않을 수 있다. 최초로 시도한 혁명적인 생각과 창의적인 아이디어가 색다른 창조로 꽃피우기 위해서는 대중과의 소통을 통해 익숙하게 다가가야 한다. 창조가 소통 속에서 꽃필 수밖에 없는 이유다.

백절불굴 :
'견딤'의 시간이 '쓰임'의 범위를 결정한다

살다 보면 걸림돌에 걸려 넘어지고 자빠지는 경우가 종종 생긴다. 걸리적거리는 장애물이 꿈을 향한 행보를 방해하고, 넘을 수 없는 장벽이 앞을 가로막는다. 이 모두가 극복해야 할 시련과 역경이다. 하지만 삶의 여정에 걸림돌과 장벽이 없다면 얼마나 재미없겠는가? 시련을 경험한 사람일수록 시험에 들지 않고 난도 높은 시험을 잘 견뎌낸다. 다양한 문제상황에서 시시각각 변하는 복잡한 변수들 간의 관계를 신속하게 판단하고 과감하게 결정하려면 실제로 그런 문제상황을 겪어봐야 한다. 걸림돌에 걸려본 경험은 걸림돌을 디딤돌로 바꿔서 활용할 수 있는 실천적 지혜가 된다.

세상의 스포트라이트를 받는 사람들의 인생은 숱한 시련과 역경을 견디고 마침내 자신이 꿈꾸는 목적지를 향해 열정을 불태운 과정이다. 그들이 살아온 인생의 뒤안길을 보면 눈에 보이는 성과는 눈에 보이지 않는 숨은 노력과 저력이 만들어낸 기적임을 알 수 있다.

브리꼴레르가 되는 길에도 수많은 걸림돌과 장벽이 존재한다. 넘어지고 자빠져봐야 내가 잘할 수 있는 분야, 재능을 알 수 있다. 삶은 장벽을 넘고 절벽을 건너는 고난의 연속이다. 꿈의 목적지는 언제나 장벽 너머에 존재한다. 장벽을 넘고 절벽을 건너야 새벽을 맞이할 수 있다. 절망과 좌절로 삶을 포기하면 거기서 끝이지만, 그럼에도 다시 한 번 살아야겠다는 야망으로 도전을 시작하는 사람에게는 이제까지와는 전혀 다른 도약의 기회가 생겨난다. 처절한 자기와의 싸움으로 만들어진 '얼룩'은 아름다운 작품의 '무늬'로 탄생한다. 얼룩진 삶에서 묻어나는 향기는 사람들에게 오래 기억된다. 좌절과 절망의 얼룩, 시련과 역경의 얼룩이 희망과 도전, 꿈과 성취의 무늬로 탄생하는 것이다.

토인비는 최적 조건의 도전이란 단 한 번의 성공으로 위업을 달성하는 도전이 아니라 미약하지만 작은 진전을 가능하게 만드는 도전이며, 기대했던 목표가 달성된 후에도 거기서 멈추지 않고 재도전의 의지를 부추기는 도전이라고 했다. 토인비는 이러한 도전을 몇 번이고 반복하는 순환운동으로 전환시키려면 새로운 도전을 만날 때마다 더욱 강해지는 힘, 엘랑비탈Elan Vital이 있어야 한다고 결론지었다. 엘랑비탈은 도전에 대한 응전을 통해 인간과 문명을 비약적으로 성장하고 발전시키는 원동력이다.

대나무는 씨앗을 심은 뒤 첫 4년 동안은 죽순만 하나 돋아난다. 땅 위로 죽순을 키우기 위해 땅속으로 깊이 파고들어간 후, 5년이 지난 후에는 무려 25m까지 성장한다. 대나무가 땅속에서 어둠과 함께 보낸 4년이란 시간은 25m로 자라기 위해 실력과 내공을 닦은 기간이다. 절대고독 속에서 높이 자랄 수 있는 실력을 닦은 대나무가 엘랑비탈의 기적을 일궈낸 것이다.

　기적은 저절로 어느 날 갑자기 이루어지지 않는다. 보이지 않는 숨은 저력이 눈에 보이는 기적의 성과를 가져온다. 정호승 시인은 '견딤'이 '쓰임'을 결정한다고 했다. 견딤의 크기가 쓰임의 크기를 결정하며, 견딤의 길이가 쓰임의 길이를 결정한다. 위대한 업적과 성취는 모두 견딤의 시간을 통해 축적한 내공이 적절한 시기를 맞아 만개한 결과다. 도약의 발판을 마련하기 위해서는 무엇보다 절대고독의 심연에서 열정을 분출하면서 실력을 쌓아야 한다. 그리고 다른 사람들과 소통하면서 자신의 분야에서 쌓아 모은 것을 다른 사람들과 나누며 고통을 다스려야 한다. 이런 노력이 전대미문의 창조적 위업을 달성하는 과정이다.

화이부동 :
가방이 아니라 보자기가 되어라

서양 사람들은 가방에 '넣는다'고 하고 한국 사람

들은 보자기로 '싼다'고 한다.˚ 가방은 '넣는다'는 동사밖에 없지만 보자기는 '싸다', '쓰다', '두르다', '덮다', '씌우다', '가리다', '메다' 등 참으로 다양한 기능의 동사와 호응할 수 있다. 보자기는 자신이 싸고 싶은 어떤 물건이라도 수용하는 뛰어난 융통성을 발휘한다. 이런 점에서 보자기는 '감싸 안는' 것이며, 가방은 '집어넣는' 것이다.

넣고 채우는 가방과 감싸 안고 푸는 보자기는 그 저변에 깔려 있는 생각과 행동에도 판이하게 차이가 난다. 브리꼴레르는 가방보다 보자기를 선호한다. 가방은 자기중심적이며 타인의 의견을 수용하지 않으려는 성향이 강하다. 이에 반해 보자기는 타자중심적 관점으로 다름과 차이를 수용하려고 노력한다.

철저하게 정형화된 논리에 따라 중간과정에서의 변화 가능성을 인정하지 않는 가방에 비해 보자기는 창발성emergence과 유연성, 그리고 가변성을 인정하고 수용한다. 브리꼴레르는 자신의 정체성과 주관이 확실하지만, 그렇다고 해서 자신과 다른 관점에 배타적이지 않다. 세상을 향해 열린 마음과 감싸 안는 인간적 따스함 속에서 보자기의 포용의 미학을 느낀다. 언뜻 줏대 없어 보이지만 본질과 속성을 훼손하지 않은 채 외형적 특징을 주어진 상황에 맞게 자유자재로 바꿔나가는 모습은 브리꼴레르의 즉흥적 판단력과 임기응변력을 상징적으로 보여준다. 가방은 자기가 세상의 중심이기에 자신과 맞지 않는 어떠

• 이어령(2003). 《기업과 문화의 충격》. 서울:문학사상사.

한 것도 수용하거나 포용하지 않는다. 전문가일수록 다른 전문가의 꿈을 존중하고 의견의 다름을 인정하는 포용력이 있어야 한다.

사전에 구획된 방식으로 획일화, 표준화, 정형화하는 서양의 가방 문화와 다양성의 여유로 감싸 안는 한국의 보자기 문화는 각각 산업화 시대의 문화와 후기산업화 시대의 문화를 대변한다. 산업화 시대의 합리적 사고의 전형을 보여주는 가방문화는 돈키호테와 갑옷 간의 관계처럼 형식이 내용을 지배하는 문화다. 돈키호테는 갑옷 안에 있어야 기사로 존재할 수 있다. 사람의 몸에 침대를 맞추는 것이 아니라 침대의 크기에 사람의 다리를 잘라서 맞추는 프로크루스테스적 논리다. 상대방의 입장이 무엇이든 내 입장과 주장이 중요하다. 나는 항상 옳고 내 주장에 따르지 않으면 대화든 협상이든 이루어지지 않는다.

이제까지의 전문성은 서양의 가방처럼 다른 전문성과 철저히 분리되는 배타적 독립성을 띠었다. 서로간의 융화도 어려웠고 협업도 쉽지 않았다. 그러나 이 세상의 모든 문제는 하나의 원인으로 생기지 않는다. 단순한 문제도 여러 가지 구조적 관계가 복잡하게 얽혀서 파생된 현상이다. 문제의 복잡성이 심화될수록 한 사람의 전문성만으로는 해결하기 어렵다. 지금까지 한 번도 경험해보지 못했던 새로운 문제가 발생하고, 문제해결 과정에서도 각종 변수들이 복잡하게 얽혀서 예기치 못한 일을 일으키기도 한다. 이런 시대일수록 전문가는 다른 전문가와 함께 머리를 맞대고 자신의 전문성을 다른 전문성에 접목해 난제해결의 돌파구를 마련해야 한다.

브리꼴레르는 전문가와 전문가 사이에서 이견을 조율하고 최적의 대안이 무엇인지 고민한다. 전문가일수록 자기주장을 확신하겠지만, 다른 주장의 고유한 특성에 비추어 나의 주장이 갖는 장단점을 생각할 줄 알아야 한다. 내 전문성의 깊이를 추구하되 다른 전문성과의 수평적 관계망을 구축해 내 전문성의 가능성과 한계를 동시에 보는 안목을 갖춰야 한다.

살신성인 :
희생정신 없는 인재서는 인재쎄다

당신 앞에 '열 십+' 자가 놓여 있다. 당신은 이것을 무엇으로 이해하겠는가?

당신이 수학자라면 덧셈으로, 의사라면 배꼽으로, 교통경찰이라면 사거리로, 목사라면 당연히 십자가로, 간호사라면 적십자로, 약사는 녹십자로 이해하지 않을까? 각자의 전공과 직업의 문맥으로 바라보면 동일한 기호나 상징도 다르게 이해하고 해석할 수밖에 없는 일. 전문가일수록 다른 전문가의 눈으로 세상을 보기가 그만큼 어렵다는 뜻이기도 하다.

전문가들은 각자 '이 길이 내 길'이라 생각하고 최선의 노력을 경주한다. 그러나 문제는 그 길들이 서로 만나기 어렵다는 데 있다. 각자의 문맥에 갇혀 다른 길이 있다는 가능성, 다른 길이 열어주는 놀라운 통찰력, 함께하면 더 놀라운 성과를 창출할 수 있다는 가능성에 대한 깨달음, 다른 길과 함께할 때 나타날 수 있는 접목과 융합의 시너지 효과를 기대할 수 없다.

우리가 공부하는 1차적인 목적은 자신이 쌓은 전문성으로 자신의 삶을 한 단계 업그레이드하는 데 있다. 그러나 더 중요한 목적은 내가 쌓은 전문성을 다른 사람을 위해 기꺼이 활용하는 것이다. 인간은 사회적 동물이기에 관계 속에서 행복을 추구한다. 판사 검사가 되고 변호사가 돼도 약자를 보듬는 법률적 판단과 도덕적 지혜를 발휘하지 않는다면 힘들게 공부해서 마련한 사회적 지위가 무슨 의미와 가치가 있을까. 환자의 얼굴을 보면서 그들의 고통을 마음으로 헤아리기보다 모니터만 들여다보고 기계적으로 병명을 진단하는 의사와 처방대로 약 조제만 하는 약사는 과연 자신의 소명을 다하는 사람이라 말할 수 있을까.

브리꼴레르는 살신성인殺身成仁의 미덕을 갖고 있다. 살신성인은 《논어》의 〈위령공편衛靈公篇〉에 "뜻있는 선비와 어진 사람은 살기 위해 인仁을 해치는 일이 없고, 오히려 자신의 목숨을 바쳐 인仁을 행할 뿐이다志士仁人, 無求生以害仁, 有殺身以成仁"라는 말이 나온다. 공자가 말하는 인은 타인에 대한 자비와 인간애, 동정심이다. 살신성인은 자신의 고통을 감수하며 이웃에 봉사하거나 자신의 이익을 양보해 남을 위해 살아가는 미덕이다.

브리꼴레르는 누군가가 문제상황에 봉착하면 몸을 사리지 않고 공동선을 위해 과감히 실천한다. 나아가 나눔의 미덕이 사회적으로 확산될 수 있는 무대를 마련하는 데도 헌신적이다. 자신의 지식이 사회적 산물임을 알고 있기에 나오는 당연한 행동이다.

　새로운 지식은 세상에 좋은 영향을 미칠 때 의미가 있다. 브리꼴레르의 전문성은 시행착오와 우여곡절 끝에 온몸으로 체득한 몸에 밴 습관이자 실천적 지혜다. 이 지혜를 공유하기 위해서는 관심을 같이 하는 사람들 간의 공동체적 결속과 연대망이 필요하다. 그래야 브리꼴레르의 전문성이 한 개인에 머무르지 않고 사회적으로 확산될 수 있다.

　전문성을 쌓는 것도 중요하지만, 더욱 중요한 것은 자신의 전문성을 다른 사람과 나눌 수 있는 장을 마련하는 일이다. 전문가적 식견과 안목을 지닌 사람이 그렇지 않은 사람을 업신여긴다면 전문가로서 자세와 자질이 있다고 할 수 없다. 전문가일수록 비전문가 입장에서 그들이 만들어가는 문화적 취향과 생활조건을 수용하고, 그들의 삶의 질을 높일 수 있는 공유와 공감의 장을 마련하려는 노력을 기울여야 한다. 전문성을 얻고 전수하고 공감하고 확산시키는 사회적 조건이 풍부하게 마련될수록 공동체의 전문성 축적과 체득과정은 그만큼 더 빠르게 이루어질 것이다.

　'내가 힘들게 갈고닦은 전문성을 왜 살신성인하는 데 써야 하는가?' 이런 의문이 들지도 모르겠다. 그러나 전문성은 개인의 외로운 노력의 산물이 아니라 다른 사람이나 사회적 환경과 부단히 상호작용 하면서 만들어진 합작품이라는 것을 잊어서는 안 된다. 《아웃라이어》*에서 말콤 글래드웰은 잘라 말한다. "혼자 성공하는 사람은 없다. 그들의 성공은 특정한 장소와 환경의 산물이다."

성공은 한 개인의 외로운 투쟁으로 쟁취하는 것이 아니라 다양한 기회와 여건의 조합으로 탄생한다. 마찬가지로 개인의 탁월한 전문성도 그 사람이 만나는 사람과의 사회적 관계, 직면하는 환경적 조건과 기회의 합작품이다. 인재는 영웅적인 개인이 처절히 노력한 결과가 아니라 부모의 지원, 사회적 환경, 문화적 유산이 합작한 그룹 프로젝트의 산물이다.

말콤 글래드웰의 후속작 《그 개는 무엇을 보았나》**에는 인재전쟁의 잘못된 사례가 나온다. 미국의 맥킨지가 자문한 대로 최고의 인재를 채용했다가 파산한 엔론 이야기다. 무엇이 문제였을까? 지능지수나 학업성적이 높은 똑똑한 개인이 성과를 낼 수 있다는 가정에 문제가 있었다. 지능지수나 학업성적은 혼자서 열심히 할 때 나타나는 지표지만, 회사에서 일어나는 대부분의 일은 다른 사람과 협력해서 성취해야 한다. 결과적으로 엔론은 개별적인 능력이 뛰어난 사람을 뽑

* 말콤 글래드웰(지은이), 노정태(옮긴이), 최인철(감수)(2009), 《아웃라이어 : 성공의 기회를 발견한 사람들》, 서울 : 김영사.
** 말콤 글래드웰(지은이), 김태훈(옮긴이)(2010), 《그 개는 무엇을 보았나 : 참을 수 없이 궁금한 마음의 미스터리》, 서울 : 김영사.

았지만, 그들은 불확실한 상황에서 협업을 통해 한정된 자원으로 자신들의 능력을 최고조로 끌어내는 데 실패했다. 인재人材가 인재人災로 돌변한 대표적인 사례다.

뛰어난 인재 없이도 탁월한 성과를 내는 기업의 비결은 무엇인가? 사우스웨스트 항공과 유나이티드 항공을 비교해보자. MBA 출신을 거의 뽑지 않고, 개별 인센티브도 많지 않은 사우스웨스트는 미국 항공사들 가운데 가장 탁월한 성과를 창출하고 있다. 재미라는 가치를 중심으로 즐겁고 신나게 일할 수 있는 조직을 구축한 덕분이다. 기업은 개인의 고군분투로 유지되는 조직이 아니라 공동의 목표를 향해 난관을 함께 돌파하는 조직이다. 지능과 사회적 성공의 관계를 연구한 스탠퍼드 대학의 심리학자 루이스 터먼Lewis Terman은 IQ 140~200인 영재 집단의 일생을 추적한 결과 대다수가 평범한 인생을 살았고, 극소수만이 이름을 떨쳤다는 사실을 확인했다. 지능과 성공 사이에는 의미 있는 상관관계가 없다는 뜻이다.

탁월한 개인기를 보유하고 있는 '핵심인력'과 드러나는 장기는 없지만 궂은일을 마다하지 않고 묵묵히 자신의 일을 해나가는 '뚝심 인력', 뛰어난 재능으로 탁월한 성과를 내는 인재들의 경쟁력과 탄탄한 팀워크로 똘똘 뭉친 범재들의 공헌력, 머리는 뛰어나지만 이유 없이 밥맛없는 천재와 어눌하지만 왠지 모르게 끌리는 범재, 당신은 누구와 일하고 싶은가? 그리고 어떤 사람이 조직의 발전에 진정한 도움이 되는가? 집단은 뛰어난 인재의 독창성만으로 움직이지 않는다. 기업은 인재 한 사람의 독창성으로 움직이는 솔로 연주가 아니라, 팀워크와 협동의 창의성, 즉 협창성으로 꽃을 피우는 재즈 연주단이다. 내가 쌓아온 전문성은 나 혼자만의 노력이 아니라 다른 사람과의 관계 속에서 축적해온 것이기에, 나의 재능을 나의 안위와 이익만을 위해 사용해서는 안 된다. 그것은 전문가가 마땅히 수행해야 할 도덕적 의무를 이행하지 않는 범법행위다.

아레테 :
탁월함에 덕을 더하라

지금까지 브리꼴레르의 기본과 근본, 자세와 태도에 해당하는 절차탁마, 화이부동, 백절불굴, 살신성인에 대해 논의했다. 이를 근간으로 브리꼴레르는 궁극적으로 아리스토텔레스가 말한 '아레테'를 지향한다.

아레테를 지닌 브리꼴레르는 활성화된 판단judgement in action과 가설발판scaffold을 근간으로 자신의 전문성을 지속적으로 개발해나간다.* 활성화된 판단이란 일련의 규율이나 원칙을 책상에서 머리로 배우면서 판단하는 것이 아니라, 행동하면서 순간순간의 상황에 따라 판단하는

• 베리 슈워츠 케니스 샤프(지은이), 김선영(옮긴이)(2012), 《어떻게 일에서 만족을 얻는가 : 영혼 있는 직장인의 일 철학 연습》, 서울 : 웅진지식하우스.

것을 지칭한다. 활성화된 판단은 문제를 안고 있는 사람과 거리감이 느껴지는 전문가가 아니라, 문제 의뢰자와 함께 해결하는 과정에서 발휘되는 판단력이다. 활성화된 판단력을 기르기 위해서는 문제 의뢰자의 고민을 경청하면서 다양한 이해관계가 상충하고 갈등하는 데 공감하는 동시에 일정한 거리를 유지하는 객관성을 확보해야 한다. 그런 뒤 해결해야 할 문제들을 실제로 체험해봐야 한다.

가설발판은 활성화된 판단을 도와주는 일종의 도움닫기다. 숙달된 전문가가 초보자에게 일처리 방법을 가르치거나 직접 보여주고 초보자가 이를 따라 해보는 과정, 즉 말하고 보여주고 해보고 검토하고 피드백을 주는 과정에서 제공되는 직간접적인 모든 도움을 가설발판이라 할 수 있다. 아레테는 시시각각 변화하는 상황에 신속하고 정확하게 대응하는 실천적 지혜이기 때문에 단순히 규율이나 절차를 머리로 익힌다고 습득되지 않는다. 멘토들이 시범을 보여주고 이를 반복해서 따라 하면서 시행착오를 경험하는 가운데 육성된다. 판단하는 방법은 가르칠 수 있지만, 실제 상황에서는 오로지 판단주체가 다양한 변수를 고려하면서 판단력을 연마해 스스로 신장시키는 방법밖에 없다.

《나무의 마음 나무의 생명》*이라는 책에 다음과 같은 말이 나온다.

"교육은 '가르칠 교教'에 '기를 육育', 이렇게 씁니다. 함께 살며 피부로 느끼지 않으면 안 됩니다… 자기 자신의 생각을 가지고 몇 번이

---

* 니시오카 츠네카츠(지은이), 최성현(옮긴이)(1996), 《나무의 마음 나무의 생명》, 서울 : 삼신각.

고 해봅니다. 그것을 몇 번이고 거듭해서 손에 기억시켜갑니다. 머리로 생각해본 것을 실제로 해봄으로써 손으로 옮기는 것입니다. 머리와 손을 연결시키는 일은 쉬운 일이 아닙니다." 마찬가지로 브리꼴레르의 전문성은 끊임없는 연습을 통해 온몸으로 체득하는 수밖에 없다.

브리꼴레르가 보유하고 있는 지식은 쉽게 문서화할 수 있는 '명시적 지식'이나 몸에 체화된 '암묵적 지식'을 넘어서는 '실천적 지혜'다. 경험을 통해 습득했다는 점에서 실천적 지혜는 기존의 암묵적 지식과 동일하다. 하지만 실천적 지혜란 상황에 따라 결과가 달라질 수 있다는 점을 감안해 경험으로 체득한 암묵적 지식을 활용해, 조직을 넘어 사회에 유익하고 공정한 의사결정을 내리는 데 필요한 지혜다.* 한마디로 실천적 지혜는 딜레마 상황에서도 윤리적으로 올바른 판단에 근거한 의사결정과 행동을 지원하고 촉진하는 경험적 지식이다.

여기서 중요한 점은 선善을 목표로 하는 방향성이다. 선을 목표로 하지 않는 전문성은 실천적 지혜라 할 수 없다. 브리꼴레르가 아레테를 갖춰야 하는 궁극적인 이유는 우리가 살아가는 구체적인 상황 속에서 자신의 전문성을 어떻게 활용하는 것이 좋은지, 그리고 어떤 활동에 종사해야 하는지를 알려주기 때문이다. 아레테를 겸비한 브리꼴레르는 자신의 전문성으로 재주를 부리는 교만과 자만심을 경계하면

---

* Nonaka I, T.(2011). *The Wise Leader*. Harvard Business Review, 89(5), 58-67.

서 덕으로 재주를 다스린다. 한마디로 드라마 〈대장금〉에서 한 상궁이 장금이에게 강조했던 "재주가 덕을 넘어서면 안 된다"는 철칙을 지키는 사람이다. 브리꼴레르를 우리말로 번역하면 '손재주꾼'이라는 뜻이지만 단순히 손재주를 활용해 기교를 부리는 꾼이 아니라, 직업적 소명의식을 갖고 현실 문제에 파고들어 해결함으로써 공동선에 이바지하는 전문가, 즉 아리스토텔레스가 말한 프로니모스다.

소크라테스는 전문 지식인이 갖춰야 할 최고의 덕목으로 인간적 됨됨이를 강조한 바 있다. 치열한 노력과 열정으로 최고에게 주어지는 전문가의 길을 걸어가면서 공동체의 발전을 위해 기꺼이 전문지식과 기술을 나누는 정신을 강조한 것이다. 도공의 아레테는 도공에게 요구되는 독창적인 지식과 체험적 노하우뿐 아니라 그것을 함께 나누고 더불어 살아가는 미덕이다. 의사의 아레테는 자신의 전공분야에 대한 해박한 지식뿐 아니라, 환자를 내 몸처럼 생각하는 따뜻한 사랑과 자신의 전문지식을 공동체와 기꺼이 나누고자 하는 지식인의 봉사정신이다.

자기만 생각하는 이기심, 타인을 무시하는 안하무인, 자기 것만 고집하는 외골수는 아레테에 이르는 여정에서 경계해야 할 대상이다. 그러나 오늘날 우리가 볼 수 있는 대다수의 전문가들은 바로 이런 모습을 하고 있다. 전문가의 윤리적 양심과 도덕적 책임을 저버린다면 아무리 역량이 탁월하다 해도 아레테의 수준에는 이르지 못할 것이다.

아레테에 이르는 과정은
영원한 미완성이다

들뢰즈는 가르치고 배우는 방법에는 두 가지 유형이 있다고 말한다. '나처럼 해봐'와 '나와 함께 해보자' 교육이 그것. '나처럼 해봐' 형은 교사의 전문성이 배우는 사람의 기준이자 정답이다. 비전문가는 전문가를 그대로 모방하는 데 전력투구한다. 전문가는 비전문가를 어떻게 가르칠지 사전에 철저하게 계획해 구체적인 절차와 방법, 실무지침이 들어 있는 매뉴얼을 제시하고 그대로 따를 것을 요구한다.

이에 반해서 '나와 함께 해보자' 형은 기존의 전문성을 비전문가에게 그대로 주입하지 않는다. 가르친다고 해서 배울 수 있는 것도 아니며, 그것이 바람직하지도 않기 때문이다. 오히려 기존의 전문성은 비전문가가 모방하거나 지향해야 할 기준이나 표준이 되지 못한다고 생각한다. 오늘날은 '답이 없는 시대'이기 때문이다. 이제는 스승과 제자가 머리를 맞대고 함께 헤매는 방법밖에 없다. '나와 함께 해보자' 형에서 대안을 찾아야 한다.

"우리는 '나처럼 해봐'라고 말하는 사람에게서는 아무것도 배울 수 없다. 오로지 '나와 함께 해보자'고 말하는 사람들만이 우리의 스승이 될 수 있다." 들뢰즈의 말이다. 배움은 언제나 상황 의존적이다. 즉 배

• 김재춘·배지현(2012). "들뢰즈 철학에서 '배움'과 '가르침'의 의미와 관계 탐색". 교육학연구, 50(3), 126-149.

운다는 것은 특정한 상황에서 특정한 생각과 행동을 몸으로 익히는 것이다. 수영은 물의 흐름이 시시각각 바뀌는 상황에서 배워야 한다. 그렇지 않고 수영 코치로부터 설명을 듣고 시범을 관찰해봐야 실제 수영에 필요한 지식과 기술의 극히 일부분을 습득할 뿐이다. 수영 코치는 이미 수영을 워낙 잘하기 때문에, 그가 '나처럼 해봐'라고 하면서 시범을 보여봐야 초보자들에게는 그림의 떡일 뿐이다. 수영을 배우고 싶으면 물에 뛰어들어 직접 몸으로 익혀야 한다.

지루한 반복, 그러나 진지한 반복만이 완벽에 이르는 지름길이다. 지겹지만 어떻게든 해내려고 애쓰는 마음이 어제와 다른 나를 만들어준다. 위대한 탄생은 지루한 반복 끝에 어느 날 갑자기 찾아온다. 들뢰즈에 따르면 "이 반복은 더 이상 같음의 반복이 아니다. 그것은 다름을 포괄하는 반복이고, 하나의 물결과 몸짓에서 또 다른 물결과 몸짓으로 이어지는 차이를 포괄하는 반복, 이 차이를 그렇게 구성된 반복의 공간으로 운반하는 반복이다. 배운다는 것, 그것은 분명 어떤 기호들과 부딪히는 마주침의 공간을 만들어간다는 것이다."
당사자가 생각하기에는 지루한 반복이지만 그것은 엄연히 어제와 다른 반복이다. 차이가 드러나는 무한 반복이 어제의 나와 질적으로 다른 차이를 만들어준다. 지금 내게 와서 부딪치는 물결과 내일 만나는 물결이 다르다. 매 순간 다른 물결을 만나 그 물결이 말하고 싶은 의도와 내가 혼연일체가 되는 과정이 바로 수영을 배우는 과정이다.

진정한 전문가란 '나처럼 해봐'를 강요하는 자가 아니라 '나와 함께 해보자'고 권유하는 자다. 내가 상대보다 자질이나 역량이 뛰어나더라도 내 전문성을 비전문가에게 일방적으로 가르칠 수는 없다. '나처럼 해보라'고 강권한들 나처럼 되지 않는다. '나와 함께 해보자'는 교육은 전문가가 비전문가로 하여금 어제와 다른 답을 찾아 어제와 다른 지식의 바다로 잠입해 어제와 다른 지식과 기술을 익힐 수 있도록 격려하고 촉진한다.

　우리가 찾는 답은 정보의 바다에 존재하지 않고 지식의 바다에도 없다. 답이 없는 상황, 또는 답이 쉽게 보이지 않는 상황에서 전문가와 비전문가는 어제와 다른 방법으로 낯선 세계를 탐구하면서 어제와 다른 차이를 생성하는 새로운 지식을 부단히 만들어나갈 뿐이다. '나와 함께 해보자'고 권유하는 스승은 어제와 비슷한 정보의 바다에서 스승이 발견한 정보와 동일한 정보를 찾으라고 강권하지 않는다. 오히려 가장 이상적인 스승은 기존의 앎으로는 이해할 수 없는 낯선 세계로 부단히 인도함으로써 기존의 고정관념과 인식의 한계를 스스로 느끼게 만드는 사람이다. 진정한 스승은 제자로 하여금 세계를 인식하는 새로운 문제의식을 갖고 기존의 인식 틀에서 벗어나 새로운 차이를 반복해서 생성하는 과정으로 인도해 열정을 불태우게 만든다. 스승은 제자를 계속 업데이트되는 정보의 바다, 어제보다 낯선 지식의 바다에 빠뜨려 스승보다 더 깊은 지식을 창조하도록 부단히 격려하고 지원해준다.

전문성을 연마하는 과정은 영원히 끝나지 않는 미완성未完成이지만, 미완성이기에 이전과 다른 아름다움을 완성하는 한 편의 미완성美完成 교향곡이다. 전문성을 배운다는 것은 스승과 함께 기본기를 철저히 닦은 다음 다양한 응용기술을 연마하면서 문제상황을 탈출할 내공을 축적하고, 급기야 스승을 뛰어넘어 자기만의 독창적인 세계를 개척하는 것이다. 리처드 세넷은 '장인'을 가리켜 '어제와 다른 질적 도약을 위해 언제나 조금 더 잘하려고 애쓰는 사람'이라고 했다.● 장인에게 100% 만족이란 없다. 언제나 어제보다 또는 전보다 조금 더 잘하려고 노력한다. 내일의 발전과 도약을 위해, 마음에는 들지 않지만 오늘은 여기까지 노력하는 것이다. 내일이 되면 오늘보다 더 나아지기 위해 오늘보다 더 애쓸 것이다. 전문성의 축적과 심화를 통해 최고의 경지에 오르는 과정은 그래서 영원한 미완성이다. 그 끝은 없다. 하지만 이전과 다른 차이를 발생시키면서 어제보다 조금씩 더 아름다워질 것은 분명하다.

● 리처드 세넷(지은이), 김홍식(옮긴이)(2010), 《장인: 현대문명이 잃어버린 생각하는 손》, 서울: 21세기북스.

에필로그

미완성 美完成 교향곡의 주인공은 바로 당신

*"나는 해변을 따라 기어가느니
별을 지표 삼아 바다 한가운데로 노를 저어 가겠다."*
―조지 엘리엇, 작가

우여곡절 끝에 학업을 마치고 직장생활을 한 후 대학교수가 된 지 약 15년의 세월이 지났다. 그동안 많은 책을 읽고 썼으며, 줄기차게 달려왔고 치열하게 살았다고 생각한다. 비 오는 날도 많았고 햇빛이 앞길을 훤히 비춰준 적도 있었다. 시행착오도 경험해보았고 절치부심한 적도 많았다. 파란만장한 지난 시절을 돌이켜보면서 앞으로 학생들과 함께하는 대학교수이자 독자들에게 길을 안내하는 작가이며, 청중에게 감동을 선사하는 연사로서 더 멋진 꿈을 꾸면서 즐겁고 행복하게 살아가려고 다짐해본다.

비갠 후 일곱 색깔의 무지개가 뜨듯, 어둠 속에 꾸는 꿈이 세상을 밝게 만든다. 무지개를 보려면 비 오는 날을 참고 견뎌야 하듯이 밝은 세상을 보려면 어둠 속에서 꿈꾸는 시간을 참고 견뎌야 한다. 어둠 속에서 밝음이 잉태되는 법이다.

무지개는 영어로 'Rainbow'다. Rainbow의 이니셜을 따서 꿈꾸는 사람만이 만나는 일곱 색깔 무지개를 그려본다. R은 'remember', 아련한 추억을 상징한다. 꿈을 꾸면 아픈 상처도 아련한 추억으로 되살아난다. 꿈꾸는 사람은 아픈 과거도 멋진 추억으로 재생시키곤 한다. A는 'awakening', 일깨움이다. 꿈을 꾸면 나도 모르는 깨달음이 아무 때나 솟구치는 걸 느낀다. 꿈이 잠자는 나를 일깨우기 때문이다. 세 번째 I는 'imagination', 즉 꿈에 그리는 미래를 상상하면 마음이 설렌다. 꿈을 꾸면 상상력의 텃밭에 꽃이 핀다. 네 번째 N은 'news'다. 꿈꾸는 사람은 매일매일을 생동감 넘치는 뉴스로 가득 찬 하루로 만들어간다. 다섯 번째 B는 'beauty', 즉 아름다움이다. 꿈에 잠겨 있는 자신을 본 적 있는가? 자신이 얼마나 아름다운 사람인지 새삼 느끼게 된다. 여섯 번째 O는 'openness', 즉 열림이다. 꿈을 꾸면 세상을 향해 내 마음이 활짝 열린다. 꿈꾸는 사람은 마음을 열고 세상을 온몸으로 받아들인다. 마지막 Rainbow의 W는 'wow', 즉 놀라움이다. 꿈을 꾸면 생각지도 못한 기적이 일어난다. 꿈꾸는 사람에게는 매사가 기적이고 경이로운 감탄이다.

이 책에서 나는 당신에게 21세기의 인재상에 대해 자세히 풀어 설명했다. 그 과정에서 많은 자료를 섭렵했고, 나 스스로 생각을 정리할 수 있었다. 내가 쓴 책을 통해 누군가의 삶이 바뀐다면 그것보다 큰 기적은 없을 것이다. 그 기적을 기대하며, 나 또한 이 책을 기점으로 다음과 같은 꿈을 꾸며 그 꿈이 실현될 때까지 낯선 여행을 떠나려 한다.

첫째, 독자들의 심금을 울리는 책을 계속 쓰고 싶다. 나는 대학에서 연구하고 강의하는 교수다. 그리고 미지의 독자들을 대상으로 글을 쓰고 강연하는 작가이자 연사이기도 하다. 학문적 연구성과를 학생들과 나누고 그들을 미지의 세계로 인도함으로써 새로운 세상을 만날 수 있는 안목을 기르도록 노력을 경주할 것이다. 이와 더불어 동시대를 살아가는 한 사람으로서 우리 모두가 꿈꾸는 세상을 만드는 데 미력하나마 일상에서 깨달은 소중한 교훈을 나누고자 한다. 사소함에서 위대함을 발견하고, 일상에서 비상할 수 있는 상상력을 기르며, 절망적인 상황에서도 희망의 문을 찾을 수 있는 책을 써서 언제나 독자와 함께 호흡하고 싶다.

둘째, 맥가이버나 다산 정약용 같은 브리꼴레르형 인재를 키우고 싶다. 시키는 일만 하지 않고 언제나 한계에 도전하고 새로운 가능성을 탐색하는 용기 있는 인재를 키우고 싶다. 답이 없는 상황에서도 궁리에 궁리를 거듭해 마침내 해결대안을 찾아내는 끈기 있는 전문가를 키워내는 데 전력투구할 것이다. 무엇보다 항상 다른 사람의 아픔을 보듬어주고 자기 일처럼 발 벗고 나서서 세상을 밝고 따뜻하게 만드는 데 앞장서는 가슴 따뜻한 인재를 육성하고 싶다.

셋째, 내게는 학습병원과 학습약국을 설립하겠다는 꿈이 있다. 이를 위해 우선 학습건강학을 하나의 학문분야로 정립하려고 한다. 물론 이는 교육학과 의학의 개념융합을 통해 가능하다. 기존의 학습이론에 한의학적 건강개념과 원리를 적용해 즐거운 학습과 건강한 지식을 창조하는 기반을 구축하는 작업이다. 사람이 성장하면서 앓는 학습질환을 체계적으로 연구해 이를 진단하고 처방하는 학습건강의사를 육성하며, 적당한 학습신약을 처방하는 학습약사도 양성할 계획이다. 특히 한의학적 건강 개념과 오행사상 그리고 주역을 연구해서 학습 64괘를 개발할 생각이다. 단편적인 처방이 아니라 학습건강이 근원적으로 개선되고 유지될 수 있는 학습의학적 노력을 전개하려 한다.

넷째, 여기에 더해 지식임신클리닉을 개설할 생각이다. 우선 지식산부인과의사가 되는 새로운 가능성을 모색해야 할 것이다. 지식경영학, 지식창조경영, 지식생태학과 산부인과학을 융복합시켜 세계 최초의 지식산부인과학 책을 쓰고 이에 근거해서 지식산부인과의사가 되는 자격증도 발급하고 학습병원에 지식임신클리닉을 개설해, 분석과 분해보다 통합과 융합으로 건강한 지식을 출산하는 가능성을 열어가고 싶다. 단순한 말장난이 아니라 지식이 잉태되고 태어나는 최적의 조건과 생태학적 대안을 연구하겠다는 포부다.

다섯째, 삼행시 전문시인이 되겠다는 새로운 꿈을 꾸고 있다. 나는 상상력과 창의력을 키우고 우리말을 사랑하는 가장 확실한 방법이 삼행시 짓기라고 생각한다. 자기 이름 석 자에 꿈과 비전, 철학과 가치관을 담아 자신을 재탄생시키는 작업을 벌여나가려 한다. 전국삼행시

백일장도 열고 삼행시 짓기 운동본부를 설립해 캠페인을 벌일 수도 있지 않을까?

여섯째, 브리꼴레르를 육성하기 위해 브리꼴라주 대학IBU, International Bricolage University을 만들 것이다. 학문적 경계를 넘나들면서 깊이 있는 전문지식과 함께 풍부한 교양을 쌓아나가는 대학이다. 이 대학에서는 정보편집술, 지식의 연금술, 지식산부인과학, 학습건강학, 지식생태학, 한계도전 인턴십, 역발상 각론 등을 가르치게 될 것이다.

일곱째, 정년퇴임 전에 후배들을 위한 장학재단을 만드는 꿈을 꾸고 있다. 대학에 뒤늦게 입학해 석사를 마치고 박사학위를 받기까지 수많은 사람들에게 빚을 졌다. 내가 여기까지 오는 길목에는 실로 수많은 은인이 있었다. 학문을 전수해주신 은사님, 어려울 때 기꺼이 밥 한 끼, 술 한잔 사주신 분들 덕분에 많은 용기를 얻었다. 그분들 덕분에 지금은 연구하고 글 쓰고 강의하는 행복한 생활을 하고 있다. 더 열심히 노력해서 어려운 환경 속에서도 후배들이 공부에 전념할 수 있는 작은 토대를 마련하고자 한다. 요즘은 이 꿈 때문에 잠이 오지 않는다.

잘못된 꿈, 엉뚱한 꿈에서 깨어나야 가슴 뛰는 꿈을 꿀 수 있다. 한때 나는 고시에 합격해서 고달픈 인생을 한 방에 역전시키겠다는 꿈을 바라보고 살았다. 하지만 지금 생각하면 그건 꿈이 아니었다. 그저 남에게 보여주기 위한 자기과시였을 뿐. 고시에 합격하면 일순간 성취의 즐거움을 만끽할 수 있겠지만, 그것으로 내 가슴이 뛸까? 그렇지는 않을 것 같다. 가슴 뛰는 꿈은 어떤 현실적 제약조건에서도 포기할 수 없다. 오히려 꿈을 가로막는 고난이 다가올수록 심장박동은 강렬해진다. 꿈은 계속 꿈틀거려야 꿈이다. 지금 꾸고 있는 꿈이 헛된 꿈인지 알아보려면 잠시 가슴에 손을 얹고 그 꿈이 실현되었을 때를 상상해보라. 그 어떤 난관이 닥쳐와도 쉽게 포기하지 않을 꿈인가? 그 꿈만 생각하면 잠이 오지 않고 자다가도 벌떡 일어나 언제든 그 꿈에 취할 자신이 있는가? 내가 꾸는 꿈에 매진해서 평생 살아갈 수 있다고 생각하는가?

꿈은 한 번만 꿔서는 실현되기 어렵다. 이루어질 때까지 끝까지 꾸는 사람만이 꿈을 이룰 수 있다. 머리로 꾸는 꿈은 골치 아프다. 그러나 몸으로 꾸는 꿈은 고통스러울지언정 언젠가 반드시 실현된다. 내가 이 책에서 제시한 가슴 따뜻한 전문가가 우리 사회 곳곳에 자리 잡고 미덕을 갖춘 최고 경지의 전문가로 거듭나는 길을 함께 간다면 꿈같은 미래는 현실로 다가올 것이다. 꿈은 남에게 꾸어오는 borrowing 것이다. 꿈을 주고받으면서 꿈의 공동체가 만들어진다. 꿈의 공동체는 꿈꾸는 사람들이 꿈을 이루는 과정에서 서로 가르치고 배우면서 성장하는 교학상장 敎學相長의 열정공동체다. 꿈을 꾸기에 늦은 나이란 없다. 나 역시 꿈이 무엇인지 모르고 살다가 한때는 헛된 꿈을 꾸기도 했으며, 머리로만 꿈꾸면서 골치가 아프기도 했다. 온몸으로 꿈을 꾸면서 진짜 내 꿈이 무엇인지 뒤늦게 알게 되었다.

브리꼴레르가 되기 위해 걸어가는 길에는 틀린 길이 없다. 다만 걸어가는 풍경이 다를 뿐이다. 그리고 브리꼴레르가 되는 길은 영원한 미완성이다. 브리꼴레르는 남과 비교하지 않고 어제의 나와 비교한다. 그래서 브리꼴레르는 '어제'보다 '이제'를 중시한다. 지금 이 순간, 자신이 하면 즐겁고 신나는 일을 찾아 최선의 노력을 경주할 뿐이다. 브리꼴레르로 살아가는 길은 한 곳에 안주하지 않고 끊임없이 낯선 곳으로의 탈주를 감행하는 과정이다. 브리꼴레르는 언제나 지금 여기서 얻은 성과에 만족하지 않고 어제보다 조금 더 나아지려 애쓰는 마음으로 살아간다. 지금보다 나아지려고 애쓰는 가운데 작은 목표도 달성되고 원대한 목적도 이루어지는 것이다. 작은 목표를 이룬 그 지점에서 다음 목표를 향해 이전과 다른 방법으로 도전을 거듭한다. 그 과정에서 만나는 수많은 장애물과 역경도 브리꼴레르에게는 재미와 즐거움이 함께하는 배움의 과정이다. 배움의 끈을 놓지 않아야 인생의 주연 배우로서 자신의 삶을 살아갈 수 있다. 우리 모두는 삶이라는 무대 위에서 저마다의 연기를 펼치면서 살아가는 배우다.

　누구나 브리꼴레르가 될 수 있고, 되어야 하지만, 이 글을 마치면서 나는 특히 학부모, 인생의 중반부나 후반부를 살아가는 중년, 조직을 이끌어가는 리더나 인재를 채용하는 인사담당자, 그리고 미래의 인재를 키우려는 정책입안자들에게 브리꼴레르야말로 우리 모두가 원하는 미래의 인재상이라는 점을 강조하고 싶다.

당신이 부모라면 스스로 브리꼴레르의 롤모델이 되어 한 분야의 전문가임과 동시에 다양한 분야를 넘나들면서 꿈꾸는 모습을 자녀들에게 보여주어야 한다. 부모가 생각하는 안전한 길을 권유하기보다 아이가 가고 싶은 길이 무엇인지 귀 기울여 들어봐야 한다. 도전하지 않으면 도약할 수 없다. 위기가 동반된 모험을 감행하지 않는다면 좋은 어른이 될 수 없다. 먹고사는 생존의 문제를 넘어 영혼이 살아 숨쉬는 생활은 부모가 걸어온 안전한 길, 누군가 걸어간 길을 뒤쫓아가서는 보장되지 않는다. 아이들에게 부모가 걸어온 길을 그대로 답습하라고 강요하기보다 어떤 일에 흥미를 느끼고 무슨 일에 몰입하는지 관찰해보라. 아이들이 살아갈 삶은 부모가 살아온 삶과 다르다. 아이들이 살아갈 세상은 아이들의 꿈틀거리는 꿈으로 채워져야 한다. 재미를 느끼고 열정적으로 몰입할 수 있는 일을 찾아야 살아가는 의미가 빛날 수 있다. 아이들을 온실 속의 화초처럼 재배하거나 닭장의 닭처럼 사육하지 말고 야생에서 뛰어놀면서 스스로 문제를 해결하고 세상의 이치를 발견하는 즐거움을 맛보게 해야 한다. 사육된 닭이 병에 걸리듯, 사육된 아이는 세상의 시련을 이겨낼 내공이 없다.

나아가 당신이 인생 후반기에 있다 해도 청춘으로 살아가는 꿈을 꾸기 위해서는 먼저 브리꼴레르가 되어야 한다. 비록 지금까지는 어쩔 수 없이 가족을 위해 남의 인생을 살아왔어도 지금까지의 커리어와는 다른 길을 찾아 얼마든지 새롭게 다시 출발할 수 있다. 심리학자들은 인간이 여러 개의 자아로 구성되어 있으며 한 가지 일에 만족감을 느끼지 못하는 욕망의 동물이라고 말한다. 한 가지 일을 하더라도 어제와 다른 방법으로 다르게 일하면서 이전에 느껴보지 못한 성취감을 느낄 수 있다. 또한 전혀 색다른 일을 찾아 색다른 도전을 감행함으로써 성취감을 느낄 수도 있다. 가족의 생계를 위해 어쩔 수 없이 생존하는 방법을 택했던 일에서 벗어나 욕망의 물줄기가 솟구치는 색다른 일을 찾아 가슴 뿌듯한 충만감을 느껴보는 것이다.

이전에 해보지 않은 일을 찾아 새롭게 시작하기에는 많은 불안감과 두려움이 따르게 마련이다. 브리꼴레르는 언제나 어제와 다른 방법으로 다양한 시도를 하면서 문제해결의 단서를 찾아보는 여행을 떠난다. 삶의 재미와 의미는 우연 속에 파묻혀 있다. 이제까지 만나지 못한 우연의 광맥은 삶의 곳곳에 숨어 있다. 운명의 뒤안길에서 우리를 기다리고 있는 우연이라는 선물을 만나려면 배가 정박해 있는 항구에서 벗어나 파도가 넘실대는 거친 바다로 나아가야 한다. 미래가 불확실하고 하는 일이 불안하다고 지금 여기에 주저앉을 수는 없지 않은가. 브리꼴레르는 우연 속에서 필연이라는 금맥을 찾아나서는 사람이다.

조직의 리더는 언제나 경영에 직간접적으로 영향을 미치는 다양한 변수들을 총체적 관점에서 바라보면서 신속한 판단과 과감한 결단을 감행하는 실천적 리더가 되어야 한다. 팀원들이 현실에 안주하지 않고 어제와 다른 질문을 던져 색다른 답을 찾을 수 있도록 여건과 환경을 만들어주고 기회를 부여해야 한다.

　기업에는 한 분야의 위업을 달성한 전문가도 많아야 하지만 전문가와 전문가가 만나 이전에 존재하지 않았던 새로운 분야를 탄생시키는 사이 전문가도 필요하다. 위대한 창조는 언제나 이질적 분야가 만나 충돌이 일어나는 가운데 현실로 구현된다. 예측할 수 없는 불확실한 변화, 한두 가지 전문성으로 해결하기 어려운 복잡한 문제, 그 어느 때보다도 신속한 의사결정을 요구하는 시급한 사안들이 기업을 위협하고 있다. 이런 경영환경일수록 위대한 생각으로 다각적 계획을 세우느라 시간을 낭비하는 사람보다 실천에 옮기면서 계획을 수정해나가는 사람이 필요하다. 집에 불이 났으면 우선 불부터 꺼야 한다. 불이 왜 났으며, 앞으로 불이 나지 않기 위해서는 어떻게 해야 되는지는 나중에 연구해도 된다.

　불을 잘 끄는 소방관은 책상에서 길러지지 않는다. 불타는 위기상황에 뛰어들어본 체험적 지혜가 불 끄는 소방관을 만든다. 검토에 검토를 거듭하다 얻는 회의의 결론은 '적극 검토'로 귀결되며, 심각한 회의懷疑가 드는 회의會議는 기업을 더욱더 위기에 빠뜨린다. 지금 기업에 필요한 인재는 비록 완벽한 대안을 준비하지 못했지만 위기 상황에 뛰어들어 기업을 난국으로부터 구출해내는 브리꼴레르다. 브리꼴레르는 생각하면서 행동하는 사색적 인재라기보다 행동하면서 대안을 찾아가는 실천적 인재이고, 완벽한 준비 끝에 비로소 행동에 옮겨 장중한 화음을 연출하는 오케스트라 지휘자라기보다 어느 정도 준비가 되면 즉흥적으로 연주를 시작해서 임기응변력으로 한 편의 아름다운 선율을 만들어내는 재즈 연주자다.

 마지막으로 정책입안자들, 특히 교육정책 입안자들은 우리 사회를 이끌어갈 미래의 인재는 누가 되어야 하는가를 진지하게 고민해야 할 것이다. 한 우물을 파서 깊이는 있지만 외골수적 기질이 있는 답답한 전문가보다 한 우물을 파면서 동시에 다양한 전공분야를 넘나드는 융합형 인재가 대접받는 교육정책을 수립할 필요가 있다. 지식과 기술은 전문가 수준이지만 타인에 대한 배려와 존중심이 없는 안하무인형 전문가가 대량배출되는 육성 시스템은 대대적인 수술을 해야 마땅하다. 논리와 분석, 합리와 이성으로 무장한 머리 좋은 인재도 필요하지만 타인의 아픔을 나의 아픔처럼 생각하고 행동하는, 측은지심을 갖춘 인재가 더욱 필요하다. 책상 지식으로 무장한 밥맛없는 천재보다 따뜻한 가슴으로 우직한 실천을 반복하는 인재가 우리 사회를 밝게 만들어 줄 것이다. 전문가 육성의 기본적 요건에는 전문가적 지식과 기술적 자질 이외에도 자신의 전문성에 기반한 도덕적 판단력과 윤리적 실천력도 반드시 포함되어야 한다.

 무엇보다도 중요한 것은 전문가에 이르는 과정이 곧 행복한 삶을 영위하는 과정과 일맥상통할 수 있도록 하는 데 있다. 사람이 태어나서 끊임없이 배우는 목적은 해당 분야의 전문가가 되어 행복한 삶을 영위하는 데 있다. 성공한 사람이 행복하기보다 행복한 사람이 성공할 확률이 높다. 우리는 행복을 너무 멀리서 찾는 경향이 있다. 돈을 벌면 행복할 것 같아서 하기 싫은 일을 하면서 돈을 모았지만 정작 돈을 번 이후의 삶이 행복하지 않고, 뭔가를 소유하면 행복할 것 같아서 마침내 소유했지만 소유하는 순간 욕망이 충족될 뿐 행복하지 않다. 브리꼴레르가 되려는 목적도 행복한 삶을 추구하는 데 있다. 브리꼴레르는 일과 놀이가 구분되지 않는다. 일을 놀이처럼 즐기면서 하다 보니 어느덧 자신이 습득한 지식과 기술이 기능을 넘어 재능과 연결되고 재능은 예능의 수준으로 발전하는 것이다.

한 분야의 위업을 달성한 사람들은 모두가 일과 놀이가 구분되지 않는 인생을 살아온 사람들이다. 그들은 모두 어떤 것에도 구속받지 않고 자신의 일을 즐기면서 자신이 하고 싶은 일을 찾아 적극적으로 자유를 추구한 사람들이다. 브리꼴레르는 미덕을 갖춘 최고 경지의 전문성을 지칭하는 아레테에 이르기 위해 최선의 노력을 경주한 전문가다. 아레테는 깊고 폭넓은 배경지식, 몸으로 체득한 예술적 수준의 기예, 매일같이 반복해서 체화된 습관의 합작품이다.

브리꼴레르는 무엇보다도 책상에 앉아서 오랫동안 어떤 일을 고민하기보다 먼저 행동으로 옮겨 실천하면서 문제해결에 필요한 노하우를 체득한다. 책을 읽거나 누군가로부터 교육만 받아서는 무엇도 이루어지지 않는다. 세상의 모든 일은 아이디어를 실천에 옮길 때 비로소 성취되는 것이다. 내 안의 꿈틀거리는 나의 재능을 찾아 이렇게도

해보고 저렇게도 시도해보자. 우리는 저마다 특별한 재능을 갖고 의미 있는 일을 하기 위해 세상에 태어난 사람이다. 그 누구보다도 나 자신을 사랑하고 내 안의 숨은 보석을 발굴해보자. 예전과는 근본적으로 다른 각오와 자세로 내가 서 있는 위치와 가고자 하는 방향을 잠시 멈춰 서서 점검해보자. 그리고 예전과는 근본적으로 다른 각오와 자세로 나의 현 위치를 점검해보자. 그리고 내가 꿈꾸는 분야의 전문가상을 구체적으로 정립한 다음 이 책에서 제시하는 다양한 방법으로 꾸준히 노력한다면, 미래未來는 아직 오지 않은 내일이 아니라 아름다운 내일, 미래美來로 우리 앞에 나타날 것이다.

미래美來는 아름다움을 완성하기 위해 부단히 노력하는 영원한 미완성美完成 교향곡을 연주할 때 완성된다. 그 멋진 교향곡을 연주하는 주인공이 바로 당신이 되기를 기원한다. 당신은 지금 이 순간부터 가슴 뛰는 꿈을 꾸는 미완성 교향곡의 작곡자이자 수많은 청중으로부터 박수갈채를 받는 연주자다. 세상은 당신이 주연 배우로 등장하는 인생 무대다. 당신의 멋진 연주를 기대해본다.

참고문헌

- 고병권(지은이), 정지혜, 정문주(그림)(2010). 《생각한다는 것 : 고병권 선생님의 철학 이야기.》 서울 : 너머학교.
- 공선표(2010). 《멀티스페셜리스트 : 몰입과 통합의 기술을 갖춘 새로운 인재의 탄생》. 서울 : 토네이도.
- 김광웅(엮은이)(2009). 《우리는 미래에 무엇을 공부할 것인가》. 서울 : 생각의나무.
- 김동광·김세균·최재천(엮은이)(2011). 《사회생물학 대논쟁》. 서울 : 이음.
- 김보현(2011). 《데리다 입문》. 서울 : 문예출판사.
- 김성호(2009). 《일본전산 이야기 : 불황기 10배 성장, 손대는 분야마다 세계 1위, 신화가 된 회사》. 파주 : 쌤앤파커스.
- 김재춘·배지현(2012). "들뢰즈 철학에서 '배움'과 '가르침'의 의미와 관계 탐색". 교육학연구, 50(3).
- 남경태(2007). 《남경태의 스토리 철학 18》. 서울 : 들녘.
- 노나카 이쿠지로·가쓰미 아키라(지은이). 양영철(옮긴이)(2012). 《생각을 뛰게 하라》. 서울 : 흐름출판.
- 니시오카 츠네카츠(지은이). 최성현(옮긴이)(1996). 《나무의 마음 나무의 생명》. 서울 : 삼신각.
- 더글러스 호프스태터(지은이), 박여성(옮긴이)(1999). 《괴델, 에셔, 바흐 : 영원한 황금 노끈》. 서울 : 까치글방.
- 데이비드 프리드먼(지은이), 안종희(옮긴이)(2011). 《거짓말을 파는 스페셜리스트》. 서울 : 지식갤러리.
- 로버트 루트번스타인·미셸 루트번스타인(지은이). 박종성(옮긴이)(2007). 《생각의 탄생》. 서울 : 에코의서재.

- 마쓰오카 세이고(지은이). 박광순(옮긴이)(2006). 《知의 편집공학 : 지식세상을 움직이는 아름다운 사고혁명》. 서울 : 지식의숲.
- 마쓰오카 세이고(지은이). 이언숙(옮긴이)(2008). 《만들어진 나라, 일본 : 세상을 편집한 일본이라는 방법》. 서울 : 프로네시스.
- 마이클 겔브(지은이). 공경희(옮긴이)(2005). 《레오나르도 다빈치처럼 생각하기 : 천재로 다가가는 일곱 단계》. 서울 : 대산출판사.
- 마치다 소호(지은이), 우제열(옮긴이)(2004). 《야성의 철학으로 일하라》. 서울 : 경영정신.
- 말콤 글래드웰(지은이). 김태훈(옮긴이)(2010). 《그 개는 무엇을 보았나 : 참을 수 없이 궁금한 마음의 미스터리》. 서울 : 김영사.
- 말콤 글래드웰(지은이). 노정태(옮긴이). 최인철(감수)(2009). 《아웃라이어 : 성공의 기회를 발견한 사람들》. 서울 : 김영사.
- 박영욱(2009). 《데리다&들뢰즈 : 의미와 무의미의 경계에서》. 서울 : 김영사.
- 박정웅(2007). 《이봐, 해봤어?(개정판)》. 서울 : FKI미디어.
- 배리 슈워츠·케니스 샤프(지은이). 김선영(옮긴이)(2012). 《어떻게 일에서 만족을 얻는가 : 영혼 있는 직장인의 일 철학 연습》. 서울 : 웅진지식하우스.
- 버트런드 러셀(지은이). 송은경(옮긴이)(2005). 《게으름에 대한 찬양(개정판)》. 서울 : 사회평론.
- 스튜어트 에이버리 골드(지은이). 유영만(옮긴이)(2006). 《PING 핑 : 열망하고, 움켜잡고, 유영하라!》. 서울 : 웅진윙스.
- 신동희(2011). 《스마트 융합과 통섭 3.0》. 서울 : 성균관대학교출판부.
- 신영복(2004). 《강의 : 나의 동양 고전 독법》. 서울 : 돌베개.
- 신영복(2012). 《변방을 찾아서》. 서울 : 돌베개.
- 아리스토텔레스(지은이). 강상진·김재홍·이창우(옮긴이)(2011). 《니코마코스 윤리학》. 서울 : 도서출판 길.
- 알래스데어 매킨타이어(지은이). 이진우(옮긴이)(1997). 《덕의 상실》. 서울 : 문예출판사.
- 앙투안 드 생텍쥐페리(지은이). 박성창(옮긴이)(2005). 《어린 왕자》. 서울 : 비룡소.

- 에드워드 윌슨(지은이), 최재천·장대익(옮긴이)(2005). 《통섭 : 지식의 대통합》. 서울 : 사이언스북스.
- 오마에 겐이치(지은이), 양영철(옮긴이)(2009). 《지식의 쇠퇴 : 오마에 겐이치의 21세기 집단지성론》. 서울 : 말글빛냄.
- 왕양명(지은이). 한정길·정인재(옮긴이)(2007). 《전습록》 1, 2. 서울 : 청계.
- 요한 하위징아(지은이). 이종인(옮긴이)(2010). 《호모 루덴스 : 놀이하는 인간》. 서울 : 연암서가.
- 유영만(2006). 《지식생태학 : 지식기반사회를 위한 포스트 지식경영》. 서울 : 삼성경제연구소.
- 유영만(2008). 《상상하여? 창조하라! : 지식생태학자 유영만의 생각혁신 프로젝트》. 서울 : 위즈덤하우스.
- 유영만(2009). 《청춘 경영 : 지식생태학자 유영만 교수의 꿈과 현실을 이어주는 7가지 생각법》. 서울 : 명진출판사.
- 유영만(2012). 《체인지(體仁知) : '경계'를 넘어 '경지'에 이르는 지식의 보물지도》. 서울 : 위너스북.
- 이득재·이규환(2010). 《오토포이에시스와 통섭》. 서울 : 써네스트.
- 이어령(2003). 《기업과 문화의 충격》. 서울 : 문학사상사.
- 이어령(2009). 《젊음의 탄생 : 젊음의 업그레이드를 약속하는 창조지성》. 서울 : 생각의 나무.
- 이인식(2008). 《지식의 대융합 : 인문학과 과학기술은 어떻게 만나는가?》 서울 : 고즈윈.
- 이정우(2008). 《천 하나의 고원 : 소수자 윤리학을 위하여》. 서울 : 돌베개.
- 이진경(2002). 《노마디즘 : 천의 고원을 넘나드는 유쾌한 철학적 유목》 1, 2. 서울 : 휴머니스트.
- 이진경(2005). 《철학과 굴뚝 청소부 : 데카르트에서 들뢰즈까지, 근대 철학의 경계들(개정 증보판)》. 서울 : 그린비.
- 이채윤(2011). 《실천하라 정주영처럼》. 서울 : 가림출판사.

- 일리야 프리고진·이사벨 스텐저스(지은이), 신국조(옮긴이) (2011). 《혼돈으로부터의 질서 : 인간과 자연의 새로운 대화》. 서울 : 자유아카데미.
- 정민(2006). 《다산선생 지식경영법 : 전방위적 지식인 정약용의 치학 전략》. 서울 : 김영사.
- 정주영(2001). 《시련은 있어도 실패는 없다》. 서울 : 제삼기획.
- 조관일(2011). 《멀티어십 : 통섭의 시대 신인재의 멀티역량, 뉴패러다임》. 서울 : 쎄오미디어.
- 질 들뢰즈·펠릭스 가타리(지은이). 김재인(옮긴이)(2001). 《천개의 고원》. 서울 : 새물결.
- 최민자 (2010). 《통섭의 기술 : 지식시대에서 지성시대로》. 서울 : 모시는사람들.
- 최재천 (2011). 《통섭의 식탁 : 최재천 교수가 초대하는 풍성한 지식의 만찬》. 서울 : 명진출판사.
- 최재천·주일우(엮은이)(2007). 《지식의 통섭 : 학문의 경계를 넘다》. 서울 : 이음.
- 칩 히스·댄 히스(지은이). 안진환·박슬라(옮긴이)(2009). 《Stick 스틱 : 1초 만에 착 달라붙는 메시지, 그 안에 숨은 6가지 법칙(개정증보판)》. 서울 : 엘도라도.
- 켄 로빈슨·루 애로니카(지은이). 승영조(옮긴이)(2010). 《엘리먼트 : 타고난 재능과 열정이 만나는 지점》. 서울 : 승산.
- 클로드 레비 스트로스(지은이). 안정남(옮긴이)(1996). 《야생의 사고》. 서울 : 한길사.
- 토머스 프리드먼(지은이), 이건식(옮긴이)(2013). 《세계는 평평하다 : 세계는 지금 어디로 가고 있는가?》 서울 : 21세기북스.
- 프리초프 카프라(지은이), 김용정·이성범(옮긴이)(2006). 《현대 물리학과 동양사상(개정판)》. 서울 : 범양사.
- Nonaka I, T.(2011). The Wise Leader. *Harvard Business Review, 89*(5), 58-67.
- Perry, W. G.(1970). **Forms of intellectual and ethical development in college years.** New York : Holt, Rinehart & Winston.
- Rorty, R.(1998). **Against unity.** Wilson Quarterly, 22(Winter, 1998).
- Schon, D. A.(1983). **The rreflective practitioner** : How Professionals Think in Action. New York : Basic Books.

혼·창·통 : 당신은 이 셋을 가졌는가?
이지훈 지음 | 14,000원

세계 최고의 경영대가, CEO들이 말하는 성공의 3가지 道, '혼(魂), 창(創), 통(通)'! 조선일보 위클리비즈 편집장이자 경제학 박사인 저자가 3년간의 심층 취재를 토대로, 대가들의 황금 같은 메시지, 살아 펄떡이는 사례를 본인의 식견과 통찰력으로 풀어냈다. (추천 : 삶과 조직 경영에 있어 근원적인 해법을 찾는 모든 사람)

오리진이 되라
강신장 지음 | 14,000원

더 나은 것이 아니라, 세상에 없는 것을 만들어라! 창조의 '오리진'이 되어 운명을 바꿔라! CEO들을 창조의 바다로 안내한 SERI CEO, 그 중심에 있던 강신장이 말하는 세상에서 가장 맛있는 창조 이야기. 이제 세상을 다르게 보는 길이 열린다! (추천 : 읽기만 해도 창조의 영감이 솟아오르는 텍스트를 기다려온 모든 이들을 위한 책)

모든 비즈니스는 브랜딩이다
홍성태 지음 | 18,000원

브랜딩은 더 이상 마케팅의 전유물이 아니다! 이 책은 살아남은 브랜드와 잊혀져가는 브랜드의 사례를 토대로, 브랜드 컨셉을 어떻게 기업의 문화로, 가치로 녹여낼 수 있는지를 쉽고 친근하게 설명한다. 브랜딩이 단순한 마케팅 기법이 아니라 경영의 핵심임을 일깨워주는 책.(추천 : 마케팅 담당자뿐 아니라 모든 부서의 직원들을 위한 책)

여기에 당신의 욕망이 보인다
송길영 지음 | 15,000원

미래는 현재의 욕망에 이미 존재한다. 욕망을 이해하면 미래를 알 수 있다! 이 책은 트렌드 예측의 핵으로 떠오른 빅 데이터(big data)를 통해 사람들의 욕망을 이해하고 미래에 대비하는 방법을 국내기업의 실제 분석사례 20여 건과 함께 보여준다. (추천 : 고객의 생생한 목소리를 듣고 싶은 기업들, 시장과 사회의 변화 흐름을 읽고자 하는 이들)

현대카드 이야기 : 비즈니스를 발명하는 회사
이지훈 지음 | 16,000원

VVIP 카드, 슈퍼 콘서트, 슈퍼매치, 슈퍼토크. 하는 일마다 세상의 이목을 집중시키며 "카드 회사 맞아?"라는 감탄과 궁금증을 자아내는 독특한 회사, 현대카드. 현대카드의 성공을 가능케 한 그들만의 독특한 기업문화와 일하는 방식을 밝힌다! (추천 : 일과 경영에서 '퍼스트 무버'를 꿈꾸는 이들에게 건네는 살아 있는 교과서)

함께 보면 좋은 책들

멈추면, 비로소 보이는 것들
혜민 지음 | 이영철 그림 | 14,000원

관계에 대해, 사랑에 대해, 인생과 희망에 대해… '영혼의 멘토, 청춘의 도반' 혜민 스님의 마음 매뉴얼! 하버드 재학 중 출가하여 승려이자 미국 대학교수라는 특별한 인생을 사는 혜민 스님. 수십만 트위터리안들이 먼저 읽고 감동한 혜민 스님의 인생 잠언! (추천 : 쫓기는 듯한 삶에 지친 이들에게 위안과 격려를 주는 책)

인생학교 시리즈
알랭 드 보통 외 지음 | 정미나 외 옮김 | 각 권 12,000원

알랭 드 보통이 영국 런던에서 문을 연 '인생학교'는 삶의 의미와 살아가는 기술에 대해 강연과 토론, 멘토링, 커뮤니티 서비스 등을 제공하는 글로벌 프로젝트다. 이 책은 '인생학교' 최고의 강의 6편을 책으로 엮은 시리즈다. 일, 돈, 사랑, 정신, 세상, 시간 등 6가지 인생 키워드에 대해 근원적인 탐구와 철학적 사유를 제안한다.

지금, 경계선에서
레베카 코스타 지음 | 장세현 옮김 | 22,000원

'현대의 문명 시스템은 이제 한계에 도달한 것인가?'라는 질문을 진화생물학, 신경과학, 사회과학의 흥미진진한 성과를 결합시켜 시원한 통찰의 해법을 제시한다. 왜 이 책이 전 세계 대가들의 열화와 같은 극찬을 받았는지 깨닫게 될 것이다. (추천 : 현대 사회를 거시적 관점에서 이해하고 싶은 비즈니스 리더, 여러 분야의 연구자, 대학생들에게 필수)

인코그니토
데이비드 이글먼 지음 | 김소희 옮김 | 윤승일 감수 | 15,000원

세계를 발칵 뒤집어놓은 한 천재 과학자의 경이로운 인간 탐험! 이 책은 뇌과학, 생물학, 신경학, 진화심리학, 사회학 등 다양한 영역을 넘나드는 사례를 바탕으로, 인간의 판단이나 행동, 선택을 지배하는 '익명자', 뇌의 정체를 샅샅이 파헤친다. (추천 : 마케팅, 기획, 협상 등 '사람의 심리'를 읽어내야 하는 이들을 위한 책)

가끔은 제정신
허태균 지음 | 14,000원

우리가 무엇을 착각하는지 알면 세상을 알 수 있다! '착각' 연구 대한민국 대표 심리학자 허태균 교수가 선사하는 우리 '머릿속 이야기.' 이 책은 심리학적 이론을 토대로 '착각의 메커니즘'을 유쾌하게, 명쾌하게 때로는 뜨끔하게 그려낸다. (추천 : 타인의 속내를 이해하려는 사람이나, 중요한 의사결정을 내려야 하는 리더들에게 꼭 필요한 책)

Bricoleur